Die

Terminologie

des

Kaufmanns.

Eine

alphabetisch geordnete Uebersicht der im kaufmännischen Verkehr vorkommenden, eigenthümlichen, oder vom allgemeinen Sprachgebrauche abweichenden Ausdrücke, mit der nöthigen sachlichen Erklärung.

Ein

Hilfsbuch für Handlungsbeflissene,

von

C. F. Edler.

Berlin, 1841.

Verlag der Sanderschen Buchhandlung.

G. E. Reimer.

Vorwort.

Daß die kaufmännischen Geschäftsausdrücke eine besondere Zusammenstellung verdienen, darüber dürfte wohl kein Zweifel obwalten; daß eine solche aber wünschenswerth sei, um dem Handlungsbeflissenen zum Nachschlagen, so wie zur Belehrung über die mitunter mehr-, ja vielseitige Bedeutung eines Wortes zu dienen, hat der Verfasser in allen seinen Berührungen mit Leuten, die dem Handelsstande angehörten oder sich der Handlung widmeten, einstimmig vernommen. Je nach der Art seiner Benutznng würde ein solches Hilfsmittel dem Handlungsbeflissenen das Verständniß dessen erleichtern, was ihm in der Praxis vorgekommen ist, oder ihm zur Vorbereitung auf dieselbe dienen können.

Mehrfachen Aufforderungen zufolge entschloß sich der Verfasser zur vorliegenden Bearbeitung. Die lexicalische Form gestattet, in möglichster Gedrängtheit, die gehörige Entwickelung der verschiedenartigen Bedeutung eines Ausdrucks, schließt dabei die nöthige Sacherklärung nicht aus und erleichtert die Benutzung.

Der Umfang derselben ist durch den Umfang des kaufmännischen Verkehrs selbst festgestellt. Aus diesem Grunde schien es nothwendig, auch solche Ausdrücke aufzunehmen, welche Gemeingut des Handels und der Schifffahrt sind, und selbst die Rechtsterminologie konnte nicht übergangen werden, insofern sie solchen Rechtsverhältnissen angehört, welche entweder ausschließlich oder vorzugsweise das kaufmännische Interesse berühren.

Dagegen wurde Alles ausgeschlossen, was der Productenkunde anheimfällt, außer wenn es sich dabei um Feststellung des Begriffes handelte. Die sachlichen Erklärungen, ohne welche manche Ausdrücke ohnehin nicht verständlich wären, werden hoffentlich nicht unwillkommen sein.

Es bedarf wohl keiner besondern Rechtfertigung, daß manches Veraltete wenigstens angedeutet worden ist; eben so wenig, daß außer dem deutschen Ausdrucke auch der synonyme fremde, wenn auch nicht eingebürgerte, doch hie und da, mehr oder minder häufig gebrauchte, seine Stelle fand. Schließlich wird noch zu bedenken gebeten, daß man von einer Geschäftssprache nicht strenge philosophische Sonderung der Begriffe verlangen kann, daß daher viele ihrer Ausdrücke mit einander verwechselt werden und einer für den andern gebraucht wird.

Berlin, im Juli 1841.

A.

A. als Abkürzung hat verschiedene Bedeutung: 1) auf Handelsbüchern zeigt es die Zahl 1 an; 2) auf Rechnungen zeigt es an, daß die Einheit der darin benannten Maße, Gewichte oder Stücke zu dem dahinter stehenden Preise berechnet werde: also 18 Pfd. à 3 Sgr. heißt nicht 18 Pfd. für (um) 3 Sgr., sondern 18 Pfd., das Pfd. 3 Sgr.; 3) auf französischen Courszetteln bedeutet es argent und zeigt an, daß zu dem darunter bemerkten Preise Wechsel gesucht sind.

a. c. Abkürzung von anni currentis (italienisch anno corrente) des laufenden Jahres.

a. f. oder *a. fut.* heißt anni futuri des künftigen Jahres.

a. pr. heißt anni praeteriti des vergangenen Jahres. Die beiden letzten Abkürzungen kommen nur noch selten in der Correspondenz vor.

Abandon, s. **Abandonniren**.

Abandonniren (französisch abandonner, engl. abandon), verlassen, überlassen, abtreten. 1) Gebräuchlicher Ausdruck, wenn bei erlittenem Seeschaden dem Versicherer das Schiff, oder dessen Ladung, gegen Auszahlung der Versicherungssumme, vom Versicherten abgetreten wird. Die Berechtigung zu dieser Handlung, dem A b a n d o n (französ. delaissement), ist in neuerer Zeit sehr erschwert worden, weil sie zu manchen Betrügereien veranlassen kann. Nur wenn der Verlust offenbar, oder bei Strandung des Schiffes die Ladung zwar geborgen, aber in einem solchen Zustande ist, daß der Eigenthümer sie nicht mehr als Kaufmannsgut betrachten kann und nach Abschätzung des Schadens behalten mag, kann er abandonniren. Dieses steht ihm auch frei, wenn die versicherten Schiffe und Güter weggenommen oder von auswärtigen Regierungen angehalten worden sind, wenn Schiffbruch stattgefunden hat, oder sonst wie die Schiffe gänzlich verloren gegangen sind. Das Letztere wird angenommen, wenn der Versicherte nach Ablauf von drei Monaten bis zu einem Jahre über die gewöhnliche Zeit keine Nachricht über dasselbe erhalten hat. Die gesetzlichen Bestimmungen hierüber sind verschieden; überhaupt aber darf immer nur nach Abwartung einer bestimmten Frist abandonnirt werden. 2) In ähnlichem Sinne heißt es bei vorkommenden Fallissements seine Güter an die Gläubiger abtreten, also gleich bonis cediren.

Abbreviatur, 1) die Abkürzung eines größeren Schriftsatzes und Wiedergebung desselben durch eine geringere Anzahl Worte oder bloße Zeichen; 2) das Abgekürzte selbst.

Abbreviren, 1) abbrechen; 2) abkürzen; 3) kürzen, verkürzen. Nur von der Abkürzung der Schriftsätze durch einzelne Schriftzeichen gebraucht.

Abbruch, 1) Verminderung; besonders 2) Geschäftsverminderung; daher 3) Nachtheil; 4) Schaden.

Abdruck, 1) von Drucksachen gleich Copie bei Schriften; 2) unveränderte Auflage.

Abfertigen, 1) (expediren, spediren, französisch expédier, ital. spedire), die laufenden Geld- und Waarenlieferungen, so wie Briefe und Packete u. dergl. zur Versendung bereit halten; 2) dieselben abgehen lassen oder versenden; 3) (französ. détacher) ein Schiff in segelfertigen Stand setzen und mit Allem, was zur Abfahrt nöthig ist, ausrüsten und absenden; 4) oft auch gleich dispachiren.

Abfinden, 1) sich über eine streitige Sache mit Jemanden verständigen; 2) über die Berichtigung einer Schuld mit dem Gläubiger übereinkommen; 3) die Berichtigung einer Schuld überhaupt oder nach diesem Uebereinkommen bewirken.

Abführen, 1) eigentlich wegführen; wegbringen; 2) eine Schuld abtragen; daher 3) bezahlen.

Abgabe, 1) s. Tratte; 2) s. Steuern.

Abgeben, 1) einen Wechsel auf Jemanden ziehen; trassiren; 2) ablassen, verkaufen überhaupt.

Ablagern, 1) heißt Flüssigkeiten, welche durch die Versendung in der Regel getrübt werden, so lange auf dem Lager liegen lassen, bis sie sich wieder geläutert haben; 2) diese Läuterung, Klärung, durch ruhige Lage derselben, von Hause aus, herbeiführen; 3) oft auch lange auf dem Lager liegen.

Ablagerungsplätze, 1) sind im Transitohandel diejenigen Orte genannt, von welchen eine Waare, die mit einer

Gelegenheit kam, deren Tour (Richtung) von hier aus sich ändert, abgeladen und zur Beförderung an ihren Bestimmungsort an andere Fuhrleute oder Schiffe übergeben wird. Für die Empfangnahme und den Weitertransport müssen die Spediteure Sorge tragen. In der Regel wählt man zu solchen Ablagerplätzen nur Städte, welche für den Handel von größerer Bedeutung sind; 2) mitunter auch gleich Niederlagsplätze.

Ablaufen lassen, 1) bei einer Anweisung oder einem Wechsel, die bis zum Zahlungstage währende Frist vorübergehen lassen; diese Zeit selbst heißt die Lauftage und nach Ablauf derselben der Wechsel ein verfallener oder abgelaufener; 2) von Schiffen gleich vom Stapel lassen.

Ablegen, Schiffe bis zu ihrer weiteren Bestimmung auf die Rhede bringen.

Ablösen, von Schulden gleich sie bezahlen; sie tilgen.

Abmachen, 1) s. ajustiren; 2) beendigen; 3) von Schulden, sie bezahlen.

Abnehmen und **Abnehmer**, gleich kaufen und Käufer, Kunde.

Abonnement nennt man diejenige Handlung, vermittelst welcher man sich verbindlich macht, an etwas Theil zu nehmen, was unter bestimmten Verhältnissen und Bedingungen ins Leben treten soll; also gleichbedeutend mit Subscription, Unterzeichnung, insofern eine schriftliche Verpflichtung dazu eintritt.

Abonnent, derjenige, welcher sich zur Theilnahme an etwas, oder zur theilweisen Abnahme einer Sache im Voraus verbindlich macht.

Abrechnen, 1) die Rechnung abschließen; 2) den noch nicht entrichteten Betrag bezahlen; 3) bezahlen überhaupt; 4) Soll und Haben vergleichen; 5) compensiren; 6) discontiren.

Abschlagszahlung ist 1) die nach und nach erfolgende, in mehrern Terminen geleistete, Zahlung einer größern Summe; 2) der einzeln gezahlte Betrag selbst, also gleich Abschlagssumme.

Abschließen, 1) einen Kauf, Geschäft oder Contract richtig machen. Betrifft dieses bloß gegenseitige Leistungen, so genügt zwar die mündliche Vereinbarung, doch ist es vorzuziehen, deren schriftliches Anerkenntniß zu haben (s. Contract); 2) bei Rechnungen und Büchern die gegenseitigen

Forderungen der in Handelsverbindung stehenden Personen mit einander ausgleichen und den sich ergebenden Ueberschuß des einen oder andern auf neue Rechnung vortragen; also gleich saldiren. Bei einzelnen Conten kann dieses zu jeder Zeit geschehen; eine Ausgleichung aller gegenseitigen Forderungen, ein Abschluß der Bücher, findet nur zu bestimmten Zeiten statt und dient dazu, eine Uebersicht der Activa und Passiva und des aus dem Geschäft entsprungenen Gewinns oder Verlustes, so wie des Vermögenszustandes der Handlung zu erlangen.

Abschnitt (Appoint), heißt ein Wechsel, wenn er als ergänzender oder einzelner Theil einer größern Summe betrachtet wird. Daher ist eine Summe in mehrern Abschnitten übermachen soviel, als dieselbe in mehrern Wechseln bezahlen.

Abschreiben, 1) s. Copiren; 2) einen Auftrag widerrufen, Gegenordre ertheilen; 3) bei Versehen in der Buchführung den fälschlich ins Debet gekommenen Betrag ins Credit bringen und umgekehrt; 4) eine Schuldforderung, die durch den Scontro (s. d.) abgemacht ist, ins Credit des ersten Schuldners übertragen und dem dritten ins Debet stellen; 5) in der Bank sein Guthaben auf einen andern übertragen, es ihm zum Theile oder ganz zuschreiben lassen. Dieses Ab- und Zuschreiben in der Bank kommt an größern Handelsplätzen, wo in der Regel eine Girobank ist, fast täglich vor und gewährt dem Abschluß von Geschäften große Erleichterung. Es versteht sich jedoch von selbst, daß nur soviel abgeschrieben werden kann, als das Guthaben beträgt. Einen zu Gute geschriebenen Posten darf man erst am folgenden Tage wieder abschreiben lassen, und die Anweisung dazu an die Bank muß entweder persönlich, oder durch einen Bevollmächtigten überreicht werden.

Absonderungsrecht ist die Befugniß, diejenigen Gegenstände im Concurse von der Masse zu trennen, welche nicht zum Handlungsvermögen des Falliten gehören, wie z. B. Commissionsartikel und Sachen, die bloß deponirt worden sind.

Abstand (der), 1) das Verzichten auf einen verabredeten oder abgeschlossenen Handel; 2) die für diese Verzichtung zu leistende Vergütigung an Gelde (Abstandsgeld) oder sonst wie.

Abstreichen, 1) beim Messen das im Maaß Aufgehäufte mit einem dazu bestimmten Instrumente, Streichholz, entfernen, so daß die Oberfläche des Gemessenen mit dem Rande des Gemäßes gleich steht. Es geschieht hauptsächlich bei Getreide, Salz, Kohlen u. dergl.

Abuoniren, aus dem Italienischen und wenig gebräuchlich, bedeutet vergütigen, den verursachten Schaden wieder ersetzen.

Abwickeln, von Geschäften 1) sie ordnen; 2) beendigen; 3) auflösen.

Abtakeln, ein Schiff von seinem Tauwerk (Takelwerk) entblößen. Es geschieht, während die Schiffe des Winters im Hafen liegen, oder wenn sie ausgebessert werden sollen, doch im letzten Falle nur bei größeren Ausbesserungen.

Abthun, 1) abmachen; 2) ausgleichen; 3) in Ordnung bringen; 4) berichtigen.

Abziehen, s. decortiren, rabattiren, discontiren.

Abzug, 1) s. Rabatt und Decort; 2) der von den Zollämtern bewilligte Steuernachlaß bei beschädigten Gütern.

Academie (griech.) nennt man diejenige Anstalt, in welcher alle Zweige irgend einer besondern Wissenschaft theoretisch und praktisch gelehrt werden. Eigentliche Handlungs-Academieen, welche eine gründliche Kenntniß aller Handelsgeschäfte gewähren und damit practische Uebungen in allen beim Kaufmann vorkommenden Geschäften, wie Buchführen, Arbitragiren, Correspondiren u. dergl. verbinden, haben wir in Deutschland noch nicht. Hamburg, seit der Mitte des vorigen Jahrhunderts, und in neuester Zeit Braunschweig besitzen zwar Lehranstalten, welche sich den Handlungs-Academieen nähern, haben indessen nicht alle praktischen Uebungen in ihren Plan aufgenommen. Weit weniger ist dieses der Fall bei den im Preußischen in mehrern Hauptstädten bestehenden Handlungsschulen, welche noch mehr als jene auf die Theorie beschränkt sind.

Accept, der, oder die Acceptation (latein. acceptatio, engl. acceptance, französ. l'acceptation, die Annahme) heißt die schriftliche Erklärung oder Verpflichtung des Bezogenen, daß er den auf ihn ausgestellten (gezogenen) Wechsel annehme und die darin namhaft gemachte Summe am Verfalltage an den Präsentanten zahlen werde. Die Acceptation erfolgt auf dem Wechsel selbst durch den Bemerk acceptirt, nebst Datum und Unterschrift des Bezogenen oder des von ihm Bevollmächtigten. Doch hat dieser seinem Namen auch den seines Machtgebers beizufügen. An Sonn-, Fest- und Bußtagen kann Acceptation eines Wechsels, auch bei Juden, nicht verlangt werden. Mündliche Erklärung zu acceptiren verpflichtet zum schriftlichen Accept, indessen begründet die mündliche Acceptation nach preuß. Gesetzen kein Wechselverfahren.

Accept oder **Acceptation** *par honneur* heißt die Handlung eines Hauses, welches, wenn der Bezogene die Acceptation des Wechsels verweigert, dieselbe zu Ehren des Ausstellers oder eines der Giranten übernimmt. Erst bei verweigertem Accept und nach stattgefundenem Protest (s. d.) kann par honneur acceptirt werden, und es ist jedesmal auf dem Wechsel zu bemerken, zu wessen Ehren dieser Accept geschieht; fehlt die Bemerkung, so gilt der Accept zu Ehren des Ausstellers. Der Inhaber des Wechsels ist nur verbunden, dieselbe gegen baare Zahlung zuzulassen, wo sie aber angenommen werden muß. Hierdurch tritt der Acceptant in die Rechte des Inhabers gegen denjenigen, zu dessen Ehre er acceptirt hat, erhält aber auch die Rechte, welche dem Trassaten, wenn er Zahlung geleistet hätte, gegen den Trassanten zustehen würden. Dieses Verfahren heißt auch interveniren, und es wird als keine Intervention angesehen, wenn der Bezogene selbst den Wechsel zu Ehren des Ausstellers oder eines Giranten acceptirt.

Accept *per onor di lettera*, gleich Acceptation zu Ehren des Trassanten.

Accept *per onor del giro*, gleich Acceptation zu Ehren eines Indossenten.

Accept *sopro protesto*, andere Benennung für Intervention, Accept par honneur.

Acceptant (engl. accepter, französ. accepteur) heißt derjenige, welcher sich durch seine Unterschrift zur Zahlung des Wechsels verpflichtet hat, es sei als Bezogener (Trassat) oder par honneur.

Acceptationsgeschäfte heißen diejenigen Geschäfte, wodurch man sich in lange Acceptationen einläßt, für die man erst später Deckung erhält.

Acceptationszeit heißt diejenige Frist, innerhalb welcher ein Wechsel zur Acceptation dem Bezogenen präsentirt werden muß. Die gesetzlichen Bestimmungen hierüber sind verschieden, namentlich bei Meßwechseln, wo sie sich nach der Usance der Meßplätze richtet.

Acceptiren (französ. accepter, engl. accept), 1) einen

Wechsel oder eine Anweisung durch seine Unterschrift am Verfalltage zu zahlen versprechen; 2) überhaupt etwas Dargebotenes annehmen; 3) auf einen Vorschlag eingehen.

Accidenzien, 1) Nebeneinkünfte; 2) Spesen; mitunter auch 3) gleich Gebühren; 4) überhaupt jede zufällige Einnahme.

Accise (französ.; engl. excise) heißt 1) die Steuer, welche von Waaren erhoben wird, die im Lande erzeugt und verbraucht werden; besonders aber 2) die Steuer von Lebensbedürfnissen, Lebensmitteln; mitunter auch wohl 3) gleich Steuer überhaupt.

Accommodiren, sich mit Jemanden über ein Geschäft, Forderung u. dergl. vergleichen, einen Vergleich (Accommodement) treffen.

Accord nennt man 1) eine Uebereinkunft, einen Vertrag, welchen man bei Falliments mit seinen Gläubigern zu dem Zwecke schließt, ihnen, gegen Remission (Erlaß) des Uebrigen, einen Theil der Schuld sofort oder in Terminen baar zu zahlen. Der Accord wird gerichtlich geschlossen oder in der Stille abgemacht. Im ersten Falle bleiben dem Gläubiger die Ansprüche auf Vergütigung des Ausfalls bei verbesserten Vermögensumständen des Schuldners. Kommt kein Accord zu Stande, so tritt das Concursverfahren ein. Zur Schließung eines giltigen Accords ist erforderlich, daß der größte Theil der Gläubiger, d. h. derjenige Theil, welcher die größte Hälfte der Schuldforderung zu machen hat, ihm beitrete. Hypothekgläubiger sind vom Accord ausgeschlossen, welcher da, wo Handelsgerichte sind, vor diesen abgemacht zu werden pflegt. Im Allgemeinen findet man, um die Weitläuftigkeiten und Kosten des gerichtlichen Verfahrens zu vermeiden, in den meisten Fällen gerathener, einen nur einigermaßen billigen Accord einzugehen, als sich in Concurs einzulassen. 2) Ein jedes Uebereinkommen über Leistungen oder Arbeiten von im Voraus bestimmter Qualität, oft auch Quantität, gegen Zahlung eines gleichfalls vorher bestimmten Betrages.

Accordiren (französ.), 1) übereinstimmen; 2) übereinkommen; 3) sich vergleichen; 4) einen Accord schließen.

Accreditiren, 1) eigentlich Jemandem bei einem Dritten Credit eröffnen oder auswirken; doch oft auch 2) Jemanden ohne Rücksicht auf Credit zu anderen Zwecken empfehlen;

3) ihn zur Verrichtung bestimmter Geschäfte beglaubigen; 4) ihn dazu ermächtigen.

Accreditirt. Man sagt von einem Handlungshause, es sei wohl oder schlecht accreditirt, wenn es ansehnliche Geschäfte treibt und weit verbreiteten Credit hat oder das Gegentheil stattfindet.

Accreditiv, 1) Empfehlungsschreiben überhaupt; jedoch 2) hauptsächlich ein solches in Rücksicht eines zu eröffnenden Credits oder einzuleitender Geschäftsverbindung; 3) Beglaubigungsschreiben für eine Person in Betreff derjenigen Geschäfte oder Handlungen, welche sie für einen Dritten vornehmen soll, insofern diese nicht gerichtlich sind oder überhaupt Vollmacht erfordern; 4) zuweilen auch gleich Creditbrief.

Achse bezeichnet den Gegensatz vom Wassertransport, also Güter per Achse senden, heißt, sie durch Frachtfuhren, Fuhrgelegenheit, zu Lande übermachen.

A conto (ital.), 1) auf Rechnung, s. Conto; 2) auf Abschlag; 3) auf Credit.

A costi, am Platze, dort; ein veralteter Ausdruck.

Acquit (franzöf.), gleich Zahlung, Quittung. Als Quittungsformel: (par acquit) erhalten.

Acquittiren, 1) bei Wechseln die empfangene Zahlung bescheinigen, was durch die Unterschrift: Empfangen oder pour acquit, nebst dem Namen des Empfängers, geschieht; 2) einen Wechsel auszahlen oder einlösen; 3) mitunter, obwohl selten, soviel wie quittiren.

Actien (französ. actions, engl. joint stocks, actions) heißen die Urkunden, wodurch man als Theilnehmer irgend einer Unternehmung pro rata des eingeschossenen Beitrages beglaubigt wird, und in demselben Verhältnisse den daraus erwachsenden Gewinn (die Dividende) theilt oder Verlust trägt. Man hat das Wort durch Antheilzettel zu übertragen gesucht. Sie gehören nicht zu den Staatspapieren.

Actiengesellschaft (französ. société anonyme, engl. joint-stock-company) heißt 1) der Verein, welcher eine Unternehmung auf Actien begründet; 2) die Gesammtheit der Inhaber dieser Actien.

Actienhandel heißt das aus dem Ein- und Verkauf von Actien bestehende Geschäft, dessen Zweck ist, aus dem Steigen und Fallen der Preise derselben Vortheil zu ziehen. Die Ursachen dieses Schwankens sind die zu erwartende Dirîdende und die ermangelnde Gelegenheit, das vorhandene Capital besser und vortheilhafter unterzubringen, verbunden mit den oft absichtlich verbreiteten Nachrichten über den günstigen oder ungünstigen Zustand des Unternehmens.

Actienspiel heißt das Verfahren, wenn man Actien (oder Staatspapiere) ankauft oder veräußert, unter der Bedingung, daß man den Unterschied des gegenwärtigen Courses und des im Termin der versprochenen Lieferung stattfindenden, entweder baar auszahlt oder empfängt. Es ist aus dem Actienhandel hervorgegangen, aber als ein höchst gewagtes und gefährliches Hazardspiel zu betrachten, welches jedoch in Deutschland weniger einheimisch ist, als in Frankreich und England, und auf welches man durch fingirte Nachrichten einwirkt.

Actionair (französ.), 1) ist der Inhaber einer Actie. In Holland heißt er Actioniste, was in England gleichbedeutend mit Actienhändler ist; 2) s. Aventurier.

Activa oder Activ-Vermögen nennt man das, was ein Kaufmann an beweglichen und unbeweglichen Gütern, an Wechseln, baarem Gelde, ausstehenden Forderungen u. dgl. besitzt. Im Concurse bildet dasselbe die Activmasse, aus welcher die Gläubiger nach gesetzlichen Bestimmungen befriedigt werden.

Activhandel, 1) der Handel, den ein Volk betreibt, wenn es dem Auslande seine Waaren selbst zuführt und seine Bedürfnisse gleichfalls selbst von dorther holt; 2) der Handel, den ein Volk mit inländischen Produkten ins Ausland treibt, der Handel mit Landesprodukten; 3) der Ausfuhrhandel überhaupt; 4) die Einfuhr fremder Produkte auf inländischen Schiffen; 5) der Handel mit den Erzeugnissen eigener Fabrik. Im Gegensatze steht der Passivhandel.

Activmasse, s. Concursmasse.

Activ-Schulden heißen im kaufmännischen Sprachgebrauche sämmtliche ausstehende Forderungen.

Adjustement (franz; engl. adjustment) ist im Assecuranzvertrage die genaue Festsetzung des Verlustes, welchen der Versicherte erlitten hat, also gleichbedeutend mit Dispache.

Adjustiren, s. Ajustiren.

Administration, 1) die Verwaltung und Aufsicht einer Sache überhaupt; 2) im Concurse die Verwaltung der Activmasse zum Besten der Gläubiger durch den gerichtlich bestellten curator massae; 3) die Führung eines Geschäfts für Rechnung Anderer.

Administrator (latein.), der, welcher diese Verwaltung oder Geschäftsführung für andere Rechnung besorgt; 2) mitunter gleichbedeutend mit Sequestor, Factor, Director.

Administriren, verwalten, s. Administration.

Admiral (franz. amiral, ital. ammiraglio), 1) der Oberbefehlshaber einer Kriegsflotte. Unter ihm stehen die Vice- und Contre-Admirale; 2) bei Kauffahrern der Anführer einer Admiralschaft; zuweilen auch das Hauptschiff einer Kriegs- oder Handelsflotte.

Admiralität oder Admiralitäts-Collegium heißt der oberste Gerichtshof im Seewesen und in Schifffahrtsangelegenheiten; er handhabt nicht nur die Gerichtsbarkeit, sondern auch die Hafen- und Küstenpolizei.

Admiralitäts-Police (französ. police d'admirauté) heißt die über die Schließung einer Admiralschaft ausgefertigte Urkunde; auch Zeinbrief, Seinbrief genannt, namentlich wenn das Geleite aus Kriegsschiffen besteht.

Admiralschaft heißt in Kriegszeiten die Vereinigung mehrerer Kauffahrer, welche, um sich gegenseitig besser zu schützen, unter der Leitung eines Anführers (Admirals) gemeinschaftlich segeln. Wer die Admiralschaft bricht, muß allen daraus herrührenden Schaden ersetzen.

Admiralschiff, 1) bei Kriegsschiffen das Schiff, auf welchem der Admiral sich befindet und die Admiralsflagge weht; 2) bei Handelsflotten das Hauptschiff oder dasjenige, welches den Anführer (Admiral) am Bord hat.

Adressat, richtiger als Addressat, 1) ist derjenige, welchen die Aufschrift eines Briefes oder Pakets als dessen Empfänger bezeichnet; 2) s. Adresse.

Adresse (französ.), jede mündlich oder schriftlich ertheilte Anweisung zur Auffindung von Personen; 2) bei Briefen, Paketen, Kisten, Ballen u. dergl. die Bezeichnung der Empfänger durch genaue und deutliche Aufschrift des Namens, Charakters und Wohnorts; 3) bei Wechseln derjenige, welcher sie honoriren soll; 4) s. Noth-Adresse.

Adreß-Contor (Comptoir) heißt die an größern Orten bestehende Anstalt, in welcher man Erkundigungen verschiedener Art einziehen und Nachweisungen erhalten kann. Dergleichen Anstalten kommen jedoch mit dem kaufmännischen Verkehr wenig oder gar nicht in Berührung; ihr Wirkungskreis sind fast ausschließlich die übrigen Verhältnisse des bürgerlichen Lebens.

Adreß-Kalender, 1) für den Kaufmann das Verzeichniß (der Catalog) der Kaufleute eines Ortes mit Angabe ihrer Firma und Wohnung; 2) ein solches Verzeichniß aller Einwohner eines Ortes.

Adressiren, 1) von Sachen soviel, wie ihren Empfänger bezeichnen; 2) von Personen, sie empfehlen.

A drittura. Dieser italienische Ausdruck bedeutet geradezu, unmittelbar, direct, kommt vor 1) bei Güterversendungen und bezeichnet a) daß die Waare auf einer Achse, d. h. ohne umgeladen zu werden, an ihren Bestimmungsort befördert wird; b) daß sie auf der rechten oder nächsten Straße, also nicht auf Neben- oder Umwegen, dahin gelange; 2) im Wechsel-Verkehr, wo er a) anzeigt, daß zwei Plätze in directem Coursverhältnisse zu einander stehen; b) daß ein Wechsel direct, d. h. ohne Vermittelung eines Zwischenplatzes, auf Jemanden ausgestellt oder remittirt werden kann.

Adulteriren, verfälschen, durch Beimischung oder Vermischung die Qualität einer Waare verschlechtern.

Aequivalent (latein.), der gleiche Werth, die gleiche Geltung zweier Dinge überhaupt, wie z. B. der Waaren und des Geldes; 2) der Ersatz von gleichem Werthe, also Geld für Waaren und umgekehrt.

Aequivalenzparität bezeichnet die gleiche Geltung der Münzen oder Wechsel an verschiedenen Handelsplätzen.

Affectionspreis, ein Preis, höher als der gewöhnliche, den man nur aus Liebhaberei (Affection, Zuneigung) am Gegenstande bezahlt.

Affiche (franz.), 1) jeder öffentliche Anschlag eines Edikts oder Verordnung überhaupt; die öffentliche Bekanntmachung von Handelsverfügungen, Waaren-Versteigerungen, Ankunft und Abgang der Schiffe, Handelsnachrichten u. dgl.; 3) die Bekanntmachung derselben durch Anschlag auf der Börse und den kaufmännischen Versammlungsplätzen insbesondere.

Agenda, 1) die im Contor aufgehängte Tafel zur Bezeichnung der Geschäfte des laufenden Tages; 2) das Notizbuch auf Reisen zu gleichem Zwecke. Der Ausdruck ist nur wenig im Gebrauch und lateinischen Ursprungs.

Agent heißt 1) jeder, der von einem auswärtigen Orte, auf Grund besondern Auftrages, für einzelne Fälle oder im

Allgemeinen, die Geschäfte und Angelegenheiten eines Dritten besorgt; daher 2) Bevollmächtigter, Geschäftsträger sowohl bei Staaten und Behörden als Privatpersonen, Handlungsgesellschaften, Corporationen und einzelnen, gewöhnlich aber bedeutenden, Handlungshäusern. Der Agent betreibt diese Geschäfte, welche sich meist auf Verkäufe nach Probe beschränken, nur an seinem Aufenthaltsorte, und es gehören also die Handlungsreisenden nicht dazu; 3) mitunter gleich Commissionair; 4) Factor, obwohl in dieser Bedeutung in Deutschland selten.

Agentur heißt 1) das Geschäft des Agenten; 2) das Geschäftslokal desselben; 3) in England gleichbedeutend mit Factorei.

Agio (italien.; französ. surchange), 1) eigentlich die Differenz verschiedener Geldsorten von gleichem Nennwerthe in Betreff ihres Gehaltes. Eine solche Differenz ergeben z. B. 100 Rthlr. sächsisch und 100 Rthlr. preuß. Courant, und es sind, um erstere zu bezahlen, 105 Rthlr. von den letztern erforderlich. Dieser Unterschied von 5 Rthlr. wird Agio genannt; 2) dasjenige Geld, was man bei fremden Münzen, Wechseln auf auswärtige Plätze u. dergl. über den eigentlichen Werth bezahlt; daher 3) Aufgeld, Aufwechsel überhaupt. Das Agio ist nicht allein von dem innern Werthe der Münzen abhängig, sondern oft auch von zufälligen Umständen bedingt, wie das Agio zwischen Gold und Silber. Zu diesen Zufälligkeiten gehört wesentlich das größere oder geringere Verlangen nach gewissen Münzsorten und der diesem Verlangen angemessene Vorrath; im erstern Falle wird das Aufgeld natürlich steigen, im letzteren herabsinken.

Agio-Conto heißt in der Buchführung die Rechnung, vermittelst welcher der durch Geld- oder Wechselumsatz erhaltene Gewinn und Verlust ermittelt wird.

Agiotage (französ.), 1) das Verwechseln, Umwechseln der Münzen gegen Agio; 2) der unerlaubte Wucher mit Geld oder Staatspapieren, gegründet auf betrügerische Operation, welche ein Fallen oder Steigen der Papiere bewirkt, ohne daß dieses die Handels- oder sonstigen Verhältnisse nöthig machen; 3) das Ausleihen von Capitalien gegen übermäßige Zinsen, welches gesetzlich bestraft wird.

Agioteur (französ.), 1) jeder Geldwechsler; 2) wer Papiere zu niedrigem Preise an sich bringt, um sie zu hohem zu veräußern; im schlechtern Sinne des Wortes aber 3) jeder, wer zu seinem Vortheile ein künstliches Steigen und Fallen des Geldes und der Papiere bewirkt; 4) wer übermäßige Zinsen nimmt.

Agnosciren, selten gebraucht, aber dann in der Bedeutung von billigen, gutheißen, anerkennen. Es geschieht 1) bei Documenten aller Art dadurch, daß man deren Inhalt und Unterschrift für richtig erklärt, und ist hier gleich recognosciren; 2) bei Schuldforderungen, wenn man sie als richtig einräumt; 3) bei Wechseln, wenn sie für Rechnung eines Dritten bezogen werden, in welchem Falle erforderlich ist, daß dieser sie gutheiße. Im Gegensatze steht das Diffitiren (s. d.).

Aichen, auch eichen (französ. étalonner, seltener échantilloner, von Maßen und Gewichten, doch von letzteren weniger; ajuster, vom Gewicht ausschließlich; engl. gauge und stamp), eigentlich soviel wie ächten, ächt machen, adjustiren. Man versteht darunter 1) das Verfahren, wodurch Maße und Gewichte, vor ihrem Gebrauche im Verkehr, mit dem gesetzlichen Urmaße oder Gewichte verglichen und mit ihm übereinstimmend gemacht werden; 2) die Bezeichnung, daß dieses geschehen ist durch Aufdrückung eines Stempels. — Nur geaichtes Maß und Gewicht darf im öffentlichen Verkehr angewendet werden.

Aichmaß, 1) das gesetzliche Urmaß, nach welchem jedes neue geaicht wird; 2) im Großhandel an mehreren Orten die größern Weinmaße, zum Unterschiede von den Zapf- oder Schenkmaßen, welche in der Regel kleiner sind.

Aichungs-Bureau, 1) die Behörde, welche die Aichung besorgt; 2) der Ort, wo sie vorgenommen wird. —

A jour bedeutet in der Buchhaltung, daß alles bis auf den laufenden Tag in die Bücher eingetragen sei.

Ajustiren (franz. ajuster), gleichmachen, ausgleichen, ordnen, berichtigen, wird gebraucht 1) von der Ausgleichung der Gewichte und hat hierbei die Bedeutung von aichen; 2) bei Rechnungen und heißt hier a) sie ausgleichen oder ordnen, b) sie berichtigen oder abmachen; 3) bei Büchern und bedeutet alsdann, sie genau durchsehen und das Fehlerhafte oder Falsche berichtigen; 4) bei Münzen, vor ihrer Prägung, durch Verwiegung für gleiche Schwere der einzelnen Stücke sorgen; 5) in der Assecuranz den erlittenen Verlust und die Summe genau festsetzen, welche der Versicherer zu zahlen hat, also gleich dispachiren.

Al corso, zum laufenden Cours, ist Bezeichnung bei der Verwechselung von Münzsorten.

Alkohol nennt man das berauschende Princip, was in allen sogenannten geistigen Flüssigkeiten, Wein, Bier, Branntwein u. dergl. in verschiedener Menge vorhanden ist. Jetzt ist der Ausdruck, ziemlich allgemein schon, gleichbedeutend mit Weingeist.

Alla minuta (italien.) bedeutet den Verkauf im Kleinen, Kleinhandel.

Alleinhandel, s. Monopol.

Alliage (französ.) heißt 1) die Vermischung oder Versetzung zweier Dinge von ungleichem Werthe, aber sonst gleichartig, zu einer Masse; 2) jeder Zusatz überhaupt, besonders bei Metallen.

Alligations-Rechnung (franz. Alliage oder Regle d'Alliage) eine kaufmännische Rechnung, welche den Werth gemischter Massen finden lehrt.

Allonge nennt man beim Wechsel den Anhang oder die Verlängerung, welche an demselben befestigt wird, wenn die Rückseite bereits mit Indossanten überfüllt ist, und er noch ferner durch mehrere Hände laufen soll.

Al marco (italien.), nach dem Markgewicht, werden unvollwichtige Geldmünzen verkauft, nicht nach ihrer Stückzahl (al peso) und ihrem Nennwerthe.

Al numero (italien.) kaufen und verkaufen heißt Waaren nach ihrer Stückzahl, nicht nach dem Gewichte veräußern oder erstehen.

Al pari (italien.), s. pari.

Al peso (italien.) sagt man von Geldmünzen, wenn sie einzeln nach ihrem Gewicht verkauft oder als Zahlung angenommen werden.

Alternative, (die) (latein.) die Wahl zwischen zwei Dingen.

Alter Styl heißt die Zeitrechnung nach dem Julianischen Calender, welche von der jetzigen Zeitrechnung um ungefähr 12 Tage abweicht, und nach welcher bei Russen und Griechen gerechnet wird. Der 12. Januar alten Styls ist also der 24. Januar unserer Zeitrechnung. In der Correspondenz drückt man aber meistens beide Daten aus und schreibt z. B. Moskau $\frac{7}{19}$ Septbr.

A meta (italien.), zu gleichen Theilen; 2) zur Hälfte; 3) auf halbe Rechnung.

Amortiren oder Amortisiren, auch mortificiren

heißt tilgen, vertilgen, für nichtig erklären, löschen und wird gebraucht 1) für die gerichtliche Ungiltigkeitserklärung eines verloren gegangenen Wechsels oder sonstigen wichtigen Documents; 2) von der Loskaufung von Zinsen; 3) oft gleichbedeutend mit annulliren, von der Ungiltigkeitserklärung noch vorhandener Documente.

Amortisation heißt die im Vorigen aufgeführte Handlung, also Ungiltigkeitserklärung.

An bezeichnet in der Buchhaltung bei dem Namen eines Contos soviel als Haben oder Credit.

An Bord, s. Bord.

Angabe, s. Declaration.

Angeld nennt man diejenige Summe, welche nach geschlossenem Kaufe, aber vor Ablieferung der Waare, an den Verkäufer gezahlt wird, um den Kauf sicher zu machen und einen Rücktritt des Käufers zu verhüten, welcher in diesem Falle das Angeld verliert, so wie der Verkäufer dieses herauszahlen und noch gleich viel erlegen muß, wenn er von der Erfüllung des Kaufes abtritt. Es ist daher gleichbedeutend mit Handgeld, Draufgabe, und es bleibt dem nicht Zurücktretenden überlassen, ob er mit dem Angelde zufrieden sein, oder auf Abschließung des Kaufes klagen will. Ist das Angeld nach völligem Abschlusse des Geschäfts gegeben, so kann keiner der Contrahenten zurücktreten, selbst nicht mit Verlust des Angeldes, es müßte denn dieses ausdrücklich vorbehalten sein und Einigung über ein bestimmtes Reugeld (Wandelpön) stattgefunden haben.

Angenehm, 1) von Preisen gleich annehmbar; 2) von Waaren gleich willkommen, gesucht, begehrt. Angenehme Waare heißt daher immer der Artikel, der sich Absatz versprechen kann.

Anhang, s. Allonge.

Ankergeld (engl. anchorage; franz. droit d'ancrage), 1) auch Hafengeld, heißt die Angabe der Schiffe für Benutzung des Hafens; 2) die auf der Rhede und an Küsten für das Auswerfen der Anker zu entrichtenden Gebühren.

Ankergrund (französ. ancrage) heißt in der See die Stelle, welche das Auswerfen des Ankers gestattet. Am besten eignet sich dazu mit Muscheln vermischter Sandboden, am wenigsten Steingrund.

Ankerrecht ist 1) die Befugniß, im Hafen, an der Küste und auf der Rhede, ohne Ankergeld zu entrichten, die Anker auswerfen zu können; 2) für fremde Schiffe die Begünstigung nicht mehr dafür zu zahlen, als die Schiffe des eigenen Landes entrichten.

Anlegen lassen, bei Schiffen, sie an eine gewisse Stelle im Hafen oder bei der Stadt verweisen, um sie daselbst mit Gütern zur Ladung zu versehen oder ihre Ladung zu löschen.

Anleihen heißt 1) Gelder unter der Bedingung von einem Dritten entnehmen, daß sie, nebst Zinsen, nach Verlauf einer bestimmten Zeit zurückgezahlt werden sollen. Daher 2) borgen überhaupt; 3) als Hauptwort gleich Darlehn; es wird besonders bei Eingehung von Schuldverhältnissen von Seiten des Staates gebraucht.

Annehmen, s. Acceptiren.

Annonce (französ.), 1) jede öffentliche Anzeige und Ankündigung; 2) jede Privatbenachrichtigung und Mittheilung.

Annonciren (franz. annoncer), 1) öffentlich bekannt machen; 2) benachrichtigen, anzeigen, mittheilen.

Annuität nennt man 1) die gleichbleibenden jährlichen Einkünfte, welche Capitalisten von dargeliehenen Capitalien so lange beziehen, bis Capital und Zinsen auf diese Weise zurückgezahlt sind, also Zeitrente; 2) (annuity) in England eine Art Staatspapiere, gleich den Renten in Frankreich.

Annulliren, 1) als nichtig betrachten, als nicht vorhanden ansehen, namentlich bei noch vorhandenen Documenten; daher 2) für ungiltig erklären; 3) ausstreichen; 4) vertilgen und tilgen. Es wird dieses Wort bei Wechseln, Anweisungen, Schuldforderungen und Rechnungen gebraucht, die man, weil ihr Vorhandensein außer Zweifel steht, nicht amortiren kann, wozu nothwendig erforderlich ist, daß ihr Verlust erwiesen sei oder sonst feststehe.

Anonym (griech.), 1) eigentlich ohne Namen, namenlos; daher 2) unbekannt; 3) ungenannt; 4) unberühmt, ruhmlos. Im Kaufmännischen ist eine anonyme Gesellschaft (Compagnie), deren Firma nicht die Namen derselben angiebt; in Frankreich gleichbedeutend mit Actiengesellschaft.

Anschaffen, s. Remittiren.

Anschaffung, gleichbedeutend mit Deckung.

Ansegeln nennt man das zufällige und gewaltige Zusammenstoßen zweier Schiffe.

Anstandsbrief, s. Moratorium.

Antapocha, ein nur selten noch vorkommendes Wort,

gleichbedeutend 1) mit schriftlicher Schuldanerkennung; 2) mit Gegenquittung.

Antedatiren oder **Antidatiren** (franz. antidater) heißt 1) eigentlich ein früheres Datum ansetzen, als dasjenige, an welchem das Document, der Brief, Wechsel abgefaßt, niedergeschrieben oder ausgestellt ist; daher 2) in die Vergangenheit versetzen, zurücksetzen überhaupt. Das Antedatiren bei Wechseln hat oft nicht nur zu Unordnungen, sondern auch zu Betrug Veranlassung gegeben, und deshalb ist es in mehreren Wechselordnungen ausdrücklich verboten.

Anticipiren (franz. anticiper), 1) voraus nehmen, im Voraus empfangen; 2) im Voraus oder vor Ablauf der festgesetzten Zeit bezahlen, anticipando bezahlen; daher 3) vorschießen. Es kommt namentlich bei Commissionsgeschäften vor, wenn der Commissionsbetrag bezahlt wird, ehe die daraus gelösten Gelder eingegangen sind, oder wenn der Commissionär auf die empfangene Waare Vorschüsse leistet. Tratten zu antipiciren, d. h. vor der Verfallzeit zu bezahlen, ist immer eine mißliche Sache, weil der Zahlende, im Falle eines Fallements, weder an den Empfänger des Geldes, noch an den Indossenten Regreß ergreifen kann. Soll es ja geschehen, so müssen alle Vormänner ihre Genehmigung ertheilen, oder aber der Acceptant kann den zu anticipirenden Wechsel auf sich giriren lassen und zwar gegen Disconto.

Antiquar, im kaufmännischen Sinne derjenige, welcher mit alten Kunstsachen, Alterthümern, schon gebrauchten Büchern u. dergl. Handel treibt.

A nuovo (italien.), aufs Neue.

Anweisen, s. Assigniren.

Anweisung, s. Assignation.

Anweisungsconti (engl. drawing accounts) heißt, im Geschäftsbetrieb der Bank von England, die offene Rechnung derselben mit Privatpersonen.

Anziehen 1) von Waaren soviel als gesucht sein, begehrt werden; 2) von Preisen gleich in die Höhe gehen, steigen. Beides ist gewöhnlich mit einander verbunden, da sich nach dem Verlangen von Waaren oder Papieren auch die Höhe der Preise und der Cours zu richten pflegt.

A piacere (italien.; franz. à volonté) heißt 1) wörtlich: nach Gefallen, nach Belieben; 2) gleichbedeutend mit a Vista (nach Sicht). — Man bediente sich früher dieses Ausdrucks häufig bei Wechseln anstatt der Bestimmung der

Zahlungszeit, und zeigte damit an, daß der Trassat ihn zu jeder Zeit, wenn es dem Inhaber beliebte, also nach Sicht, bezahlen mußte. Jetzt sagt man fast allgemein in diesem Falle a Vista und nennt da, wo das Gesetz die Präsentation zur Zahlung von Sichtwechseln in einer bestimmten Frist vorschreibt, solche Wechsel, bei welchen die Verabredung stattfand, daß man an diese Frist nicht gebunden sein wolle, Wechsel a piacere.

Appoint oder *Apoint* (französ. à point), 1) wörtlich: genau, grade so viel, grade die Summe; daher 2) die volle Bezahlung; 3) der zu deren Bewirkung gemachte Zuschuß zu einer solchen bezahlten größern Summe, der Nachschuß; 4) der Abschnitt (s. d.); 5) mitunter auch gleich Wechsel überhaupt.

Arbitrage (französ.) nennt man 1) in Wechselgeschäften a) den Ueberblick des Courses verschiedener Plätze, um zu erfahren, auf welchem Wege man am vortheilhaftesten Gelder nach auswärts senden oder von da einziehen und auf welchem Platze man am vortheilhaftesten eine Unternehmung entriren kann; b) das Rechnungsverfahren hierbei, also gleich Arbitragenrechnung; 2) in gerichtlicher Beziehung a) das Gutachten von selbst gewählten Sachverständigen über einen zweifelhaften oder streitigen Gegenstand; b) der Ausspruch mit rechtlichen Folgen, der von dazu bestimmten Schiedsrichtern gesprochen wird, also schiedsrichterliches Urtheil.

Armateur (französ.), 1) der Inhaber eines Caperschiffs; 2) gleichbedeutend mit Rheder oder Schiffseigner.

Arrangement (französ.), 1) die Einrichtung, Anordnung, Ordnung; 2) die Ausgleichung, Vergleichung; 3) der Vergleich mit den Gläubigern im Wege der Güte, besonders wenn er durch einen Dritten bewirkt wird und in dieser Beziehung oft gleichbedeutend mit Accord.

Arrangiren, 1) einrichten, in Ordnung bringen; 2) ausgleichen, vergleichen; 3) einen Vergleich schließen; 4) accordiren.

Arrest (latein. arrestum, französ. Arrêt), 1) im Allgemeinen jedes Versperren, Aufhalten, jeder Eintrag und jede Verkümmerung sowohl der Personen als der Sachen; 2) die Beschlaglegung auf Sachen und Geld und 3) die Verhaftung der Personen, der Personalarrest. Die Beschlaglegung auf Sachen kann nur auf Grund richterlicher Verfügung erfolgen, und diese wird nur erlassen, wenn der Arrestsuchende nachweisen kann, daß er seine Ansprüche darauf sonst ohne

Nutzen geltend machen würde und Gefahr im Verzuge sei. Die Arrestlegung hat die Wirkung, daß die mit Beschlag belegte Sache wie ein Depositum aufbewahrt werden muß, bis der sofort anhängig zu machende Rechtsstreit entschieden ist; daß jedes darüber abgeschlossene anderweitige Geschäft nichtig ist, und der Gläubiger sie vom Erwerber zurückfordern kann, doch nur unter Erstattung des Kaufschillings, wenn der Käufer sie im guten Glauben besitzt. Personalarrest kann nur nach rechtskräftig entschiedener Sache, wenn auf anderem Wege keine Befriedigung des Gläubigers erfolgt ist, verfügt werden. Auf das gemeinschaftliche Handlungs-Vermögen kann nur Arrest gelegt werden, wenn alle Mitglieder der Societät für die Forderung solidarisch haften.

Arrestatorium heißt bei einem Fallimente die an die Gläubiger ergehende gerichtliche Aufforderung, alle ihre Forderungen an den Falliten genau und der Wahrheit gemäß anzugeben.

Assecuranz (franz. assurance; engl. insurance), 1) die Versicherung oder Gewährleistung gegen Schaden und Verlust für gewisse Vergütigung (Prämie); oft auch 2) die Gesellschaft, welche diese Versicherung leistet, also gleichbedeutend mit Assecuranz-Compagnie, und 3) die Summe, für welche Gewähr geleistet wird. Man unterscheidet sie nach den Gegenständen der Versicherung oder den Verlust bewirkenden äußeren Erscheinungen in Lebens-, Vieh-, Feuer-, Strom-Assecuranzen. Die Versicherung kann fürs Ganze oder nur für einzelne Theile geschehen.

Assecuranz-Compagnie oder Gesellschaft, 1) der Inbegriff aller Actionaire oder Gewährleistenden als moralische Person; und in deren Namen und daher gleichbedeutend im gewöhnlichen Sprachgebrauch, 2) derjenige, welcher das Geschäft der Versicherung leitet oder die von der Zahl der Theilnehmer mit der Geschäftsführung beauftragten Beamten.

Assecuranzmäkler nennt man die Schiffsmakler, wenn dieselben nebenbei auch die Versicherung der zu versendenden Güter besorgen.

Assecuranz-Police (franz. police d'assurance; engl. policy of insurance) ist der über eine stattgefundene Versicherung von der Compagnie ausgestellte Schein. In ihr ist genau bestimmt, auf welche Gefahren, Gegenstände und Zeit sich die Versicherung erstreckt.

Assecuranz-Prämie (franz. prime d'assurance) nennt

man die für die Versicherung gegebene Vergütigung. Nur wenn sie entrichtet ist, wird die Police an den Versicherten ausgehändigt.

Assecurateur, Assecurant (franz. assureur; engl. underwriter, insurer, assurer) ist derjenige, welcher den Ersatz des Schadens bei Verlusten der versicherten Gegenstände übernimmt.

Assecurat (franz. assuré; engl. insured, assured), derjenige, dem die Gewährleistung der Assecuranz ertheilt worden ist, also der Versicherte.

Assignant nennt man den, der einen Andern anweiset, für ihn eine bestimmte Summe bei einem Dritten zu erheben.

Assignat (latein.) heißt derjenige, welcher angewiesen ist, gegen Empfangnahme einer Assignation, eine bestimmte Summe an einen Dritten zu zahlen, oder gewisse Gegenstände an ihn verabfolgen zu lassen; der Angewiesene.

Assignatar ist der, welcher den Auftrag hat, sich von einem Dritten Waaren verabfolgen oder Geld auszahlen zu lassen; der Uebernehmer.

Assignaten, 1) gleich Assignationen; 2) (engl. assignats) in England Papiergeld überhaupt.

Assignation (latein.) ist 1) das Geschäft, wenn ein Schuldner einem Gläubiger, mit dessen Bewilligung, den Auftrag giebt, die schuldige Summe von einem Dritten in Empfang zu nehmen; die Stelle des Geldes können auch Waaren vertreten; dann 2) jede Vollmacht, dem Vorzeiger eine bestimmte Summe auf Rechnung des Anweisers auszuzahlen, also Anweisung als Handlung gedacht (ohne Rücksicht auf Schuldverhältniß und reiner Auftrag) überhaupt; 3) (franz. auch mandat; engl. assignation oder check) gleich Handschein, die schriftliche Urkunde des Anweisenden, über die Berechtigung zur Auszahlung sowohl, als zur Empfangnahme der bestimmten Summe; also Anweisung in materieller Hinsicht. — In letzterer Beziehung ist die Assignation gleich dem Wechsel eine Urkunde, und sie unterscheidet sich, der Form nach, auch nur darin von diesem, daß sie das Wort Wechsel nicht enthält und also dem Wechselrecht nicht unterworfen ist. In ersterer Hinsicht kann der Anweisende (Assignant) den gegebenen Auftrag widerrufen, so lange nicht Zahlung erfolgt ist, wobei aber der Widerruf beiden Betheiligten bekannt zu machen ist. Ferner kann der Assignat die Zahlung verweigern, daher wird jede Anweisung nur erst dann als Zahlung betrachtet, wenn der Uebernehmer (Assignatar) befriedigt ist oder ausdrücklich den Assignanten seiner Verpflichtungen entbunden hat, wo die Anweisung den Character der Cession annimmt. Ueberhaupt kommt es darauf an, ob die Assignation in Folge eines Schuldverhältnisses ertheilt worden ist oder ihr ohne dieses ein bloßer Auftrag zur Erhebung zum Grunde liegt. Da dieses aus der Assignation selbst nicht hervorgeht, so kann auch der Assignatar, bei Widerruf des Auftrages oder verweigerter Zahlung, gegen den Assignanten nur aus dem Schuldverhältnisse Klage führen, welches nur dann vermuthet wird, wenn die Anweisung die Worte enthält: „Werth erhalten" oder „empfangen". Ist der Assignat Schuldner des Assignanten, so löst sich das Schuldverhältniß auf Höhe der geleisteten Zahlung; wird die Zahlung verweigert, so bleibt es in seinem frühern Umfange, und er muß die durch die Weigerung verursachten Kosten tragen. Fand kein Schuldverhältniß statt, so entstehen beiderseitig keine Ansprüche, wenn Zahlung nicht geleistet wird; sie muß aber geleistet werden, sobald die Anweisung gleich einem Wechsel acceptirt ist. Die Anweisung kann ganz wie ein Wechsel weiter überwiesen werden und lautet, wenn dieser Fall vorauszusehen ist, auch gewöhnlich an Ordre.

Assigniren, 1) bezeichnen überhaupt; 2) anweisen; 3) beauftragen; 4) bevollmächtigen.

Assistent, 1) der Gehilfe überhaupt; 2) vor Gericht der Rechtsbeistand; 3) in ostindischen Handlungshäusern Titel der Buchhalter.

Assistenzhaus ist ein wenig gebräuchlicher Ausdruck für Leihhaus, Leihbank.

Association (franz.), 1) Vereinigung mehrerer Personen zu einem gemeinschaftlichen Unternehmen, unter gemeinschaftlich, pro rata des eingeschossenen Capitals, zu tragendem Gewinn und Verlust, oder andern festgestellten Bedingungen; daher 2) gleich Societät.

Associé (franz.), 1) jeder Gesellschafter überhaupt; 2) jeder Theilnehmer an einem von Mehreren begonnenen Unternehmen; 3) Mitgenoß einer Handlung, Theilnehmer an einem Handlungshause oder einer Firma und daher gleichbedeutend mit Compagnon.

Associé en Commandite bezeichnet einen solchen Theilnehmer einer Handlung, welcher, ohne persönliche Dienste zu leisten, für das von ihm eingeschossene Capital statt der Zinsen einen verhältnißmäßigen Theil des Gewinns erhält; also gleich stiller Compagnon.

Associiren, 1) in eine Gesellschaft zusammentreten, sie bilden; 2) in eine schon gebildete Gesellschaft eintreten; 3) darein aufnehmen; 4) sich zu gemeinschaftlichen Unternehmungen vereinigen oder daran betheiligen.

Assortiment (franz.), 1) die Wahl, Auswahl überhaupt; 2) ein vollständiger, mit Umsicht und Geschmack ausgewählter Waarenvorrath; 3) gleich Sorte; 4) Partie.

Assortiren, 1) soviel wie sortiren, das Gleiche, Passende zusammenstellen; zu diesem Zwecke unter dem Vorhandenen eine Auswahl treffen, wählen, auswählen, aussuchen.

Atermoyiren (franz. atermoyer). Dieser selten vorkommende Ausdruck ist 1) synonym mit accordiren, und bedeutet auf Grund dessen 2) die Zahlungsfrist verlängern, den Zahltag weiter hinaussetzen. Auch in dieser Bedeutung kommt er höchst selten vor, und man gebraucht dafür prolongiren.

Attestat, Attest, 1) jede mündliche Erklärung für oder gegen die Wahrheit einer Aussage, Sache oder Behauptung, also Zeugniß; 2) jede schriftliche Bezeugung dieser Art über stattgefundene Verhältnisse und Thatsachen, also Bescheinigung; daher 3) insbesondere die Bescheinigung bei der Entlassung aus Dienstverhältnissen; 4) bei Havary das eidliche Zeugniß der Seeleute über die Nothwendigkeit des Auswerfens der Güter oder andere Umstände.

Attestiren, 1) bezeugen; 2) bescheinigen; 3) beweisen.

A tout prix, zu jedem Preise. Waaren à tout prix verkaufen so viel, wie ihrer unter jeder Bedingung sich entäußern; sie schleudern, verschleudern.

Au courant oder *du courant* wörtlich: im laufenden, nämlich Monat oder Jahr. Auf Wechseln bezeichnet es, daß dieselben zu Ende des Monats zahlbar seien, in welchem sie ausgestellt wurden.

Auction (latein. von augere, vermehren, steigern; franz. encan.) nennt man die Handlung, vermöge welcher man Waaren oder sonstige Gegenstände öffentlich zum Verkauf stellt, unter der Bedingung, daß der Besitz demjenigen zugesprochen werde, welcher den höchsten Preis bietet; also Veräußerung, Versteigerung, öffentlicher Verkauf. Sie kann freiwillig oder vom Gericht verfügt sein. Letzteres ist der Fall z. B. mit dem Verkauf der zur Concursmasse gehörenden Mobilien. Bei Immobilien heißt dieses Verfahren Subhastation.

Aufbringen, 1) von Geld und Waaren: herbeischaffen; 2) ein Schiff zur Beute machen und 3) seine Ladung untersuchen und zu diesem Zwecke nach einem Hafen führen.

Aufführen, einen Posten im Buche oder in der Rechnung eintragen.

Aufgeld, s. Agio.

Aufkäufer (franz. accapareur; engl. ingrossers), Benennung derjenigen, welche Waaren, besonders Getreide, der Art zusammenkaufen und aufhäufen, daß am Platze fühlbarer Mangel derselben eintritt und die Preise steigen. Weil dadurch die Preisbestimmung in die Hände des Einzelnen übergeht, so ist dieses Aufkaufen unter Umständen, wenigstens bei Lebensmitteln und Marktaufkäufen derselben, untersagt.

Aufkaufen heißt, große Massen einer Waare an einem Platze oder dessen Umgebung an sich bringen.

Aufkündigen, 1) von bestehenden Verhältnissen gebraucht gleich: aufsagen, eine Endschaft bestimmen, aufheben, lösen, auflösen; 2) von Geldern und Sachen gleich: zurück verlangen, wieder fordern.

Auflage, 1) Steuer, Abgabe überhaupt; 2) mitunter auch Verordnung, Gebot, obrigkeitlicher Befehl; 3) im Buchhandel die Gesammtzahl der von einem Buche mit einem Male (zu gleicher Zeit) gedruckten Exemplare.

Auflegen, 1) von Steuern so viel, wie damit belasten, sie aufbürden; 2) im Buchhandel nach Verkauf aller Abdrücke einer Schrift sie von Neuem drucken lassen; 3) (franz. desarmer) ein Schiff zum Ueberwintern in den Hafen bringen.

Aufmerksamkeit gleich Beachtung, Kauflust.

Aufräumen, einen Waarenvorrath, so gut es geht, veräußern, ihn zu erniedrigtem Preise losschlagen. Es geschieht in der Regel nur mit verlegenen oder aus der Mode gekommenen Waaren.

Aufrichtig (franz. loyal), 1) von Sachen a) vorschriftsmäßig, gesetzmäßig; b) gut, vortrefflich, ausgezeichnet; 2) von Personen: redlich, reell.

Aufschlagen heißt im kaufmännischen Sprachgebrauch: 1) den Preis erhöhen, steigern; 2) (das) die Steigerung des Preises selbst. Es geschieht Beides entweder bei vermindertem Vorrath und vermehrter Nachfrage oder bei längerem Creditiren.

Augsburger-Corrent, hie und da noch Ausdruck für 20 Guldenfuß.

Ausclariren, s. Clariren.

Ausfall, s. Deficit.

Ausfuhr, 1) Versendung der Waaren ins Ausland; 2) Ausfuhrhandel; 3) die dafür zu entrichtende Abgabe, der Ausgangszoll.

Ausfuhrprämien (engl. bounties), gleichbedeutend mit Handelsprämien überhaupt; 2) gleich Rückzoll.

Ausgabe, 1) Kosten überhaupt; 2) Unkosten; 3) im Buchhandel der abermalige Abdruck einer Schrift mit Erweiterungen, Zusätzen oder Verbesserungen.

Ausgeber, s. Trassant.

Ausgleichen, 1) gegenseitig abrechnen; 2) abschließen; 3) abmachen; 4) saldiren (s. d.).

Auskaufen, 1) vorkaufen, zuvor kaufen, vorweg kaufen; 2) mitunter auch gleich ausverkaufen.

Auslaufen, von Schiffen, aus dem Hafen in See gehen.

Auslegen, 1) (franz. étaler) Waaren zur Schau ausstellen; 2) (franz. montrer) sie zur Besichtigung behufs des Verkaufs darreichen, vorlegen; 3) (franz. debourser) vorstrecken, vorschießen.

Auslöschen, 1) vertilgen, vernichten überhaupt; 2) eine Schuld in den Büchern ausstreichen; 3) quittiren.

A Uso und *ad Uso*, s. *Uso*.

Ausrheden, 1) die Ausrüstung eines Schiffes zur Befähigung für zu unternehmende Fahrten; 2) die Versorgung desselben mit Fracht. Beide Bedeutungen sind selten.

Ausrüsten, 1) ein Fahrzeug neu bauen; 2) gleich ausrheden.

Ausschießen, 1) auslesen, aussuchen überhaupt; daher 2) sondern, absondern, sortiren; in dieser Beziehung von Münzen gebraucht, um aus größerer Menge die gleichartigen zusammenzubringen; 3) ausscheiden, zurücklegen, hauptsächlich von Waaren geringerer Qualität oder von verdorbenen; 4) überschießen.

Ausschiffen, von Waaren, sie aus dem Schiffe bringen, das Schiff entladen.

Ausschlagsverkauf ist Kauf oder Verkauf unter der Bedingung, daß die Waare dem Verkäufer zurückgegeben werden darf, wenn sie keinen Absatz findet.

Ausschneiden im Zeughandel im Einzelnen oder nach der Elle verkaufen.

Ausschnitthandel heißt der Detailverkauf von Zeugen; also Ellenhandel, Verkauf nach der Elle.

Ausschuß (franzöſ. rebut) jede schlechte, Mängel besitzende Waare, deren Verkauf dadurch erschwert oder unmöglich wird, mitunter auch Ausschußwaare, Ladenhüter oder Brak genannt.

Aussetzen 1) von Waaren gebraucht a) sie wählen, auslesen; b) bei Seite setzen, um sie zu kaufen oder zu verkaufen; c) sie zur Schau ausstellen; 2) vom Schiffe ans Land bringen, ausschiffen, ausladen; 3) in Rechnungssachen gleich ausgesetzt lassen, auslassen, fortlassen. Es wird in dieser Beziehung am häufigsten bei Artikeln gebraucht, die man deshalb noch nicht eintragen will, weil diese Eintragung erst durch weitere Ordre oder erfolgende Quittung gerechtfertigt wird.

Ausstände 1) Gelder, welche man von Andern zu fordern hat, ausstehende Gelder. Der Ausdruck wird nicht allein von baaren Capitalien, sondern auch von Schuldforderungen für Waaren gebraucht und ist daher gleich Activschulden; aber auch 2) Gelder, welche man an Andere zu zahlen, zu berichtigen hat.

Ausstellen s. Trassiren.

Aussteller s. Trassant.

Austreten 1) sich entfernen; 2) ausscheiden z. B. aus einer Handlung, deren Theilnehmer man ist; 3) flüchtig werden, mit dem Nebenbegriff der Heimlichkeit; daher 4) seine Zahlungen einstellen, falliren und sich heimlich entfernen. Nach den Gesetzen findet in diesem Falle steckbriefliche Verfolgung statt.

Austritt, 1) Entfernung überhaupt; 2) Ausscheidung, Trennung; 3) Flucht; 4) Fallement.

Auswerfen 1) beim Buchhalten a) mehrere kleine Posten in eine Hauptcolonne bringen; b) dieselben aus dem Hauptbuche ausziehen, und zusammenrechnen; c) die ausgerechnete Summe eintragen; 2) bei Rechnungen den Betrag an der Seite vermerken.

Ausziehen s. extrahiren.

Autorisation (franzöſ.) 1) Ermächtigung, Bevollmächtigung; und auf Grund derselben 2) Vollmacht.

Autorisiren, (franz. autoriser) 1) Jemanden beauftragen in seinem Namen gewisse Dinge zu verrichten oder Geschäfte abzumachen; daher 2) gleich ermächtigen, Macht ertheilen, bevollmächtigen, mit Vollmacht versehen.

Aval (franz.; italien. avallo) 1) die Verbindlichkeit oder Bürgschaft, welche ein Dritter durch seine Unterschrift übernimmt, wenn er verspricht, den Werth eines Wechsels zu bezahlen, im Falle er von dem, der ihn zahlen sollte, seiner Zeit nicht entrichtet wird; in dieser Beziehung 2) gleich Wechselbürgschaft. Sie wird unter die Signatur oder das Accept des Bezogenen gesetzt und wer sie leistet, ist zur völligen Bezahlung des Wechsels verbunden. 3) Der Wechselbürge selbst. — Das ganze Verfahren kommt übrigens nur bei trockenen Wechseln zuweilen vor; kaufmännische Tratten würden dadurch zu sehr ihren Credit verlieren.

Avanciren (franz. avancer, engl. advance) 1) vorstrecken, vorschießen; daher 2) sich im Guthaben, Ueberschuß befinden; 3) Gewinn davon tragen.

Avanzo (italien.; französ. avance) 1) die Vorausbezahlung; 2) der Vorschuß; daher 3) das Guthaben, der Ueberschuß und 4) der Gewinn überhaupt. In der ersten und anderen Bedeutung sagt man auch Avanzo. Zahlung.

Avarie, s. Havarie.

Aventurier (französ.) heißt 1) wer sein Geld auf unsichere, gewagte Speculationen verwendet; 2) gleich Actionair, der Inhaber einer Actie zur Erhaltung der in den Colonieen sich gründenden Niederlassungen; 3) wer Schmuggelei treibt; 4) das zum Schmuggelhandel dienende Schiff; 5) zur See jeder Caper oder Freibeuter.

Aversionalquantum, Aversionalsumme, 1) Abfindungssumme überhaupt; oft 2) gleich Reugeld, Wandelpön. Sie wird entrichtet, wenn einer der Contrahenten vor völligem Abschluß eines Geschäfts von demselben zurücktritt, zu Gunsten des andern Theiles für die für ihn dadurch nöthige Verzichtleistung. Ihre Zahlung muß contractlich feststehen, eben so ihre Höhe.

Avertiren, gleichbedeutend mit Avisiren.

Avertissement (französ.; engl. advertisement) 1) jede Bekanntmachung; 2) öffentliche Ankündigung.

Avis (französ.; engl. advice; italien. aviso) 1) jede Belehrung, Meldung, Anzeige, Nachricht in Handelssachen überhaupt; 2) oder Avisbrief, Avisobrief, nennt man insbesondere diejenige Nachricht, wodurch der Aussteller eines Wechsels den Bezogenen davon benachrichtigt, daß, auf wieviel und auf welche Verfallzeit er auf ihn einen Wechsel gezogen habe, auch so, wie er, im Falle kein Schuldverhältniß stattfindet, dafür Deckung, (Anschaffung) gewähren wolle. Die Nachricht ist einerseits nöthig, daß der Bezogene nicht unvorbereitet sei, andrerseits, daß über die Aechtheit der Tratte kein Zweifel entstehen kann, weil sonst bei der Präsentation das Accept verweigert werden würde. Wird der Avis, was in der Regel wohl nicht geschieht, dem Remittenten zur Besorgung überlassen, um ihm mehr Vertrauen einzuflößen, so wird er für den Eingang desselben allein verantwortlich und kann sich, wenn das Accept wegen Mangel an Avis verweigert wird, an den Aussteller nur dann nach Wechselrecht halten, wenn er darthut, daß er bei Einsendung des Avis alle mögliche Sorgfalt beobachtet habe und dieser ohne seine Schuld verloren gegangen sei. Wechsel sowohl, wie Frachtbriefe, müssen zum Beweise, daß der Avis erfolgt sei, die Formeln: Sie stellen es auf Rechnung laut Bericht, und: Sie verfahren damit nach Bericht, enthalten.

Avisiren (französ. aviser) 1) wissen lassen, anzeigen, 2) gleichbedeutend mit avertiren, benachrichtigen, Nachricht ertheilen, melden, um Vorbeugungen für bald oder später zu besorgende Geschäfte zu treffen.

Avisobrief, (französ. lettre d'avis; italien. lettera d'aviso) 1) s. Avis; 2) jeder Brief und 3) jede Zeitung oder öffentliches Blatt, insofern es Nachrichten enthält, welche auf den kaufmännischen Verkehr Bezug haben.

Avisoschiff (französ. barque d'avis) Benennung eines leichten Schiffes, welches dazu bestimmt ist, den Kauffahrern und entfernten Handelsfreunden wichtige Nachrichten und Mittheilungen schnell zu überbringen.

Axe s. Achse.

B.

B. als Abkürzung auf Courszetteln bedeutet Briefe und die darunter vermerkten Summen weisen den Cours oder Preis nach, zu welchem sie zu haben sind.

Bo oder ***Bco***, Abkürzung für Banco, Bankgeld.

Bto oder ***Btto***, Abkürzung für Brutto, Bruttogewicht.

Baaken, mitunter auch **Baken** (engl. beacons, französ.

balises) heißen diejenigen Zeichen, welche zur Warnung vor Untiefen und um das Fahrwasser anzuzeigen, an den Küsten, besonders aber an den Mündungen der Flüsse, errichtet sind. Gewöhnlich sind es große kegelförmige, mit Ketten und Ankern auf dem Grunde des Wassers befestigte Tonnen; seltener eingeschlagene Pfähle; doch gehören auch Leuchtfeuer, Lärmsignale, Leuchtthürme und dgl. dazu; also Warnungsnungszeichen überhaupt.

Baakengeld, auch **Tonnengeld** (engl. beaconage, französ. droit de balise) ist die für Einrichtung und Erhaltung der Baaken zu bezahlende Abgabe. Es gehört zur kleinen Havarie, wird nicht von der Assecuranz, sondern in der Regel zu Zweidrittel von der Ladung und zu einem Drittel vom Schiffe getragen.

Baakmeister, der Aufseher der Baaken.

Baar, (französ. comptant, comtant oder contant) heißt 1) jede Zahlung, welche sofort beim Empfang der Waaren mit klingender Münze geschieht, wo gleich Geld dafür gegeben, das Geschäft Zug um Zug, durch Empfang und Gegenempfang des Werthes im Gelde, ausgeglichen wird. Aber auch 2) die Bezahlung in klingender Münze oder Wechseln, welche kurze Zeit nach dem Empfange der Waaren geleistet wird; 3) gleich Baarschaft, jedes vorräthige Capital in klingenden Münzen; 4) aber seltener auch die Papiere, Briefschaften und Documente, welche für klingende Münze passiren. Bei Wechseln bedeutet der Ausdruck: Werth baar empfangen, daß man anzeigen wolle, man habe die betreffende Summe nicht creditirt, sondern in wirklicher Münze und nicht durch Waaren oder Papiere ausgezahlt erhalten. Doch rechnet man in dieser Hinsicht oft auch die Papiere zum Baar. Der Ein- und Verkauf auf Baar (per contant) ist entgegengesetzt dem Ein-, oder Verkauf auf Conto.

Baarer Verlag, (französ. deboursé) heißt 1) die Ausgabe, der Vorschuß an baarem Gelde, welche man, zum Behufe der Expedition einer Sache, für einen Dritten macht, also ausgelegtes, vorgeschossenes Geld. So gehören hierher bei den Fuhrleuten alle die Abgaben, welche sie an Zöllen u. dgl. unterweges ausgelegt haben und erstattet erhalten; 2) gleichbedeutend mit Einkaufspreis, kostender Preis.

Bagage, (französ.) 1) eigentlich Gepäck überhaupt; 2) die Kleidungsstücke und Sachen der Schiffsmannschaft und Passagiere.

Bagatelle, (französ.) 1) jede geringfügige Sache überhaupt; 2) im gerichtlichen Verfahren jeder Rechtsstreit, dessen Object, nach preuß. Gesetzen, unter 50 rthlr. beträgt; Bagatellsache. Appellation ist hierbei nicht zulässig, wohl aber Restitution und Recurs.

Balance, s. Bilanz.

Balanciren, (franz balancer) 1) eigentlich das Gegengewicht, Gleichgewicht halten; daher 2) gleichmachen, ausgleichen; 3) vergleichen, auswiegen.

Ballast, (engl. und holländ.; französ. lest; ital. savorra; span. lastre) nennt man diejenigen Stoffe, welche Schiffe, die ohne, oder mit geringer Ladung segeln, einnehmen müssen, um gehörig tief zu gehen und das Umwerfen beim Segeln durch die Wellen und Winde zu verhindern. Man nimmt dazu am liebsten Gegenstände, welche, wie Eisen, Blei, Mühlsteine u. dgl., geringe Fracht bezahlen, indem man sonst gezwungen ist, Kies, Sand und andere unnütze Ladungen aufzunehmen. Der Ballast wird im untern Raume verladen.

Ballen, (franz. Ballot) 1) jedes größere in Matten, Leinwand u. dgl. verpackte, mit Stricken, Reifen oder eisernen Bändern zusammengehaltene Pack Waaren; 2) bei Schiffsladungen gleichbedeutend mit Stückgut.

Banco, (italien.) oder Bankgeld nennt man die von der Bank angenommene und in Umlauf gesetzte Währung. Sie ist besser als die des Courants und dieses hat daher, bei der Umwechselung in jenes, Agio zu zahlen. Doch existirt Bankogeld nur bei den Banken einiger Staaten, wie in Hamburg, London, Amsterdam, Venedig, Wien, indessen auch hier nicht als wirkliche Münze, sondern nur als imaginäre Währung.

Bank, (französ. banque, engl. bank, italien. banco) 1) nach allgemeiner, indessen zu bezweifelnder Annahme, ursprünglich in Italien Name der Tische, an denen Wechselgeschäfte betrieben wurden; 2) daher der Versammlungsort der Geldgeschäfte Treibenden und gleichbedeutend mit Börse; so wie 3) jedes Wechslergeschäft, Wechselbank; im Allgemeinen aber 4) die vom Staate zur Beförderung des Handels und der Industrie errichteten öffentlichen Anstalten, welche die Circulation des Geldes erleichtern und nach ihrem Wirken oder Zwecke verschiedene Nebenbenennungen führen. Für den Kaufmann sind die wichtigsten: a) die Girobank, auch Assignationsbank (s. Assignation), in welcher von den Kaufleuten des Ortes Gelder niedergelegt werden, die ihnen auf besondern Folien gutgeschrieben werden. Sie erleichtern die gegenseitigen Zahlungen des Handelsstandes am betreffenden Orte, indem die zu zahlende Summe nur von dem Folium des Käufers ab-, und dem des Verkäufers zugeschrieben werden braucht. Damit verbunden ist in der Regel b) die Wechselbank oder Discontobank, welche Wechsel kauft und verkauft, dieselben discontirt und einzieht, auch jede beliebige Münzsorte gegen andere umwechselt und überhaupt sich in Geldnegociationen einläßt. Ferner berühren das kaufmännische Interesse c) die Leihbank, das Lombard, oder Leihhaus, welche gegen Verzinsung und auf Pfänder Geld vorstreckt. d) Die Zettelbank, Notenbank, welche über eingelegte Capitalien Scheine (Bankzettel, Bankscheine, Banknoten) ausstellt, die statt des baaren Geldes in Umlauf kommen und auf Verlangen des Inhabers jederzeit gegen den vollen Werth in Baar ausgelöst werden. Weniger für den Kaufmann ist e) die Depositobank, welche Capitalien gegen niedrige Zinsen annimmt und zu höhern wieder ausleihet. Bloß der Sicherheit wegen und weil man die Gelder in kurzer Frist wieder herausziehen kann, wird sie von Capitalisten häufig benutzt. Die Bank in Berlin, ihre Delegationen in den Provinzen, so wie die Banken in London, Paris und andern Orten, verfolgen mehrere dieser Zwecke.

Bankactien, mitunter Benennung der Scheine über ein in der Bank niedergelegtes Capital.

Bankactionär, ist der Inhaber einer Bankactie; im Grunde also jeder Inhaber einer Banknote.

Bankagio, heißt das Aufgeld, welches man zahlen muß, wenn man eine Summe Silbergeld in Banco umsetzen will, das einen höhern Werth hat. Dieses Agio wird entweder durch Zuschuß zur Courantsumme oder durch Verminderung des Bancobetrages im Verhältniß zu jener entrichtet.

Bankanweisung, auch Bankobillet (franz. Billet de Banque) nennt man 1) den schriftlichen Auftrag eines Bankinteressenten an die Girobank, die darin namhaft gemachte Summe von seinem Folium abzuschreiben und in das Guthaben eines Dritten zu übertragen. Der Auftrag muß persönlich oder durch Bevollmächtigte überreicht werden; 2) auch Bankassignation, in Rußland das cursirende Geld der Staatsbank; 3) s. Banknoten.

Bankconto, 1) in den Hauptbüchern der Bank die Rechnung eines jeden Theilhabers über sein Debet und Credit; 2) im Hauptbuche des Kaufmanns die Berechnung über seine mit der Bank geführten Geschäfte.

Bankerott, der, (franz. banquerout, engl. bankruptcy italien. banco rotto) nennt man das Unvermögen eines Schuldners, seine Gläubiger vollständig befriedigen zu können, die Insolvenz überhaupt. Gewöhnlich nimmt man den Ausdruck gleichbedeutend mit Falliment, indessen dürfte wohl die aus eigener Schuld entspringende Insolvenz richtiger damit bezeichnet werden und Falliment nur auf Ursachen verweisen, welche nicht selbstverschuldet sind. Auch hinsichtlich seiner Folgen ist der Bankerott verschieden, je nachdem er muthwillig oder unverschuldet ist. Der muthwillige oder betrügerische Bankerott wird gesetzlich bestraft; der unverschuldete dagegen befreit von persönlicher Verhaftung. Die Wirkung des Bankerotts ist, daß der Schuldner die freie Verfügung über sein Vermögen verliert, alle mit ihm abgeschlossenen Geschäfte, wenn sie zum Nachtheil der Gläubiger gereichen, ungiltig erklärt werden können und die Verwaltung der Activa unter gerichtliche Aufsicht genommen wird. Der Bankerott wird entweder vom Betheiligten selbst den Vorständen des Handelsstandes und von diesen dem Gericht angezeigt, oder seine Erklärung kann von den einzelnen Gläubigern, unter den gehörigen Nachweisungen über den Verfall, beantragt werden. Veranlassung dazu findet sich, wenn die Einlösung eines Wechsels oder anderer Papiere zur Verfallzeit nicht bewirkt werden kann, doch haben in diesem Falle besondere, von der Kaufmannschaft dafür ernannte Curatoren zu untersuchen, ob diese Insolvenz in augenblicklicher Verlegenheit oder in dem Zustande der Masse ihren Grund hat. Ist dieses eingetreten, so wird die Sache dem Gerichte übergeben, während in jenem Falle der Ausbruch und die Erklärung des Bankerotts durch Vermittelung häufig noch verhindert wird.

Bankerottirer, (französ. banqueroutier, engl. bankrupt) ist demnach 1) jeder, welcher in den Zustand der Insolvenz gerathen ist; bestimmter aber 2) nur derjenige, welcher durch eigenes, strafbares Verschulden denselben herbeiführte. Er kann nicht wieder, wie der Fallit, kaufmännische Rechte und Ehren erhalten.

Bankgeld, s. Banco.

Bank halten, gleich Geld und Wechselgeschäfte betreiben.

Bankier, auch Banquier (franz. banquier, engl. banker, italien. banchieri) heißt 1) der Kaufmann, dessen hauptsächlichstes Geschäft in dem Handel mit Geld, Wechseln und Staatspapiren besteht; oft auch 2) der Geldwechsler überhaupt.

Banknoten, (engl. promissory-notes, banknotes, franz. billet de banque) nennt man 1) die von Zettelbanken ausgestellten Scheine, (Bankscheine,) welche vom Inhaber jederzeit gegen Baar bei der Bank eingewechselt werden können, aber in der Regel nicht zum eigentlichen Papiergeld gehören, sondern nur als Creditzettel zu betrachten sind; 2) s. Bankanweisung.

Bankordnung, heißen die von der Regierung gegebenen oder bestätigten Statuten der Banken.

Bank-Procura, heißt 1) die Vollmacht, die einem Dritten ertheilt wird, bei der Bank von dem Conto des Vollmachtstellers einen gewissen Betrag abschreiben zu lassen; oder 2) auch die Vollmacht, die deshalbige Anweisung für den Aussteller überreichen zu dürfen.

Bankvaluta, die, 1) die bei einer Girobank eingeführte Währung; 2) die Summe, die man in einer Banknote, oder durch Ab- und Zuschreiben bei Girobanken erhalt.

Baratterie, (französ. aus dem veralteten Worte Barat gebildet, oder aus dem italien. Baratto herzuleiten) 1) jede durch die Schiffsmannschaft, oder den Schiffsführer verursachte Verfälschung der Waaren; 2) der daran durch dieselben bewirkte Diebstahl; also 3) Unterschleif, Betrug bei Kaufmannsgütern während ihrer Versendung zu Wasser überhaupt, er mag absichtlich oder durch Fahrlässigkeit entstehen; aber auch 4) dieser Unterschleif und Betrug der Versicherten gegen die Versicherer bei Seeversicherungen. In den Versicherungspolizen ist in der Regel bemerkt, ob die Assecuranz für die vom Schiffer und seinen Leuten verursachte Baratterie hafte oder nicht. Die letzte Art der Baratterie wird gewöhnlich besonders strenge bestraft. Ueberhaupt aber versteht man unter Baratterie jede betrügerische Handlung des Capitains oder der Mannschaft gegen die Eigenthümer des Schiffes oder der Ladung, also Abweichen von der vorgeschriebenen Fahrt, Aufenthalt und Vereitelung der Reise, Entrinnen des Schiffes, Herbeiführung von Embargo u. dgl. Gewöhnlich wird eine solche Handlung dann auch mit dem Namen Baratterie belegt, wenn sie aus Nachlässigkeit, Unvorsichtigkeit oder Ungeschicklichkeit entstanden ist und nur in einigen Ländern, namentlich in England, muß verbrecherische oder betrügerische Absicht zum Grunde liegen.

Barattiren, (italien. von baratto u. barattare) 1) (franz. troquer) heißt Waaren, zum Zwecke ihres Umtausches, nach einer höhern Berechnung ansetzen, als ihr eigentlicher Werth ergeben würde; dann 2) überhaupt Waaren gegen andere umsetzen, sie vertauschen, austauschen; 3) (franz. changer) im Buchhandel die eigenen Verlagsartikel gegen andere auswechseln; ungebräuchlich ist es 4) für den bloßen Tauschhandel roher Völker unter einander, wo Waaren die Stelle des mangelnden Geldes versehen und höchstens anwendbar 5) für den kaufmännischen Verkehr mit denselben; doch kommt es auch in dieser Beziehung nur selten vor.

Baratto, der, (italien.; franz. troc) heißt 1) der Umtausch von Waaren gegen andere, unter der Veranschlagung derselben zu höhern Preisen, als beim Verkauf gegen baar Geld; daher 2) Umtauschhandel, Tauschhandel überhaupt; 3) (franz. changement) im Buchhandel die Anstauschung des eigenen gegen anderen Verlag und 4) oft gleichbedeutend mit Barattorechnung.

Barattorechnung, (Barattrechnung) heißt 1) die Rechnung, durch welche man den eigentlichen Werth der Waaren im Barattohandel ermittelt; 2) gleichbedeutend mit Barattoconto, in der Buchführung die über diesen Handel geführte Berechnung, das deshalb geführte Conto.

Bargegeld, veralteter für Bergegeld gebrauchter Ausdruck.

Barren, bezeichnet 1) die im Handel und in der Münze vorkommenden langen, viereckigen Stücke edler Metalle von verschiedenem Gehalte, welche in manchen Fällen die Stelle des gemünzten Geldes vertreten, meist aber nur zum Behufe des Ausprägens in den Handel kommen; Gold- und Silberstangen; 2) oft auch größere, gedrungene Massen anderer und gewöhnlicher Metalle; 3) eine solche Masse, Stange Fischbein; 4) im Hafen gleich Barriere, Schlagbaum; auf dem Schiffe in ähnlicher Bedeutung die Umgebung der zum Ein- und Ausladen bestimmten Oeffnungen; 6) die vor dem Eingange eines Hafens oder Stroms befindlichen Sandbänke; 7) eine Art größerer und gefährlicher Meereswellen und 8) ein spanisches Längenmaß.

Barrière, (franz.) 1) eigentlich jede Versperrung oder Begrenzung eines Platzes; daher 2) gleich Schlagbaum; 3) Grenze; besonders 4) Zollgrenze.

Bassin, im Hafen 1) die zum Ausbessern der Schiffe bestimmte Stelle; 2) die Stelle in demselben, welche am Meisten gegen Stürme und Unwetter schützt.

Bastardwechsel, heißt ein Wechsel, welcher nicht den im Wechselrechte vorgeschriebenen Formalitäten genügt, Formfehler hat, wie z. B. Auslassung des Wortes Wechsel, oder Nichterwährung des geschehenen Avis. Er hat vor Gericht nur die Wirkungen einer gewöhnlichen Schuldverschreibung.

Baum, heißt die in den Flüssen befindliche Sperrung des Fahrwassers, welche, um hinsichtlich der Steuer gehörige Controle zu haben, nur am Tage geöffnet wird.

Bausch und **Bogen**, in, (franz. en bloc) bedeutet im Waarenhandel, daß man eine Menge Waaren, ohne Rücksicht auf ihre Zahl und Beschaffenheit, zusammengenommen, und ohne den Werth der einzelnen Stücke genau zu untersuchen oder ihren Preis zu bestimmen, für eine auf das Ganze gezahlte Summe verkauft oder erstanden habe. — Wenn nicht eine ausdrücklich bedungene Beschaffenheit fehlt, so kann der Kauf durch die Mangelhaftigkeit einzelner Stücke nicht ungiltig werden, da der Verkäufer für die Güte derselben nicht einsteht und einzustehen hat.

Bavel oder **Bovel**, 1) Waaren, welche nicht mehr gebraucht oder gesucht werden; 2) schlechte, verdorbene Waare; daher 3) gleichbedeutend mit Ausschuß. Wahrscheinlich ist das Wort aus dem Italienischen entstanden, worin die Ausschußseide bavella genannt wird.

Bazar, Basar, Bazard, der, (arabisch) im Orient 1) der Kauf oder Tausch von Waaren; 2) der Markt; 3) Kramgewölbe; 4) Kaufhaus; bei uns 5) ähnlich von Magazinen von Luxuswaaren, wie man deren in London, Paris, Bremen, Hamburg u. a. großen Städten Deutschlands errichtet hat.

Bedingt, ist überhaupt Alles, was von dem Eintreten im Voraus bestimmter oder ungewisser Verhältnisse abhängig ist, oder abhängig gemacht wird. Das Wort findet hauptsächlich Anwendung 1) bei Verträgen und dieselben sind bedingt zu nennen a) wenn sie nur bei dem Eintritte gewisser Umstände in Wirkung treten, b) wenn ihre Verwirklichung von einem Erfolge oder einer Erfüllung des einen oder beider Contrahenten abhängig gemacht wird. Treten diese Umstände nicht ein, oder werden die Bedingungen nicht erfüllt, so verliert der Vertrag seine Giltigkeit, doch kommt es in letzterm Falle darauf an, ob die einseitige oder beiderseitige Bedingung erfüllt werden mußte oder ihre Erfüllung von der Willkür der Verpflichteten abhing. Ist Jenes anzunehmen, so kann auf Erfüllung Klage angestellt werden. Ein Gleiches ist der Fall, wenn die beiderseitige Bedingung nur einseitig erfüllt ist. 2) Bei Wechseln. Sie sind bedingt, wenn sie unter irgend einem Vorbehalt ausgestellt werden und werden erst zahlbar, wenn die diesen Vorbehalt begründenden Umstände in Erfüllung gegangen sind.

Bedingung, s. Condition; 2) s. Clausel.

Befrachten, (franz. affreter, engl. freight) 1) ein Schiff oder Fuhrwerk zur Versendung seiner Güter in Anspruch nehmen, miethen oder bedingen; 2) ein Schiff oder Geschirr mit Gütern zur Versendung versehen.

Befrachter, der, (franz. affreteur, engl. freighter) 1) derjenige, welcher ein Schiff zum Zwecke der Fracht in Beschlag nimmt, oder bedingt; 2) wer es ganz oder theilweise mit Fracht versieht.

Begeben, 1) Wechsel in Geld umsetzen; 2) Münzen in anderes Geld umsetzen; am häufigsten 3) gleich entäußern, verkaufen, namentlich bei Wechseln.

Begehrt, ist gleichbedeutend mit verlangt, gesucht.

Beglaubigungsschein, s. Accreditiv.

Begleitschein, beim Durchgange von Waaren durch ein Land die von den Zollämtern darüber ausgestellte Bescheinigung.

Beibrief, ein Schreiben oder eine Empfehlung, in welcher man sich hinsichtlich des Weiteren auf ein vorausgegangenes oder mitfolgendes Hauptschreiben bezieht.

Beilast, heißen diejenigen Waaren, welche Schiffer auf eigene Rechnung mitnehmen dürfen.

Beilbrief, 1) der Vertrag, welcher zwischen dem Kaufmann und dem Schiffsbauer über den Bau eines Schiffes abgeschlossen worden ist. 2) Die Schuldverschreibung wegen der zu diesem Zwecke aufgenommenen Gelder; 3) das obrigkeitliche Zeugniß über den regelmäßig stattgefundenen Bau des Schiffes. Das Letztere enthält, außer der Angabe der Zeit und des Orts der Erbauung, den Namen des Bauherrn und der Nation, welcher es angehört, den Namen des Schiffes, das dazu verwendete Holz u. dgl.; überhaupt also die Bescheinigung, daß es zum Waarentransport fähig sei; 4) gleich Bodmereibrief.

Beilegen, 1) ausgleichen, sich vergleichen; 2) von Schiffen an ein anderes heransegeln; 3) die Segel so stellen, daß das Schiff still steht.

Beinwaaren, gleich beinerne Waaren, aus Beinknochen geschnittene Spielsachen und kleine Geräthe; Drechslerarbeiten aus weißen, festen Knochen.

Beischlag oder **Beischluß**, bezeichnet bei Briefen und Packeten, gewisse mitfolgende Schriften oder Sachen, welche der Empfänger an andere, bezeichnete, Personen abgeben soll.

Belasten, (franz. charger) 1) mit Fracht versehen, beladen; 2) beschweren, belästigen, überhäufen; 3) gleich debitiren oder ins Debet setzen; in der Buchführung, Jemanden eine Summe auf Rechnung bringen, die er baar oder in Waaren empfangen hat; ihn als Schuldner aufführen; 4) Abgaben auferlegen.

Belieben, s. a piacere.

Beneficium, (latein., franz. benefice) 1) eigentlich Gutthat, Wohlthat; 2) im Handel gleich Vortheil, Gewinn, Ueberschuß und 3) Zugabe, Darübergabe, Profit, überhaupt was der Käufer, vorzüglich bei Käufen im Ganzen, über das gewöhnliche Maß oder die bestimmte Zahl erhält.

Beordern, 1) anweisen, vorschreiben, Vorschriften ertheilen; 2) befehlen, befehligen; 3) ermächtigen.

Berechnen, 1) ausrechnen; 2) auf Rechnung bringen; 3) eine Rechnung abschließen; 3) gegenseitige Rechnungen vergleichen; 4) (sich) sie ausgleichen, berichtigen.

Bergen, (franz. sauver) 1) verbergen, sichern, retten überhaupt; daher 2) ein Schiff aus den Gefahren der See wohlbehalten in den Hafen führen; 3) einem Schiffe auf offener See bei Gefahren behilflich sein. 4) die aus Noth in See geworfenen Güter eines Schiffes bei ihrer Strandung in Sicherheit bringen; 5) die Güter eines gestrandeten Schiffes retten und ans Land bringen.

Bergegeld, B a r g e g e l d, B e r g e l o h n, 1) (franz. droit de sauvetage, engl. salvage) die Abgabe, oder das Abfindungsgeld, welches der Obrigkeit eines Ortes für das Bergen verunglückter Schiffsgüter bezahlt wird; 2) (franz. sauvetage) die Vergütigung, die Jeder, selbst die Schiffsleute, erhalten, welche zur Bergung gestrandeter Güter behilflich sind; 3) die Belohnung für das Aufbringen der Güter eines gescheiterten Schiffes und deren Verwahrung; 4) die Vergütigung für die Rettung der Schiffe oder einzelner Theile derselben. Das Bergegeld ist an die Stelle des früher bestandenen Strandrechtes getreten und es wird auch bei Rettung aus Feuersgefahr und Befreiung aus der Gewalt der Seeräuber entrichtet. Ist dasselbe zu hoch, oder der Zweck der Verschiffung dadurch vereitelt, so steht in der Regel dem Versicherten frei zu abandonniren.

Beschädigt Gut, s. Strandgut.

Beschauen, (franz. visiter) 1) besichtigen; 2) untersuchen, prüfen überhaupt; 3) die Beschaffenheit der untersuchten oder geprüften Waare durch erkennbare Zeichen an derselben vermerken. Es geschieht dieses namentlich bei Tuchen und leinenen Zeugen von besonders dazu verpflichteten obrigkeitlichen Personen.

Beschauer, der, (franz. visiteur) 1) diejenige Person, welcher das Beschauen der Waaren obliegt; 2) an einigen Handelsorten Name eines Zollbeamten, welcher darauf zu sehen hat, daß die eingeführten Waaren der Declaration derselben entsprechen und keine Zollverkürzung oder Unterschleif eintrete.

Beschicken, s. Legiren.

Beschlag, s. Embargo und Arrest.

Besegeln, 1) mit Segeln versehen; 2) beschiffen.

Bestäter, Bestäder heißen diejenigen, welche in Handelsstädten für die gehörige und sichere Fortschaffung der Kaufmannsgüter Sorge zu tragen haben; gemeinlich nennt man sie Güterbestäter.

Bestand, 1) der Inbegriff aller vorhandenen einzelnen Theile eines Ganzen; daher 2) gleich Menge, Masse, Vorrath, und zwar a) an Waaren als Waarenbestand, b) an Geld, Wechseln u. dgl. als Kassenbestand; ferner 3) was nach Abzug oder Abrechnung einzelner Theile vom Ganzen noch übrig bleibt; also 4) Ueberschuß, Rest; oft auch 5) Profit, Vortheil, Gewinn; und 6) gleichbedeutend mit Zustand, Dauer, Beschaffenheit. Es wird in dieser Bedeutung hauptsächlich von Zeugen gebraucht.

Besteder, 1) der Schiffsbaumeister; 2) der Schiffsbauherr, Rheder.

Bestes, dieser Ausdruck kommt häufig bei Verkaufsaufträgen vor und für mein Bestes verkaufen ist gleichbedeutend 1) mit für meine Rechnung und ohne Preisbestimmung, doch mit möglichstem Vortheil, 2) versteigerungsweise verkaufen und hat 3) den Nebenbegriff, daß der Erlös dem Eigenthümer der verkauften Güter zu Gute geschrieben werden soll.

Bestgut, gleich prima Sorte, erste Qualität. Es kommt vorzüglich im Tabackshandel vor.

Betakelung, 1) das Versorgen eines Schiffes mit dem erforderlichen Takelwerk, Tauwerk; 2) das Takelwerk selbst.

Beurtfahrt, (holländ. von beurt oder beuert die Reihe) Reihenfahrt, Rangfahrt, Fahrt der Schiffe nach einer bestimmten Reihenfolge.

Beurtmann, (holländ.) heißt in Holland und am Rhein der Schiffer, welcher nur nach einer gewissen Reihenfolge fahren darf und fahren muß; Beurtschiffer. Die Beurtmänner bilden einen Verein (Zunft), in welchem festgesetzt ist, daß der später ankommende nicht eher Ladung einnehmen darf, bis der früher dagewesene eine gewisse Liegezeit inne gehalten hat.

Beurtschiff, ein zur Beurtfahrt bestimmtes oder einem Beurtmann gehöriges Schiff.

Beurtschiffer, s. Beurtmann.

Bevollmächtigter, ist der, welcher von einem Andern ermächtigt worden ist, in seinem Namen alle ihn betreffende oder nur gewisse Angelegenheiten zu besorgen. Diese Ermächtigung, Vollmacht, muß nachgewiesen werden, daher schriftlich ertheilt und ihr Umfang gehörig festgestellt sein.

Bewegliche Güter, s. Mobilia.

Beziehen, 1) Waaren von einem fremden Orte oder einer andern Handlung für seinen Verkehr oder Bedarf kommen lassen; Waaren verschreiben; 2) gleich ziehen oder trassiren bei Wechseln.

Bezogener, bei Wechseln oder Anweisungen derjenige, auf welchen sie ausgestellt sind und der Zahlung leisten soll, also Trassant; ist die Acceptation erfolgt, so tauscht er den Namen mit Acceptant.

Bianco, (italien., gleich blanco, franz. blanche, engl. blank) 1) weiß, rein; 2) leer, unbeschrieben. Das Wort findet in mehreren kaufmännischen Redensarten Anwendung:
a) in *Blanko* trassiren, 1) überhaupt einen Wechsel ziehen, ohne daß man an den Bezogenen etwas zu fordern hat; daher 2) ohne Deckung Credit gewähren und 3) creditiren überhaupt.

b) *Blanco*-Credit, ist 1) der ohne Deckung gewährte, offene Credit; 2) der unbeschränkte Credit.

c) in *Blanco* stehen, sagt man 1) wenn in Wechselgeschäften die zu fordernde Acceptation nicht erhalten werden kann; daher 2) gleichbedeutend mit ohne Deckung, ohne Sicherung sein.

d) in *Blanco* indossiren, oder giriren heißt es, wenn der Inhaber eines Wechsels sein Recht einem Dritten abtritt und auf der Rückseite des Wechsels bloß seine Unterschrift setzt, so daß über derselben der zur Ausfüllung des Indossements erforderliche Raum bleibt.

Bieten, (franz. offrir) heißt von Seiten des Käufers den zu zahlenden Werth oder Preis einer Sache bestimmen; ein Gebot darauf abgeben.

Bijouterieen, oder **Bijouterie-Waaren**, (franz. bijou, bijouterie, jouaillerie) heißen alle kleinen und feinen Arbeiten von Gold, Silber, vergoldeten Metallen und ächten oder unächten Steinen, besonders insofern sie zum Schmucke dienen; daher Schmucksachen überhaupt.

Bilance, oder ***Balance*** (franz. Balance, ital. Bilancia) 1) ursprünglich die Wage; daher 2) Verwiegung, Abmessung, Vergleichung; darum 3) hauptsächlich die Vergleichung der kaufmännischen Bücher zu dem Zwecke, um eine Uebersicht der Handelsverhältnisse und des daraus hervorgehenden Resultates zu gewinnen; 4) das dadurch gefundene Verhältniß oder der Ueberschuß auf der einen Seite; 5) das kaufmännische Buch, in welchem dieses Verhältniß aufgezeichnet wird. Man hat eine Monats-, Jahres-, General- und Schlußbilanz, je nach den Zeiten und dem Umfange, in welchem sie angestellt wird. 6) Nennt man mitunter so den Zustand des Vermögens, welchen der Kaufmann, der seine Zahlungsunfähigkeit erklärt, seinen Gläubigern oder vor Gericht schriftlich übergiebt und 7) hie und da, besonders am Rhein, die Erklärung oder Angabe der Schiffer über den Bestand ihrer Effecten und über die verladenen Waaren, welche, wenigstens früher, von den Schiffern beim Uebergange ins holländische Gebiet abgegeben werden mußte.

Bilanz ziehen, (französ. balancer, richtiger aber bilancer) das, ist das in gewissen Fristen eintretende Vergleichen des Soll und Haben, um eine Uebersicht des Verhältnisses Beider zu erlangen. Es geschieht sowohl bei einzelnen Conten, als auch in Betreff des ganzen Verkehrs.

Billet (französ.) 1) jeder kleine Zettel oder kleine Handschreiben; 2) das schriftliche Bekenntniß einer Schuld mit dem Versprechen zu einer bestimmten Zeit zu zahlen; daher 3) jeder auf sich selbst ausgestellte, eigene Wechsel, insofern er nur auf den Inhaber lautet; oft auch 4) gleich Billet à Ordre.

Billet à Ordre (französ.) heißt der auf sich selbst ausgestellte Wechsel, sofern er die Bestimmung enthält, daß der Inhaber seine Rechte an einen Dritten abtreten kann.

Billet au porteur, (französ.) heißt die Anweisung, welche ohne Weiteres an den Inhaber derselben zahlbar ist; sie unterscheidet sich vom Bon dadurch, daß dieser den Namen des Gläubigers nicht enthält.

Billet de change s. Interimsschein.

Billetiren (franz. billeter) nennt man das Bezeichnen der Waare durch Zettel, auf welchen, namentlich bei Ausschnitt- und Modewaarenhandlungen, mit geheimen Zeichen, der Einkaufs- und niedrigste Verkaufspreis vermerkt ist.

Billet simple oder *simple promesse* (französ.) der einfache Schuldschein über empfangenes Geld oder Waaren, mit dem Versprechen in bestimmter Zeit zu zahlen, ohne zur Zahlung nach Wechselrecht auf Grund desselben angehalten werden zu können.

Binnenhandel 1) Handel innerhalb der Landesgrenzen, innerer Handel; entgegengesetzt dem Handel außerhalb der Grenzen des Landes, dem auswärtigen überhaupt; 2) Handel der nur zu Lande getrieben wird, Landhandel und entgegengesetzt dem Seehandel.

Blanco s. *Bianco.*

Blankett oder Blanquet (franz. charte blanche, engl. blank-bond, italien. carta bianca) heißt die Vollmacht, welche weder den Gegenstand noch die Art seiner Ausführung bestimmt, sondern den nöthigen Raum für die Ausfüllung derselben läßt, welche der Bevollmächtigte nach Umständen bewirkt.

Bloc s. Bausch und Bogen.

Bodmerei (franz. **Bodmerie, Bomerie** und **Bodinerie,** engl. bottomry) heißt eine Art Contract, welcher geschlossen wird, 1) wenn ein Schiffer sich gezwungen sieht, in einem ausländischen Hafen, zur Ausbesserung oder Verproviantirung des Schiffes, Geld aufzunehmen und für Capital, hohe Interessen und Agio entweder sein Schiff oder auch die Ladung verpfändet, welches Letztere jedoch gesetzlich verboten ist, so lange das Schiff noch nicht als Unterpfand dient. Gewöhnlich bezeichnet man jedoch die derartige Verpfändung mit dem besondern Namen Groß-Aventur (s. d.); sie gehört indessen zur Bodmerei, wenn sie von Seiten des Capitains während der Reise gemacht wird, indem nur dieser und nicht die Eigenthümer für ihre Person verbindlich werden. 2) Der Vertrag, nach welchem Capitalisten Geld gegen hohe Zinsen auf Schiffe leihen. In beiden Fällen verliert der Darleiher sein Capital, wenn das Schiff nicht zurückkehrt oder verunglückt. Die Bodmerei ist also eine Bürgschaft mit Kiel und Boden des Schiffes für während der Reise zu deren Verfolg aufgenommenes Geld, und sowohl dieses als die Person des Erborgers dienen als Deckung; 3) die über dieses Verhältniß aufgenommene Urkunde, der Bodmereibrief (s. d.).

Bodmereibrief, auch Beilbrief, Schiffswechsel (franz. contrat à retour de voyage; engl. bill of bottomry oder bottomry-bond) ist die über den Bodmerei-Vertrag aufgenommene Urkunde. Wesentliche Erfordernisse ihres Inhalts sind die Namen der Contrahenten, des Schiffs und des Capitains, die Angabe der Summe und der Zinsen, die Bestimmung der Reise, ihres Antritts und ihrer Dauer, der Dauer der Gewährleistung und Benennung des verpfändeten Gegenstandes, meist auch der Zweck, zu welchem der Vertrag eingegangen worden ist.

Bodmereigeber, Benennung des Darleihers im Bodmereivertrage.

Bönhase, ein aus dem Sprachgebrauche der Zünfte aufgenommener, indessen selten gebrauchter Ausdruck für Winkelmäkler, Winkelsensal.

Börse (franz. change engl exchange) nennt man an größern Handelsplätzen den Versammlungsort der Kaufleute, wo sie in gewissen Tageszeiten über Alles, was ihre Angelegenheiten anbetrifft, mit einander unterhandeln, wo sie über Fracht und Assekuranzen Verträge abschließen, und namentlich mit Wechseln und Staatspapieren unter einander Verkehr treiben.

Börsenälteste nennt man diejenigen Kaufleute, welche, wegen ihrer besondern Geschäftskenntniß und bekannten Reellität von der Corporation zu Vorstehern der Börse erwählt werden; also Börsenvorsteher. Sie stehen zu der Kaufmannschaft in demselben Verhältniß, wie die Handlungsvorsteher.

Börsengeschäfte, 1) die Verrichtungen, die der Kaufmann auf der Börse hat; 2) die Geschäfte, welche daselbst abgemacht werden.

Börsenhalle, an mehrern Plätzen ein öffentlicher Ort, welchen die Kaufleute außer der Börsenzeit besuchen, und wo sie theils Geschäfte besprechen, theils aber auch die Stunden der Muße verbringen.

Börsenschluß, eigentlich Schließung der Börse, nach dem Verrinnen der zu Börsenunterhandlungen festgesetzten Zeit; es zeigt der Ausdruck nur ein Aufhören der Börsengeschäfte, keineswegs eine Verschließung des Börsengebäudes an, denn auch nach demselben werden gegenseitige Verbindlichkeiten eingegangen oder beseitigt.

Börsenzeit, die zur Abmachung der kaufmännischen Geschäfte unter 'einander und mit den zur Vertrieb derselben gehörenden Mäklern, Versicherern, Schiffscapitainen u. d., an der Börse bestimmte Zeit. Sie fällt gewöhnlich in die Mittagsstunde.

Bojen (engl. buoy, franz. bouée), 1) eine über der Stelle, wo der Anker eines Schiffes liegt, schwimmende Tonne oder Stück Holz; 2) gleich Baaken.

Bonification (latein.), 1) der Ersatz des Werthes einer Sache; daher 2) Entschädigung für den ganzen Werth; 3) Vergütigung.

Bonificiren, 1) überhaupt den Werth einer Sache ersetzen; also 2) entschädigen; 3) vergütigen; oft auch 4) gleich auf Credit geben und nehmen; also 5) borgen; 6) auf Zeit verkaufen.

***Bonis* cediren**, wegen Zahlnngsunfähigkeit, also bei eintretendem Fallimente, seinen Gläubigern das sämtliche Handlungsvermögen abtreten; vgl. Concurs.

Bord (franz.; engl. board), 1) eigentlich der Rand des Schiffes; 2) die Seite desselben; die linke Seite führt die Benennung Backbord, die rechte Steuerbord; 3) das Schiff selbst; 4) mitunter gleichbedeutend mit Strand. Man bedient sich des Ausdrucks in folgenden Redensarten:

a) An Bord gehen, gleich sich vom Lande auf das Schiff begeben.

b) An Bord sein, sich auf dem Schiffe befinden.

c) An Bord bringen, vom Lande auf das Schiff führen.

d) An Bord nehmen, auf dem Schiffe verladen, einladen.

e) An Bord liefern, von der Niederlage aus, Waaren auf das Schiff liefern.

f) Ueber Bord werfen, ins Meer werfen.

Borderau (französ.), das specificirte Verzeichniß der einzelnen Geldsorten, worin eine geleistete Baarzahlung besteht, also Sortenzettel.

Brack (franz. rebut, engl. refuse), eigentlich die geringste, schlechteste Sorte von Waaren, besonders von rohen Hölzern; 2) oft gleichbedeutend mit Ausschluß überhaupt.

Bracken, gleich sortiren, ausschießen.

Bracker (franz. trieur juré) heißen in mehreren Ostseehäfen, besonders in solchen, welche Hölzer ausführen, obrigkeitlich angestellte, vereidete Personen, welche die Sortirung der Hölzer und deren Bezeichnung zu besorgen haben.

Breve vista (italien.; franz. courts jours) kurze Sicht.

Briefe, 1) gleich Schreiben, Croresponden; 2) oft in der Bedeutung von Wechselbriefe, Wechsel; 3) Effecten.

Briefe von der Hand, 1) gleichbedeutend mit gezogene Wechsel, Wechsel, welche erst ausgestellt worden sind und noch kein Giro enthalten; 2) oft auch Wechsel, die an eigene Ordre lauten.

Brouillon, 1) eigentlich der erste Entwurf einer Schrift; 2) in der Handlung eines der Handelsbücher und gleichbedeutend mit Cladde oder Prima Nota.

Brutto, früher auch Sporco (italien.) 1) eigentlich roh; 2) gleich Bruttogewicht, das Gewicht einer Waare mit ihrer Verpackung, sie mag in Fässern, Kisten, Säcken oder sonst emballirt sein. Es ist dem Netto entgegengesetzt.

Brutto-Ertrag, 1) gleich Brutto-Einnahme, der Erlös, welcher sich aus dem Verkauf einer Waare überhaupt ergiebt; 2) derselbe nach Abzug des Einkaufspreises, jedoch ohne Abrechnung der Handlungsunkosten, also gleich Brutto-Gewinn; 3) beim Geschäft überhaupt die in einem bestimmten Zeitraum aus dem Umsatze sich herausstellende Einnahme; 4) oft gleich Umsatz selbst.

Bruttogewinn gleich Bruttoertrag.

Bruttogewicht s. Brutto.

Buchen, 1) die einzelnen Geschäftsposten in die Handlungsbücher verzeichnen; daher 2) eintragen; 3) Buchhalten, Buchführen.

Buchhalter (franz. teneur des livres; engl. book-keeper), derjenige Commis, welcher mit der Führung der Hauptbücher beauftragt ist.

Buchhaltung (französ. tenue des livres; engl. book-keeping) 1) überhaupt die Art und Weise, die im Geschäfte oder im Haushalte vorkommenden Ergebnisse und deren Resultate zu verzeichnen und über die letztern Rechnung zu führen; besonders aber 2) diese Rechnung nach kaufmännischer Weise, d. h. so führen, daß man sich und Andern jederzeit eine bestimmte Uebersicht nicht nur der mit einzelnen Personen abgeschlossenen Geschäfte, sondern auch des Geschäftszustandes im Allgemeinen geben kann; also Buchführung. Ihrer Form nach unterscheidet sie sich in die einfache und doppelte (tenue des livres en double partie; engl. book-keeping by double entry) Buchhaltung, welche letztere die erstere, minder zweckmäßige und eine weniger richtige Uebersicht gewährende, immer mehr und mehr verdrängt.

Buchgläubiger heißen diejenigen Creditoren einer Handlung, welche als solche bloß aus den Handlungsbüchern sich ergeben und weiter keinen Gegenstand zu ihrer Deckung, oder ein sonstiges Document zum Beweise der Schuld, wie Wechsel u. d. in Händen haben. Sie stehen im Concurse den Pfand- und Wechselgläubigern nach.

Buchschuld (französ. dette simple, engl. book-debt) ist die Forderung des Kaufmanns, welche bloß aus der Eintragung in seine Handlungsbücher hervorgeht, worüber er jedoch keinen sonstigen schriftlichen Beleg oder Verschreibung in Händen hat.

Bugsiren (franz. remorquer, engl. take in tow oder tow) größere Schiffe, die man vermittelst eines Taues mit kleineren, namentlich mit Dampfböten, verbunden hat, durch dieselben in den Hafen ziehen.

Bürge (franz. garant, engl. warranter, bail) derjenige, welcher für die Erfüllung der Verbindlichkeiten eines Dritten gut sagt und im Unterlassungsfalle selbst dafür haftet.

Bürgschaft, 1) die Handlung, durch welche man Bürge wird; 2) das Verhältniß, welches man dadurch eingegangen ist; daher 3) gleich Sicherung, Sicherheit; 4) Garantie; 5) Deckung; 6) Caution; 7) (engl. bill of indemnity) die darüber ausgestellte Bescheinigung.

Bürgen, 1) gleich verbürgen, sich als Bürge stellen; 2) Bürge sein; 3) gleich sichern, garantiren; 4) haften; 5) decken.

C.

C. oder Ct. Abkürzung für Courant; *C'o Ct* für Conto corrent; Ctr., Centner; *ca.*, circa.

Cabotage (franz.) 1) eigentlich Küstenfahrt; 2) Küstenhandel.

Cabottiren, Küstenhandel treiben.

Cahier (franz.), 1) Lage; 2) Heft.

Calculation (latein.), Ausrechnung, Berechnung.

Calculiren, 1) rechnen, berechnen; 2) mitunter wohl auch gleichbedeutend mit raffiniren und speculiren.

Calfatern, ein schadhaft oder leck gewordenes Schiff ausbessern.

Cambio (italien.) veraltet für Wechsel.

Cambiren, Wechselgeschäfte treiben; gleichfalls veraltet.

Cambist, veraltet 1) für Wechsler; 2) Bankier.

Caper (franz. capre, engl. caper) 1) eigentlich das in Kriegszeiten von der Regierung zur Wegnahme der feindlichen Kauffahrer ausgerüstete Schiff; 2) (engl. privateer) das mit Erlaubniß der Regierung von Privatpersonen zu gleichem Zwecke ausgerüstete Schiff; 3) (franz. armateur) der Ausrüster; 4) der Führer desselben; 5) oft gleich Freibeuter, Pirat, Seeräuber, Corsar, obschon unter letzteren Begriffen nur diejenigen Schiffe zu verstehen sind, die, ohne Erlaubniß der Regierung dazu und oft ohne Unterschied, welche Nation es betrifft, Seeraub treiben und deren Mannschaft, wenn dergleichen Schiffe genommen werden, als Räuber zu betrachten sind. Die mit Erlaubniß der Regierung versehenen Caper machen diese Unternehmungen völlig auf eigene Rechnung und Gefahr, sind aber in Betreff der aufgebrachten Schiffe und Güter einer Beaufsichtigung durch die Regierung unterworfen.

Caperbrief (franz. lettre de marque; engl. letter of marque and reprisal) heißt der von der Regierung eines Landes dem Caper ertheilte Erlaubnißschein. Jeder Caper muß sich durch denselben als zur Caperei (franz. course, engl. privateering) befugt legitimiren.

Capital (franz.) 1) gleich Fonds; daher 2) gleich Stamm- oder Grundvermögen einer Handlung; 3) Einlagesumme; 4) Betriebssumme, also 5) diejenigen Gelder oder geldwerthen Sachen, welche dem Geschäftsbetriebe überhaupt, oder

6) einer einzelnen Unternehmung zum Grunde liegen und dazu verwendet werden; 7) überhaupt jede namhafte, bedeutendere Geldsumme. Mitunter pflegt man Capital und Fonds dadurch zu unterscheiden, daß man Fonds von den, mehrern in Gemeinschaft oder überhaupt Corporationen zugehörenden Capitalien gebraucht; indessen ist dieser Unterschied im gewöhnlichen Sprachgebrauch nicht durchgeführt, obschon man sich bei Staatscapitalien des Ausdrucks Fonds bedient.

Capitalconto, ist das im Hauptbuch über die in der Handlung befindlichen, zum Betriebe gehörenden Gelder im Hauptbuche nach Debet und Credit eröffnete Conto.

Capitalisiren, 1) eigentlich in Capital verwandeln; daher 2) von Waaren sie in Geld umsetzen; also 3) sie veräußern, verkaufen; 4) von Papieren sie in Baar umsetzen; 5) von Zinsen oder bestimmten Erträgen das Capital berechnen, welches ihnen gleichsteht, oder sie gewähren.

Capitalist, 1) jeder Besitzer von Capitalien; 2) gleich Rentier.

Caplaken (franz. chapeau oder prime; engl. primage) nennt man die Vergütigung, welche der Schiffsführer, außer der von den Rhedern bedungenen Fracht, dafür erhält, daß er während der Fahrt für die auf dem Schiffe befindlichen Güter besondere Sorge trägt. Früher bedungen oder ein freiwilliges Geschenk, bilden sie jetzt in der Regel einen Bestandtheil der Fracht und nur ihre Höhe ist Gegenstand des Uebereinkommens, und diese deshalb meist in den Certepartieen bemerkt, wenn sie sich nicht nach Usance richtet. Andere Bezeichnungen dafür sind Primengeld und Gratification. Sie werden in der Regel nach Procenten berechnet.

Captur, 1) die Gefangennehmung; 2) Gefangenschaft; 3) das Aufbringen eines feindlichen Schiffes.

Caravane (pers.) nennt man die in Asien und Afrika in größeren Gesellschaften reisenden Kaufleute, welche ihre Waaren auf Wagen, gewöhnlich aber auf Pferden und Kameelen, herbeiholen oder versenden, meist, wegen der Unsicherheit durch die Wüste, von einer bewaffneten Bedeckung begleitet sind und einem gewählten Oberanführer gehorchen.

Caravanenhandel ist der im Innern von Afrika und Asien, schon im Alterthume betriebene Verkehr der Völker mit einander vermittelst Caravanen; er bildet noch jetzt die fast einzige Art des Handelsverkehrs in jenen Gegenden.

Carga oft auch *Cargo* (ſpan.), 1) das Verzeichniß der Ladung eines Schiffes; 2) die Ladung ſelbſt.

Cargador (*Cargadeur*), 1) der Ablader überhaupt; 2) der Mäkler, welcher die Schiffsladung, den Ein- und Verkauf der Waaren beſorgt und über Verladung und Abſegelung des Schiffes Nachricht ertheilt; 3) gleich *Cargo*, mitunter auch *Supercargo*, derjenige, welcher als Agent einer Geſellſchaft oder eines Einzelnen, die Ladung eines Schiffes begleitet, um den Verkauf oder Umtauſch zu beſorgen.

Cargo 1) ſ. *Carga*; 2) ſ. *Cargador*.

Carnet (franz.), 1) das Reiſetaſchenbuch eines Kaufmanns; 2) Schuldregiſter überhaupt. Beide Ausdrücke ſind ſelten.

Casco 1) der bloße Rumpf eines Schiffes; 2) das völlig ausgerüſtete Schiff ſelbſt.

Casco-Aſſecuranz, die Verſicherung die nicht nur auf die Waaren des Schiffes, ſondern auch zugleich auf das Schiff ſelbſt geſchloſſen wird.

Cassa (italien.) oder Caſſe, 1) eigentlich jeder Kaſten; 2) Geldkaſten; 3) das darin befindliche Geld, Geldvorrath; 4) das überhaupt vorhandene oder vorräthige Geld eines Handlungshauſes; 5) der nur zu beſtimmten Zwecken zu verwendende Geldvorrath; 6) das Local, in welchem Gelder empfangen und ausgezahlt werden; 7) das zur Verwaltung der Gelder beſtimmte Perſonal.

Cassa Ab- und Zugang, iſt das bei der Caſſe bewerkſtelligte Empfangen oder Auszahlen des Geldes.

Caſſabuch heißt das über den Ab- und Zugang der Caſſa vom Caſſirer oder Buchhalter beſonders geführte Buch, welches zur Ueberſicht des Caſſenbeſtandes (ſ. Beſtand) dient, doch nur auf das baare Geld gerichtet iſt.

Cassa-Conto iſt die im Hauptbuche über die Einnahme und Ausgabe des baaren Geldes geführte Rechnung; Caſſarechnung.

Cassa-Credit iſt das Conto der Caſſe, welches alle baar ausgehenden Gelder aufführt und ſpecificirt; das Soll der Caſſe.

Cassa-Debet, iſt das Verzeichniß derjenigen Zahlungen, welche baar zur Caſſe geleiſtet worden ſind, das Haben der Caſſe.

Caſſa-Rechnung ſ. Caſſaconto.

Cassa-Saldo, 1) oft gleich Caſſa, der an baarem Gelde,

nicht in Effecten, in der Caſſe befindliche Vorrath; 2) der Ueberſchuß der Caſſe, nach Abzug des Credit vom Debet.

Caſſation (latein.) die Ungiltigkeits- oder Nichtigkeits-erklärung, oder Aufhebung einer Urkunde oder eines Documents.

Caſſatiſch, gleich Zähltiſch oder Zahltiſch; der Tiſch, auf welchem Geld aufgezählt wird, das vereinnahmt oder verausgabt werden ſoll.

Caſſenanweiſung, 1) jede Anweiſung zur Empfangnahme von Zahlungen bei der Caſſe; 2) Name des preuß. unverzinslichen Papiergeldes, welches bei jeder Caſſe al pari angenommen wird.

Caſſenmünze heißen die Geldſorten, in welchen Zahlungen bei öffentlichen Caſſen geleiſtet werden können.

Caſſiren (italien.) 1) zur Caſſe bringen, einziehen; gleich eincaſſiren, jedoch in dieſer Bedeutung ſelten gebraucht; 2) aufheben, auflöſen, vernichten, ungiltig erklären; 3) abſetzen, entſetzen.

Caſſirer 1) derjenige, welcher in Handlungshäuſern die Vereinnahmung und Verausgabung der Gelder zu beſorgen und das Caſſabuch zu führen hat. In der Regel geſchieht dieſes vom Buchhalter.

Caution (latein.) iſt 1) die für die Erfüllung übernommener Verpflichtungen gewährte Sicherſtellung a) ſowohl durch Verſprechungen und Angelöbniß, als auch b) durch Verſchreibung oder Niederlegung baaren Geldes oder werthvoller Gegenſtände; daher 2) Sicherheit, Deckung; 3) Bürgſchaftsleiſtung oder Bürgſchaft überhaupt und ſelbſt durch perſönliche Bürgen oder Verpfändung. Sie wird ſowohl außergerichtlich als gerichtlich geleiſtet und muß unangetaſtet bleiben, bis die Erfüllung oder Nichterfüllung der Sache, weshalb ſie geleiſtet wurde, entſchieden iſt, doch kann das niedergelegte baare Capital, beſonders wenn es verzinſet werden muß, ausnahmsweiſe bis dahin benutzt werden. Nach den Beſtimmungen des preuß. Geſetzes iſt gerichtliche Caution erforderlich bei Arreſtlegungen, bei Klagen wegen Störung des Beſitzes, wegen verfälſchter, verloren gegangener oder noch nicht fälliger Wechſel, wegen Havariebeitrages u. dgl. Im Concurſe hat die beſtellte Caution kein Vorzugsrecht und es iſt daher beſſer, ſie, bei vermutheter Unſicherheit, hypothekariſch eintragen zu laſſen.

Cautionsſchein iſt 1) die ſchriftliche Verſicherung einer

Caution; 2) die über geleistete Caution ertheilte Bescheinigung; 3) oft auch Bezeichnung des Zollscheins für die gehörig entrichteten Abgaben.

Cavala (italien.) 1) das gelös'te Geld, der Erlös, Ertrag überhaupt; 2) der Ertrag eines Wechsels zum negocirten Cours; 3) die Umsetzung eines Wechsels gegen baar Geld; 4) gleich Rimesse.

Cavent (latein.) jeder, welcher eine Caution leistet, also Bürge.

Caviren (latein.) Bürgschaft leisten, sich verbürgen, Sicherheit stellen, decken.

Cedent (latein.) derjenige, welcher eine Sache, Summe oder Forderung an einen Dritten abtritt oder überläßt, also der Abtreter, bei Wechseln der Girant.

Cediren (latein.) 1) weichen, ablassen, abstehen; 2) abtreten, überlassen, übereignen.

Cedirter Wechsel heißt jeder Wechsel, der vom Inhaber vermittelst des Indossements oder besonderer Verschreibung einem Andern abgetreten wird.

Cedul (span.) 1) Zettel überhaupt; 2) Schein, Bescheinigung. Veraltet.

Censerie s. *Courtage*.

Censiren (latein.) 1) beurtheilen überhaupt; daher 2) schätzen, abschätzen, taxiren.

Censor (latein.) gleich Taxator, aber in dieser Bedeutung im kaufmännischen Ausdrucke nicht gebräuchlich.

Certepartie (franz auch affretement; engl. charter-party) 1) der schriftliche Contract des Schiffers mit dem Befrachter über die Beschaffenheit und Bestimmung der Ladung, so wie die dafür zu vergütigende Fracht. Er pflegt nur bei Seeverschiffung geschlossen zu werden und wenn die Ladung nicht in Stückgut besteht, wo er sonst durch das Connossement oder den Ladeschein vertreten wird. Die Ausfertigung in 3 Exemplaren ist auch hier gebräuchlich und außer den im Connossement vorkommenden Anführungen tritt noch die Bezeichnung des Schiffes durch seinen Namen, seine Flagge, seinen Raumgehalt u. d. hinzu. 2) Oft gleichbedeutend mit Connossement; 3) jeder Vergleich zu Unternehmungen zur See zwischen Rheder und Befrachter, so weit er sich blos über die Benutzung des Schiffes im Allgemeinen erstreckt.

Certificat (franz.), 1) jeder Beglaubigungsschein überhaupt; daher 2) Zeugniß als schriftliche Urkunde; 3) ein den Besitzern von Schiffen von Seiten der Obrigkeit ertheiltes Zeugniß über die Masse und den Raum des Schiffes, um nach letzterem eine Abgabe, das Lastengeld, bestimmen zu können; 4) Benennung einer Art Staatspapiere in Rußland und Neapel; 5) gleich Ursprungsatteste.

Certification (latein.), 1) die Ausstellung eines Certificats; 2) gleichbedeutend mit Certificat.

Cession (latein.), 1) jede Uebertragung oder Abtretung eines Rechts oder einer Forderung an einen dritten, der dann in die Rechte des Uebertragenden hinsichtlich des überlassenen Gegenstandes eintritt; 2) die darüber ausgestellte Urkunde. Die Cession kann zwar auch mündlich stattfinden, doch gewährt die schriftliche größere Sicherheit; beide aber dürfen sich nie über Gegenstände erstrecken, über die wir nicht völlig freie Disposition haben, da derjenige, welcher die Cession übernimmt, zugleich das Recht erhält, selbstständig Alles geltend zu machen, was der frühere Besitzer zur Erlangung des cedirten Gegenstandes geltend machen konnte. Forderungen, über welche schriftliche Urkunden vorhanden sind, können auch nur schriftlich cedirt werden.

Cessionar ist derjenige, an welchen eine Forderung cedirt worden ist.

Chance (französ.) 1) das Zusammentreffen oder Eintreten zufälliger Umstände; daher 2) Glücksfall, Glück; 3) Unfall; 4) das abwechselnde Hinneigen zur bessern oder schlechtern Gestaltung der Verhältnisse.

Change (franz.), 1) jeder Tausch, Umtausch, Wechselung überhaupt; 2) oft gleich lettre de change, Wechsel, Wechselbrief; 3) im Buchhandel der Austausch der Verlagsartikel; 3) in Frankreich die Börse.

Changiren (franz. changer), 1) verändern überhaupt; 2) verwechseln, vertauschen, austauschen, umtauschen; 3) oft gleich barattiren.

Chariage (franz.), 1) das Verführen von Waaren auf Wagen und Karren, die Versendung per Achse; 2) die Fracht dafür; 3) die Fracht überhaupt.

Chef (franz.), 1) eigentlich das Haupt, der Oberste, Erste; 2) der Inhaber oder Vorsteher einer Handlung; 3) unter mehrern Theilnehmern an der Handlung derjenige, welcher entweder die oberste Leitung, oder der das meiste Capitalvermögen in der Handlung hat oder aber als der Begründer des Handlungshauses anzusehen ist. Der Ausdruck Chef ist insofern von Principal verschieden, als dieser ein Verhältniß zu Untergebenen, jener aber nur zu Gleichgestellten bezeichnet.

Circular (latein.; franz. circulaire; engl. circular) 1) eigentlich kreisförmig; daher 2) gleich Circularschreiben, Rundschreiben, Umlaufschreiben (engl. circular letter), welche a) entweder aus einer Hand in die andere und zuletzt an den Absender zurück gehen, oder b) in der hinlänglichen Anzahl von Exemplaren vorhanden sein müssen, um jedem Einzelnen eine Copie zukommen zu lassen. Gewöhnlich laufen solche Circulare an die Handelsfreunde bei Errichtung eines Geschäfts oder bei Veränderungen, besondern Vorfällen u. d. in demselben.

Circular-Creditbrief, ist ein solcher Creditbrief, welcher zwar auf eine bestimmte Summe, aber auf verschiedene Plätze und Häuser gerichtet ist, welche, nach Verlangen des Inhabers, jedesmal nur einen Theil des Betrages auszahlen und die geleistete Zahlung bezeichnen, damit jeder nachfolgende weiß, wie viel er noch zahlen kann, ohne die limitirte Summe zu übersteigen.

Circularschreiben s. Circular.

Circulation (latein.), 1) der Umlauf, Rundgang überhaupt; 2) vom Gelde und übertragbarer Waare das Gehen desselben aus einer Hand in die andere, Umkreisen, Kreislauf desselben; dieses aber auch 3) oft mit dem Nebenbegriff der Rückkehr in die Hände dessen, der es in Umlauf bringt.

Circulationsbanken, sind solche Banken, deren Anweisungen, Zettel oder Noten überall statt des baaren Geldes gebraucht werden können.

Circuliren (franz. circuler, engl. circulate), 1) von einem Orte zum andern, aus einer Hand in die andere gelangen, bis zur Rückkehr in die erste Hand; daher 2) umherlaufen, die Runde machen, umlaufen, in Umlauf sein überhaupt. Es wird von Briefen, Sachen und Geldern gebraucht und bildet bei letztern den Gegensatz von stocken (s. d.).

Citation (latein.), 1) eigentlich jede Aufrufung, Herbeirufung; besonders aber 2) (engl. citatory-letter) die gerichtliche Vorladung, gleichviel ob sie mündlich oder schriftlich geschieht.

Citiren (engl. cite; franz. citer), 1) eigentlich rufen, aufrufen, herbeirufen; 2) vorladen überhaupt; besonders aber 3) vor Gericht laden.

Cito und citissime (latein.), wörtlich: schnell, auf das Schnellste, wird auf dem Couvert der Briefe bemerkt, um deren Abgang zu beschleunigen, obschon es nur bei gerichtlichen Eingaben von besonderer Wirkung ist, indem es dann anzeigt, daß Gefahr im Verzuge sei.

Civil (latein.), vom Preise soviel wie billig, wohlfeil, niedrig.

Cladde heißt in der Handlung dasjenige Buch, in welches die täglichen Geschäfte sofort eingetragen werden. Es führt auch die Namen Memorial, Brouillon und Strazze.

Clariren (engl. clear), 1) eigentlich nur im Seehandel den Zoll für die Schiffsladung entrichten; doch 2) oft auch verzollen überhaupt; 3) gleichbedeutend mit declariren. Man spricht von ein- und ausclariren, je nachdem die Handlung bei der Ankunft oder Abfahrt eines Schiffes stattfindet.

Clarirungsschein, 1) der in Seestädten über die Entrichtung des Zolls vom Zollamt ertheilte Schein; 2) Zollschein überhaupt.

Clausel (latein. clausula), 1) jede Bedingung, Schlußbedingung; 2) Verwahrung, Vorbehalt; 3) Einschränkung. Sie kommt häufig bei Contracten und sonstigen Rechtsgeschäften vor, insofern sie schriftlich abgefaßt werden; bei mündlichen Verträgen ist der Ausdruck Condition gebräuchlicher.

Collation (latein.), 1) Zusammentragung, Zusammenbringung, Zusammenhaltung überhaupt; dieses besonders 2) in der Absicht, um zu vergleichen, daher 3) gleich Collationirung, die Vergleichung selbst.

Collationiren, 1) gegen einander halten, zusammenhalten; 2) vergleichen, um sich, bei Rechnungen, Briefen, Büchern von der Gleichförmigkeit des Inhalts zu überführen; daher 3) durchsehen, prüfen. Es geschieht dieses hauptsächlich bei Abschriften mit dem Originale und ist nicht nur bei gerichtlichen Urkunden erforderlich, sondern auch im kaufmännischen Verkehr.

Collationirung, die Vergleichung, das Geschäft des Collationirens.

Collectiv (latein.), gemeinschaftlich, gesellschaftlich.

Collectivhandlung, eine Handlung, die auf gemeinschaftliche Kosten von Mehrern errichtet worden ist; also aus mehrern Theilnehmern oder Inhabern besteht, besonders insofern dieselben für andere Handelszweige eigene Firma besitzen.

Collegium (latein.), 1) jede Vereinigung von Personen, oder Versammlung zu gemeinschaftlichem Zwecke überhaupt; daher 2) oft gleich Corporation; 3) der Ort, wo diese Vereinigung stattfindet und darum mitunter 4) so viel wie Börse, der öffentliche Ort, wo sich Kaufleute versammeln, um ihre Geschäfte abzumachen; 5) in Holland ausdrücklich Benennung des Admiralitätsgerichts.

Collo, Mehrzahl *colli* (italien.), 1) eigentlich jedes Stück; daher 2) von Waaren: Ballen, Packet, Faß, Kiste und jedes einzelne Frachtstück; 3) Stückgut.

Collocation (latein.), 1) die Anordnung oder Bestimmung der Reihenfolge, Stellung; daher besonders 2) im Concurse die gerichtliche Anordnung oder Bestimmung der Reihenfolge der Gläubiger, nach welcher sie ihre ganze oder theilweise Befriedigung aus der Masse erhalten.

Collocationsurtel im Concursverfahren die richterliche Entscheidung über die Reihenfolge der Gläubiger in Betreff ihrer Befriedigung aus der Masse.

Colonialwaaren (engl. colonial-produces, franz. marchandises coloniales) sind Waaren, die aus den europäischen Colonien in den Handel kommen, namentlich die rohen Producte der ost- und westindischen Colonien, wie Zucker, Kaffee, Spezereien u. dgl.

Colonie, nennt man im kaufmännischen, beschränkteren Sprachgebrauche die Niederlassungsorte der Europäer in fremden Welttheilen. Sie zerfallen in dieser Hinsicht a) in Pflanzungskolonieen, die sich mit der Anpflanzung der überseeischen, für die europäische Consumtion erforderlichen Naturproducte beschäftigen; b) in Bergwerkscolonieen, welche mit der Gewinnung der Metalle, vorzüglich der edlen, beschäftigt sind und c) in Handelscolonieen, die als Stapelplätze des Handels dienen.

Colonieenhandel, ist der Handel zwischen den Colonieen und dem Mutterlande im engern und weitern Sinne.

Colonne (franz.; latein. columna), 1) eigentlich Säule, Reihe; 2) in den Büchern die durch senkrechte Linien gebildeten Abtheilungen, in denen der Preis oder Werth der Waaren verzeichnet wird; 3) die Abtheilung, in welche die

Hauptsumme ausgeworfen wird; 4) oft gleichbedeutend mit Seite.

Colportage (franz.) 1) der Lohn, welcher für das Herumtragen und Verkaufen von Waaren an den Herumträger gezahlt wird; 2) der Erlös aus den zum Verkauf herumgetragenen Sachen; 3) seltener aber auch dieses Herumtragen selbst, also gleich Colportiren.

Colporteur, 1) jeder, welcher Sachen zum Verkauf herumträgt, also 2) Hausirer; jedoch mit dem Unterschiede, daß der Verkauf nicht für Rechnung des Herumtragenden, sondern eines Dritten geschieht, dessen Eigenthum die Sachen sind.

Colportiren, 1) als Zeitwort: allerlei Sachen zum Verkauf herumtragen, hausiren; 2) als Hauptwort: die Handlung des Herumtragens zum Verkauf, das Hausiren selbst.

Commandeurschiff, s. Admiralschiff.

Commanditair, (franz.) 1) jeder in der Firma nicht genannte, stille Gläubiger oder Theilnehmer an der Handlung, der nicht an der Geschäftsführung selbst Antheil nimmt; der Associé en Commandite, vertraute Compagnon. Er ist nur wegen Gewinn und Verlust als Associé, in allen übrigen Beziehungen jedoch bloß als Darleiher zu betrachten, kann die Firma nicht ohne besonderen Auftrag gegen Dritte vertreten, und haftet beim Concurse den Gläubigern nur mit dem eingeschossenen Capitale; 2) oft auch, gleich Commandite, derjenige, welcher einer Commandite vorsteht und sie unter seinem Namen führt, entweder a) gegen festes Salair, oder b) gegen Verkaufsprovision, oder c) gegen Antheil am Gewinn oder Verlust; also der Disponent, Factor, Geschäftsführer. Nur von ihm, nicht vom wirklichen Eigenthümer können die etwaigen Gläubiger Erfüllung der übernommenen Verbindlichkeiten verlangen; ihm bleibt der Regreß an diesen. 3) Derjenige, welcher das Capital zur Errichtung einer Commandite hergegeben hat, der Eigenthümer einer Commandite, Commanditist; 4) auch derjenige Commis, welchem die Procura für eine Handlung ertheilt ist, der Procurist; jedoch in diesem Sinne selten gebraucht.

Commandite, (franz.) die, 1) jede Filial- oder Nebenhandlung eines Hauses an einem anderen Orte für Rechnung, aber nur selten unter der Firma oder dem Namen des Errichters; 2) eine Handlung, welche von einer Gesellschaft unter einem Collectivnamen geschlossen und nur von einigen verantwortlichen Theilnehmern verwaltet wird. 3) (der) gleich Commanditair, derjenige, welcher einer Commandite vorsteht.

Commanditist, 1) der Eigenthümer einer Commandite, welcher die Capitalien dazu hergegeben hat; 2) auch derjenige, welcher Waaren oder Wechsel auf seine Rechnung von einem Dritten bezieht.

Commerz, (latein. commercium, franz. u. engl. commerce) 1) eigentlich der Umgang mit Jemanden; 2) die Unterhandlung, Beredung, Verabredung; 3) die Handlung als Geschäft, der Verkehr, der Handel.

Commerzialfuhrleute, heißen diejenigen Fuhrleute, welche regelmäßig von einem Orte zum andern fahren; jedoch nimmt der kaufmännische Sprachgebrauch dabei nur Rücksicht auf den Güter-, nicht aber auf den Personenverkehr, der jedoch von der Bedeutung des Wortes nicht ausgeschlossen ist.

Commercialstraßen, sind die zur Erleichterung des Waarentransports angelegten Wege überhaupt.

Commerzien, 1) s. Commerz; 2) Handlungsgeschäfte, Geschäfte.

Commercien-Collegium, die Behörde, welche berathend und entscheidend in Handelsangelegenheiten und Streitigkeiten zu wirken höhern Ortes autorisirt ist.

Commerziren, 1) verkehren, Umgang haben; 2) Geschäfte treiben, besonders Handelsgeschäfte; daher 3) handeln, Handel treiben überhaupt.

Commis, (franz., engl. merchand's clerk) 1) eigentlich jeder, der mit der Ausführung einer Arbeit oder einer Verrichtung beauftragt ist; 2) der Handlungsgehilfe insbesondere.

Commission, (latein.) 1) jeder Auftrag, der zur Besorgung einer Sache oder Verrichtung eines Geschäfts gegeben wird; doch dieses hauptsächlich in der Gerichtssprache. 2) Die Vorschrift, welche ein Kaufmann einem andern zur Besorgung eines Geschäfts, sowohl Ein- als Verkauf, giebt, der Art, daß dieselbe im Namen des Beauftragten, aber für Rechnung des den Auftrag Stellenden stattfinde; 3) die Besorgung der Wechselgeschäfte unter denselben Verhältnissen; daher 4) Bestellung überhaupt; 5) gleich Commissionsgebühren, Provision, die Vergütigung, welche für die Besorgung einer Commission gegeben wird; 6) im Concurs die Versammlung der Gläubiger der Masse oder deren Bevollmächtigte, mit Zuziehung obrigkeitlicher Personen, um über die fernere Verwaltung derselben Bestimmungen zu treffen. 7) im Buchhandel die Uebernahme eines Werkes, welches auf Kosten des Verfassers oder unter sonstigen Bedingungen gedruckt worden ist, zum Behufe der Absetzung oder des Verkaufs desselben. Ist dem Commissionair ein Limitum gegeben, so darf er dasselbe nicht überschreiten und muß für den aus etwaiger Ueberschreitung entspringenden Schaden haften; bei der Aufgabe zum bestmöglichsten Preise haftet er nur für den damaligen currenten Preis. Auch kann der Beauftragte zu dem limitirten Preise seine eigene Waare verkaufen oder die zum Verkaufe gestellte an sich bringen. Da alle solche Geschäfte nur auf den Namen des Commissionairs gemacht werden, so haftet dieser sowohl dem Committenten, als auch dem Ein- oder Verkäufer. Im Concurse behält der Commissionair, welcher auf Commissionsartikel Wechsel honorirt hat, ein Pfandrecht an den Waaren und hat sie erst nach vollständiger Befriedigung herauszugeben.

Commissionair, (franz.) 1) ist derjenige, welcher mit der Besorgung eines Geschäfts, besonders 2) mit dem Ein- oder Verkauf von Waaren beauftragt worden ist; 3) im Buchhandel derjenige, welcher eine Schrift, deren Druck vom Verfasser ausgegangen ist, nicht als Verlags-, sondern bloß als Verkaufsartikel führt. Ohne ausdrückliche Ermächtigung dazu darf der Commissionair nicht auf Credit verkaufen.

Commissionsartikel oder Commissionswaaren, nennt man 1) alle diejenigen Waaren, deren Ein- und Verkauf in Folge ertheilter Commission besorgt wird; 2) solche, welche für Rechnung des Eigenthümers verkauft werden.

Commissionsbriefe, 1) alle Briefe, welche Commissionsaufträge ertheilen; 2) alle Briefe, welche auf den Commissionshandel Bezug haben.

Commissionsbuch, ist das zur Verzeichnung der Commissionsaufträge im Commissionshandel gehaltene Buch, auch Ordrebuch genannt.

Commissionsgebühren, s. Commission, Provision, Delcredere.

Commissionshandlung, ist die, welche sich mit dem Verkauf der Waaren eines Andern für dessen Rechnung beschäftigt, sei es als Haupt- oder als Nebengeschäft.

Commissionswechsel, sind diejenigen Wechsel, welche für

Rechnung eines Dritten von einem damit Beauftragten an entfernten Orten gekauft werden.

Committent oder **Committirter**, heißt derjenige, welcher eine Commission ertheilt, der Auftraggeber, Besteller.

Committiren, 1) Auftrag ertheilen, bestellen, übertragen; daher 2) gleich bevollmächtigen.

Compagnie, (franz., engl. company) 1) Gesellschaft, Vereinigung, Verein überhaupt; daher 2) gleichbedeutend mit Societé, Mascopie, eine Vereinigung von zwei oder mehrern Kaufleuten zur Betreibung eines Geschäfts für gemeinschaftliche Rechnung; Handelsverbindung, Handelsgesellschaft. Sie wird in der Regel bloß zu solchen Geschäften geschlossen, die zwar ein Kaufmann allein zu betreiben im Stande ist, wozu es aber dem Einen an dem, zum beabsichtigten Betriebe nöthigen, Capital gebricht und begreift auch, unter Umständen, die Commandite in sich. Die Mitglieder der Vereinigung sind mitunter in der Firma genannt, gewöhnlich aber wird nur der älteste Inhaber der Handlung, der Dirigent, Chef oder derjenige namhaft gemacht, welcher den größten Antheil an der Handlung hat und alle Uebrigen unter der Benennung et Comp. begriffen.

Compagnon, (franz., engl. partner) 1) Gefährte, Gesellschafter, Begleiter überhaupt; 2) der Theilnehmer an einer gemeinschaftlichen Handlung oder Firma, welcher in der Regel die Geschäfte derselben mit versieht und sich dadurch vom Associé und Commanditair unterscheidet.

Compensation, (latein.) 1) Abrechnung durch Gegenforderung gleichartiger Dinge; 2) Aufhebung gegenseitiger Forderungen durch einander; 3) Ausgleichung einer Schuld durch Uebertragung einer gegenseitigen an Zahlungsstatt; 4) mitunter die als Bezahlung in Anrechnung gebrachte Gegenschuld selbst. Sie kommt am häufigsten im Wechselgeschäfte vor, und kann selbst noch bei eintretendem Concurse geltend gemacht werden.

Compensiren, (latein.) 1) gegenseitige Forderungen von einander in Abrechnung bringen, abrechnen, ausgleichen; 2) mitunter auch gleich aufheben, bezahlen.

Competent, (latein.) 1) befugt, schicklich, zulässig, passend; 2) rechtmäßig, berechtigt; 3) gesetzlich der Form nach.

Competenz, (latein.) 1) in der Gerichtssprache, die Befugniß einer Behörde über die vor ihr Forum gebrachten Prozeßsachen ein Urtel zu sprechen; 2) ein Inbegriff von

Rechten und Befugnissen überhaupt, die aus amtlichen Stellungen hervorgehen; daher wohl auch 3) diese Befugniß, sofern dieselbe aus bürgerlichen Verhältnissen herzuleiten ist; 4) der Antheil, welcher dem Falliten aus der Concursmasse, dem Schuldner aus seinem Einkommen oder Vermögen, zu seinem nothdürftigen Unterhalte gelassen wird; 5) oft gleich Competenzrecht.

Competenzrecht, (latein. beneficium competentiae) ist die Befugniß oder das Recht eines Schuldners, nur soviel zu bezahlen, als er kann, ohne des nothdürftigen Lebensunterhalts zu entbehren. Im Concurse kann nur derjenige darauf Anspruch machen, welcher ohne sein Verschulden zahlungsunfähig geworden ist und seinen Gläubigern sein sämmtliches Vermögen abgetreten hat. Dieses Recht wird nur auf ausdrückliches Verlangen zugestanden.

Complementair, richtiger als Complimentair, (franz. complémentaire) 1) entgegengesetzt dem Associé en commandite, derjenige, welcher als der Theilnehmer einer Handlung und Vertreter der Firma öffentlich genannt und anerkannt ist. Abweichend davon 2) der Geschäftsvorsteher einer Commandite und 3) der Procurist; 4) Bevollmächtigter.

Complet, (franz.) 1) vollständig; 2) vollzählig.

Completiren, 1) vollständig machen, vervollständigen; 2) ergänzen überhaupt. Namentlich ist es Ausdruck im Buchhandel, wo es heißt, unvollständige, defecte Exemplare durch Ergänzung und Hinzufügung des Fehlenden vervollständigen.

Complicirt, (latein.) verwickelt, verflochten.

Composition, (latein.) 1) Zusammensetzung überhaupt; insbesondere aber eine Mischung aus mehreren Bestandtheilen, vorzüglich bei Metallen und chemischen Producten.

Compositionswaaren, nennt man 1) die aus verschiedenen Bestandtheilen zusammengesetzten Waaren; besonders aber 2) die chemischen Artikel.

Compreß, (latein.) 1) zusammengedrückt; daher 2) gedrängt; 3) dicht.

Compromiß, (latein.) 1) Uebereinkunft im Allgemeinen; besonders aber 2) die schriftliche Uebereinkunft über die Entscheidung einer Sache durch schiedsrichterlichen Ausspruch.

Compromittiren, (latein.) 1) übereinkommen, einig werden, sich verständigen; 2) einen Schiedsrichter ernennen, oder wählen.

Comptabilität, (franz.) die Obliegenheit, Verpflichtung Rechnung zu legen; 2) Verantwortlichkeit.

Comtable, (franz.) 1) zur Ablegung von Rechnung verpflichtet; daher 2) verantwortlich.

Comptant, (franz.) s. Contant.

Compte, (franz.) s. Conto.

Comptoir, (franz.) s. Contor.

Concept, (latein.) 1) der schriftliche Entwurf eines jeden Briefes oder Auftrages; 2) der Entwurf einer Sache oder eines Projectes; daher 3) das Vorhaben, Project selbst.

Concession, (latein.) 1) Verwilligung, Bewilligung; 2) Zugeständniß; 3) Erlaubniß; 4) besonders die von der Regierung ertheilte Verwilligung zur Betreibung gewisser Gewerbe oder Geschäfte; daher 5) Befugniß, Gerechtigkeit, Recht. In letzterer Hinsicht unterscheidet sich die Concession vom Privilegium dadurch, daß sie nur für die Person giltig ist und nicht auf Andere durch Veräußerung übertragen werden kann.

Concessioniren, 1) mit einer Concession versehen; daher 2) erlauben; 3) bewilligen überhaupt.

Concessionsgelder, heißen die für die erhaltene Concession bezahlten Gebühren.

Concipient oder Concipist, (latein.) 1) derjenige, welcher einen Brief oder Aufsatz entwirft und niederschreibt; daher 2) der Verfasser eines schriftlichen Aufsatzes.

Concipiren, einen Brief oder Aufsatz entwerfen, abfassen.

Concordat, (latein.) selten gebrauchter Ausdruck und dann, namentlich in Frankreich, gleichbedeutend mit Accord.

Concurrenz, (latein.) 1) eigentlich das Zusammenlaufen; daher 2) das gleichzeitige Streben Mehrerer nach demselben Zwecke; 2) die Mitbewerbung um eine Sache; 4) die Nachfrage nach einem und demselben Gegenstande oder Artikel; 5) das Bestreben bei Verkäufen durch Bieten höherer Preise, Ueberbieten, in den Besitz der Waare zu gelangen; 6) das Gleichgewicht, welches eine Waare hinsichtlich ihrer Güte und ihres Preises mit einer andern derselben Gattung hält; 7) das Zusammentreffen verschiedener Ereignisse; 8) im Concurs die Zahl der Gläubiger.

Concurriren, (latein.) 1) eigentlich zusammengehen, zusammenlaufen; 2) sich mitbewegen, mitbestreben; 3) gleiche Waaren führen; 4) gleiche Geschäfte treiben; 5) höhere oder niedere Preise bieten; 6) theilnehmen überhaupt.

Concurs, (latein., franz. **concurs des créanciers**, engl.

concurs of creditors) 1) eigentlich das Zusammentreffen; besonders 2) die Lage eines Schuldners, in welcher seine Schulden den Vermögensbestand übersteigen und er weder Remission noch Stundung erlangen kann; daher 3) das gleichzeitige Zusammentreten Mehrerer, welche mit ihren Forderungen aus dem unzureichenden Vermögen des gemeinschaftlichen Schuldners nicht völlig befriedigt werden können, um die theilweise möglichste Befriedigung durch gerichtliches Verfahren zu erlangen; 4) dieses Verfahren der Gläubiger selbst. — Der Concurs tritt ein, wenn der Debitor selbst seine Insolvenz angezeigt hat, oder der Antrag mehrerer Gläubiger darauf gerichtet ist und durch die geführten Nachweise die behauptete Zahlungsunfähigkeit begründet gefunden wird; oder aber wenn der Schuldner sich entfernt, ohne einen Bevollmächtigten zurückzulassen und sich die Unzulänglichkeit des nachgelassenen Vermögens auf executivem Wege herausstellt. In beiden Fällen kann das Gericht, ohne allen weitern Antrag, den Concurs durch eine Verfügung eröffnen. Hat der Schuldner selbst darauf angetragen und den Gläubigern seine sämmtlichen Besitzthümer abgetreten, die er schriftlich darzulegen und zu beeidigen hat, so bleibt er vom Personalarreste, und auch, jedoch nicht überall, vom Wechselarreste befreit und kann bei unverschuldetem Fallement um Competenz nachsuchen. — Alle Verfügungen des Schuldners über sein Vermögen nach eröffnetem Concurse sind nichtig. Unter diejenigen Gegenstände welche nicht an die Concursmasse fallen, gehören alle bei dem Schuldner nur deponirten Sachen, also auch die Commissionswaaren.

Concursmasse oder **Activmasse**, (engl. bankrupts estate) heißt das sich beim Ausbruch des Concurses noch vorfindende Vermögen, sowohl an Baar, als auch an Activ-Schulden, Waaren, Geräthen und sonstigem Besitzthum, aus welchem die Gläubiger, so weit diese Masse reicht und unter Berücksichtigung ihrer besondern Rechte, ganze oder theilweise Befriedigung erhalten.

Condition, (latein.) 1) jede Befriedigung überhaupt; daher 2) bei mündlichen Verträgen, auch wohl bei schriftlichen, gleichbedeutend mit dem, vorzüglich bei gerichtlichen Contracten üblichen, Ausdrucke Clausel; von Waaren 3) Zustand, Beschaffenheit; 4) die Entnehmung der Waaren unter der Bedingung, dasjenige zurückzusenden, was Oertlichkeit, Zeit und Umstände nicht zu verkaufen gestatteten. Es kommt dies am häufigsten im Buchhandel vor; 5) Vorschlag, Antrag; 6) Anstellung, Stelle, vorzüglich im Contor oder bei einer Handlung, doch auch sonst wo; 7) Dienst überhaupt.

Conditioniren, (aus dem Latein.) 1) eigentlich über Bedingungen übereinkommen, bedingen; 2) eine Dienerstelle, Commisstelle, in einer Handlung bekleiden; 3) oft auch von Lehrlingen gebraucht und gleichbedeutend mit die Handlung erlernen; 3) in dienstlichen Verhältnissen stehen, dienen überhaupt.

Conditionirt, 1) eigentlich bedingt, ausbedingt; 2) von Waaren gewöhnlich mit dem Zusatze gut oder schlecht, (franz. bien conditionné, engl. well conditioned) Bezeichnung ihres Zustandes oder ihrer Beschaffenheit, also: beschaffen, erhalten. Es wird hauptsächlich von Waaren und Sachen gebraucht, die versendet werden und bezeichnet alsdann, daß sie in derselben Beschaffenheit abgeliefert werden sollen, in welcher sie in Empfang genommen wurden. Der Ausdruck unterscheidet sich dadurch von conservirt (s. d.) daß er nicht, wie dieser, bei bereits im Gebrauche befindlich gewesenen Gegenständen in Anwendung kommen kann.

Conditionirte Wechsel, s. bedingte Wechsel.

Condotta, (italien.) soviel wie Spedition.

Conferenz, (latein.) 1) jede Zusammenkunft Mehrerer; 2) besonders zur Berathung über gemeinschaftliche Angelegenheiten; daher 3) Besprechung, Verhandlung, Unterhandlung.

Conferiren, (latein.) 1) zusammenkommen überhaupt; 2) sich besprechen, unterhandeln; 3) vergleichen; 4) übergeben, übertragen, besonders von Anstellungen oder Aemtern.

Confirmiren, (latein.) 1) eigentlich bestätigen, beglaubigen; besonders 2) durch Unterschreibung seines Namens, also unterschreiben, unterzeichnen; 3) den Abgang von Waaren oder die Abgabe einer Tratte mit der nächsten Post dem Empfänger oder dem Bezogenen anzeigen, kund thun; daher 4) benachrichtigen, in Kenntniß setzen, wissen lassen.

Confiscation, (latein.) ist die Einziehung der Güter in den öffentlichen oder Staatsschatz, entweder aller, oder nur eines Theils. Ersteres geschieht bei Hochverrath, den sogenannten Majestätsverbrechen u. dgl.; Letzteres hauptsächlich bei Umgehungen der Steuer, sowohl durch Schmuggelei als durch sonstigen Betrug. In diesem Falle erfolgt nicht nur die Confiscation der Waaren, sondern auch die der Geräthschaften und der Transportmittel, gleichviel ob die Defraudation durch den Eigenthümer oder seine Leute verübt worden ist, da er für dieselben haften muß, was besonders bei Kaufleuten gilt. Nur wenn die Defraudation ohne Wissen und Theilnahme des Eigenthümers stattgefunden hat, so verbleibt ihm die Waare und die Führer derselben müssen, außer der bestimmten Strafe, den Betrag derselben in Geld erlegen.

Confisciren, 1) einziehen; 2) mit gerichtlichem Beschlag belegen; 3) wegnehmen.

Confiscirt, 1) eingezogen, mit Beschlag belegt; 2) weggenommen.

Conform, (latein.) gleich an Form, übereinstimmend, gleich.

Conjunctur, häufiger in der Mehrzahl Conjuncturen, (latein.) ist die Verknüpfung oder das Zusammentreffen von Verhältnissen und Umständen überhaupt. Bei kaufmännischen Unternehmungen, so wie überhaupt bei Abschließung von Geld- oder sonstigen Geschäften, sind dieselben stets das bestimmende Motiv, und der Abschluß oder das Unterbleiben derselben hat seinen Grund darin, daß entweder gute, oder schlechte Conjuncturen eingetreten waren oder zu erwarten standen. Sie werden meist aus den gegenwärtigen äußern politischen oder sonstigen Verhältnissen auch für die Zukunft berechnet und je nachdem diese Berechnung richtig war, finden die darauf gegründeten kaufmännischen Speculationen sich gerechtfertigt und sind gewinnreich, oder erzeugen im Gegentheile Verlust. Das Eintreten günstiger oder ungünstiger Conjuncturen wirkt entschieden auf die Preise der Waaren zurück.

Connexion, (latein.) 1) eigentlich Zusammenhang, Verbindung; 2) Bekanntschaft.

Connossement auch wohl *Connaissement,* (franz. connoissement, engl. bill of lading, in Italien häufig polizza di carico) 1) eigentlich das Bekenntniß des Kauffahrers oder Schiffscapitains über den richtigen Empfang der zur See zu transportirenden Güter; der Seefrachtbrief. Indessen wird es auch auf die Flußschifffahrt angewendet und ist daher in dieser Beziehung 2) gleichbedeutend mit Schiffsverladungsschein, Ladungsschein überhaupt, jedoch nur bei Versendungen zu Wasser, wodurch es sich vom Frachtbriefe unterscheidet. Das Connossement muß enthalten den Namen und Wohnort des Befrachters, des Frachtführers und des

Empfängers, den Ort, wo das Schiff in Ladung liegt, den bedungenen Frachtlohn, den Ort und die Zeit der Ausfertigung, den Ort der Löschung, das Verzeichniß der geladenen Waaren nach Zahl, Nummer, Gewicht und Marke der Colli; bei Versendung zur See auch den Namen und Tonnengehalt des Schiffes und die Flagge, unter welcher es segelt, in allen Fällen aber die Anzahl der ausgefertigten Exemplare. Diese sind, wenn der Schiffer zugleich Eigenthümer ist, drei, von denen eins der Befrachter, das andere der Empfänger, das dritte der Schiffer erhält; ist dieser aber bloß Führer des Schiffes, so erhält ein viertes Exemplar der Rheder oder Eigenthümer, sonst aber auch derjenige, auf welchen vom Versender der Betrag der Ladung trassirt wird, wenn er nicht selbst der Empfänger ist. Obwohl eigentlich nur die Unterzeichnung des Schiffers nothwendig ist, so findet sie doch auch von Seiten des Versenders statt. Es findet sich vom Ersteren die ausdrückliche Erklärung darin, daß er mit seiner Person, dem Schiffe und Zubehör für die Erfüllung des Contractes hafte, doch bei Collis nicht für den Inhalt, was durch die unter die Unterschrift zu machende Bemerkung „Inhalt unbekannt" geschieht. Das an den Empfänger gesendete Connossement repräsentirt die Waaren, selbst wenn sie noch unterweges sind und sie können auf Grund desselben anderweitig veräußert werden; denn mit dem Empfange des Connossement geht ihr Eigenthum auf den Empfänger über. Durch schriftliche Uebertragung des Connossement (Indossirnng) auf einen Dritten, wird das Kaufgeschäft auch mit diesem abgeschlossen und wer dem Schiffer das so übertragene C. vorzeigt, an den muß die Verabfolgung der Waare erfolgen.

Consens, (latein., franz. consentement) 1) eigentlich Einwilligung, Zustimmung, sowohl mündlich als schriftlich; besonders aber 2) diese Einwilligung der Contrahenten bei Verträgen; 3) die obrigkeitliche Zustimmung oder Bestätigung eines Geschäfts oder Unternehmems, insofern dieselbe dazu erforderlich ist; 4) die darüber ausgestellte Urkunde. Der Consens wird oft bloß zu mehrerer Sicherheit und leichterem Beweise von dem Interessenten eines Geschäftes nachgesucht, ohne gerade nothwendig zu sein.

Consentiren, 1) einwilligen, bestimmen; 2) genehmigen.

Conserviren, (latein.) 1) aufbewahren; 2) dauern.

Conservirt, bezeichnet mit dem Zusatze gut oder schlecht, den Zustand einer Sache, in dem sie sich nach dem einige Zeit davon gemachten Gebrauche befindet.

Consignatar, (latein., franz. consignataire) 1) eigentlich der Mitunterzeichner einer Schrift; 2) derjenige, an welchen Waaren in Consignation gesendet werden; daher 3) der Empfänger.

Consignation, (latein.) 1) die Bezeichnung oder Anweisung einer Sache überhaupt; daher 2) oft gleichbedeutend mit Adresse, Adressirung; 3) die Adressirung von Waaren nach einem entfernten Orte, um daselbst für Rechnung des Versenders verkauft zu werden; daher 4) Sendung, Versendung überhaupt; 5) Versendung in Commission; 6) soviel wie Deposition.

Consignationsgüter, heißen diejenigen Waaren, welche in Consignation versendet werden.

Consigniren, 1) bezeichnen, anweisen; 2) im Waarenhandel, Waaren zum Verkauf senden, oder übergeben; 3) eine Summe Geldes niederlegen.

Consolidation, (latein.) 1) eigentlich Vereinigung; daher 2) Befestigung; 3) Sicherung; 4) Deckung, Sicherheit.

Consolidiren, (latein.) 1) vereinigen; 2) befestigen; 3) sichern, decken.

Consolidirte Fonds, (engl. consolidated stocks) auch wohl bloß Consolidirte, heißen diejenigen Staatsschulden, deren Verzinsung und Tilgung durch Anweisung bestimmter Einkünfte gedeckt ist.

Consorten, (latein.) veralteter Ausdruck für Compagnie.

Consul, (latein.) 1) eigentlich Rathgeber, Rath; 2) der Bevollmächtigte eines Staates an auswärtigen Handelsplätzen, welcher das Interesse des Handels seiner Nation wahrzunehmen beauftragt ist und dem Verkehr derselben mit den Einwohnern seines Aufenthaltsortes zu heben und zu erleichtern suchen soll. Auch entscheidet er die Handelsstreitigkeiten seiner Landsleute mit jenen. Im Orient sind sie von besonderer Wichtigkeit nnd haben daselbst auch höheren diplomatischen Charakter.

Consulat, (latein.) 1) das Amt, die Würde eines Consuls; 2) das Geschäftslocal desselben.

Consulent, (latein.) 1) der Rathgeber überhaupt; 2) Rechtsbeistand, Anwalt; 3) der bei Handelscollegien angestellte Jurist.

Consument, (latein.) 1) jeder, der eine Waare verbraucht, der Verbraucher; besondes 2) der Verbraucher in- oder ausländischer Fabrikwaaren oder sonstiger Handelsgegenstände.

Consumiren, (latein.) verzehren, verbrauchen.

Consumtion, (latein.) oder **Consumo** (italien.), eigentlich das Verzehren, die Verzehrung; 2) das Quantum des Verbrauchs einer Familie, Orts oder Landes; 3) der Bedarf an Waaren; 4) der Abgang derselben; daher 5) gleich Absatz, Vertrieb überhaupt.

Consumtionshandel, nennt man den Handel eines Landes mit seinen Erzeugnissen, insofern dieselben Bedürfnisse des Auslandes sind und dahin verführt werden.

Consumtionssteuern, sind diejenigen Abgaben, welche auf dem Verbrauche der Waaren lasten, namentlich auf solchen, welche Gegenstände der Nahrung sind. Bei den vom Auslande eingehenden heißt diese Abgabe Zoll.

Contant oder *comptant*, (franz.) 1) baar, in baarem Gelde, gegen Baar und zwar 2) mit dem Nebenbegriff der sofortigen Zahlung; 3) als Hauptwort gleich contante Zahlung, Baarzahlung, sofortige Zahlung.

Contenta, (latein.) 1) der Hauptinhalt einer Schrift; 2) bei Wechseln gleich Data.

Contenten, heißen im Handel, besonders im Seehandel, die gedruckten Verzeichnisse der zur See ankommenden Waaren.

Continent, (latein.) 1) eigentlich jede zusammenhängende Ländermasse, im Gegensatze von Inseln; insbesondere aber 2) das feste Land von Europa, im Gegensatze von England. Doch spricht man eben so gut und richtig von amerikanischem Continent.

Continentalsystem, heißt 1) das Verbot des Verkehrs des festen Landes mit den Inseln; zu Napoleons Zeiten namentlich in Anwendung auf England; 2) der Ausschluß oder die Erschwerung des überseeischen Verkehrs überhaupt.

Contingent, im kaufmännischen Gebrauche selten, der Antheil an Waaren oder Geld, welchen der Compagnon zum gemeinschaftlichen Geschäfte zu leisten versprochen hat, die Einlage.

Conto, (italien.) 1) die Rechnung über gelieferte Gegenstände überhaupt, also gleich Nota; 2) die über Credit und Debet lautende Berechnung in den Handelsbüchern, vorzüglich dem Hauptbuche; 3) Schuld, also das, was im Conto eingetragen steht.

Conto à Meta, (italien.) heißt jedes Geschäft, welches man mit einem Andern auf Theilung des Gewinnes und Verlustes unternimmt, die Halbpart.

Conto aufthun oder eröffnen, heißt 1) Jemanden zum ersten Mal ins Hauptbuch eintragen; 2) in Geschäftsverbindung treten; 3) creditiren.

Conto corrent, (italien., franz. conto courant, engl. account current) 1) das Conto, die Rechnung, welche man einem Geschäftsfreunde, mit dem man laufende Geschäfte macht, im Hauptbuche eröffnet und chronologisch fortführt. Sie wird gewöhnlich mit jedem Jahre geschlossen, zur Vergleichung mitgetheilt und das Guthaben des betreffenden Theiles saldirt; 2) der Auszug aus dieser Rechnung, welcher auf Verlangen jederzeit übersendet wird. Der im neuen Jahre übergetragene Saldo pflegt, gleichviel ob er aus Capital oder Zinsen entstanden ist, als reiner Hauptstamm betrachtet und von ihm Zinsen berechnet zu werden; indessen kommt man mit einem solchen Conto corrente, da Verzinsung rückständiger Zinsen als Wucher betrachtet wird, bei gerichtlicher Einklagung der Forderung nicht fort. Auch genügt es nicht, dabei bloß den ältern Saldo als „Saldo aus vorigem Jahre" anzuführen; es müssen vielmehr alle Geschäfte, aus denen er entstanden ist, speciell angeführt werden.

Conto Corrent-Buch, oft gleich bedeutend mit Hauptbuch.

Conto di campagnia, (italien.) heißt das Conto, auf welchem das Guthaben oder die Schulden jedes Theilnehmers eines Handlungshauses (Compagnon, Associé) eingetragen werden, die Gesellschaftsberechnung.

Conto di stampa, (italien.) das Conto, welches über Wechselstempelabgaben geführt wird.

Conto di tempo, (italien.) ist die über Commissionswaaren, welche auf Zeitzahlung verkauft wurden, geführte Rechnung, oder das Zeitconto. Damit dergleichen Zahlungen nicht bereits als baar geschehen angenommen werden, pflegt man dem Committenten neben dem Conto corrente noch ein besonderes Conto di tempo mitzutheilen.

Conto eintragen, heißt die Schuldner oder Gläubiger der betreffenden Posten ins Hauptbuch eintragen.

Conto examiniren, in der Buchhaltung das Conto durchsehen und seine Richtigkeit prüfen.

Conto-Extract, der Rechnungsauszug überhaupt.

Conto-finto, (italien., engl. simulated account) erdichtete, fingirte oder simulirte Rechnung. Der Kaufmann läßt sich diese, wenn er von einem auswärtigen Orte Waaren beziehen oder dorthin zum Verkauf senden will, durch einen Commissionair überschicken, um daraus zu ersehen, wie hoch eine Waare zu stehen komme. Sie enthält zugleich die genaue Angabe aller üblichen Kosten, stimmt in der Form mit einer wirklichen Ein- oder Verkaufsrechnung, doch liegt ihr kein wirkliches Geschäft zu Grunde. Auch über Speditionen hat man dergleichen.

Conto halten oder machen, 1) in die Bücher eintragen; buchen; 2) den Gewinn und Verlust bei einer Sache überschlagen.

Conto in banco, (italien.) s. Bankconto.

Conto ins Reine bringen, heißt ein Conto, eine Rechnung durchsehen und die dagegen gemachten Erinnerungen berichtigen.

Conto per diversi, (italien.) ist dasjenige Conto, welches für mehrere Personen eröffnet wird, denen man, theils wegen der Geringfügigkeit der Sachen, theils weil dieselben bald abgethan werden sollen, kein besonderes Conto im Hauptbuche eröffnet.

Conto pro errata, das Conto, in dem die im Journal oder Hauptbuche eingeschlichenen Fehler notirt werden.

Contor, (italien. contoro, franz. comptoir, engl. counting-house) richtiger als *Comptoir*, 1) ob ursprünglich der Geldzähltisch, bleibt zweifelhaft; sicherlich aber steht es mit Conto in Verbindung und bedeutete wohl von Anfang an 2) das Schreib- und Geschäftszimmer einer Handlung, der Ort, wo das Conto geführt und abgemacht wurde; 3) gleichbedeutend mit Factorei, als Handelsniederlassung.

Conto reguliren, 1) nach dessen Durchsicht ein Conto abschließen, saldiren und die Bilanz ziehen.

Contorist, (aus dem Italien.) richtiger als Comptorist oder Comptoirist (franz. comptoiriste, engl. accomptant) jeder Commis, welcher im Contor selbst arbeitet, zum Unterschiede von denen, welche in der Niederlage, auf dem Packhofe oder sonst wo beschäftigt sind.

Conto saldiren, gleich saldiren.

Contrabuch, heißt das mitunter geführte Buch, in welches die vom Buchhalter ins Hauptbuch eingetragenen Posten übertragen werden; das Gegenbuch, die Controle.

Contracambio, (italien.) ein, übrigens höchst selten gebräuchlicher Ausdruck für Rückwechsel (s. d.).

Contract, (latein.) heißt 1) die von mehrern Personen gegenseitig erklärte Einwilligung in die Begründung eines Geschäfts-, Besitz- und daraus entspringenden Rechtsverhältnisses; die gegenseitige Verpflichtung, der Vertrag; daher im Handel 2) die Bestimmungen über die Beschaffenheit und Lieferungsfrist der erkauften Waaren, so wie über den Termin der Zahlung; 3) die Bestimmungen über ein persönliches gegenseitiges Verhältniß, z. B. über Societät, u. dgl.; 4) die darüber verfaßte gerichtliche oder außergerichtliche Urkunde; 5) oft gleich Contractsverhältniß. Contracte können nur von dispositionsfähigen, freihandelnden und ihres Verstandes mächtigen Personen geschlossen werden und haben rechtliche Wirkungen, wenn sie unter diesen gesetzlich erforderlichen Voraussetzungen eingegangen sind und alle Bestimmungen unzweideutig und bestimmt aufgeführt enthalten. Keiner kann einseitig vom Contracte zurücktreten. Bei einseitigen Contracten, d. h. solchen, wo nur der eine Theil etwas zu leisten hat, kann der, welcher die Leistung zu fordern hat, auf Erfüllung klagen; bei gegenseitigen nur der, welcher von seiner Seite dem Contracte Genüge gethan hat, wenn nicht ausdrücklich bestimmt ist, daß die Leistung des einen Theils erfolgt sein muß, bevor der andere die seinige zu erfüllen habe.

Contractbuch, heißt das in der Handlung mitunter besonders über alle abgeschlossenen Contracte geführte Buch.

Contrahenten, (latein.) heißen diejenigen, welche in ein gegenseitiges Contractsverhältniß treten.

Contrahiren, (latein.) 1) eigentlich zusammenziehen, vereinigen; 2) sich vereinigen, übereinkommen; 3) einen Vertrag schließen, ein Verhältniß eingehen, etwas übernehmen.

Contramandiren, (latein., engl. countermand) auch Contremandiren, 1) einen gegebenen Auftrag oder Bestellung zurücknehmen; 2) einen dem ersten entgegengesetzten Auftrag ertheilen; daher 3) abbestellen, widerrufen; 4) abschreiben. Im Wechselgeschäft muß dieses vor erfolgter Acceptation des Wechsels oder vor Ausgebung desselben geschehen; indessen ist nach preußischen Gesetzen das Contramandiren verboten, selbst wenn der Wechsel auf Ordre lautet, und Gleiches gebieten andere Wechselordnungen; jedoch haben verschiedene Länder andere, entgegengesetzte Bestimmungen.

Contraordre auch *Contreordre*, (franz.) 1) der Widerruf, die Zurücknahme eines Auftrages; 2) der Gegenbefehl.

Contraposition, (latein.) 1) gleich Scontro; 2) die Deckung bei Creditwechseln; 3) in der italienischen Buchführung die Austragung der fälschlich ins Credit oder Debet gebrachten Posten und deren Einrückung am gehörigen Orte. Der Ausdruck ist veraltet.

Contraprotest, (latein.) der Gegenprotest (s. Protest). Er wird erhoben a) wenn einer der Indossenten die Rückzahlung eines protestirten Wechsels verweigert; b) wenn bei verweigerter Zahlung eines acceptirten Wechsels gegen den deshalb aufgenommenen Protest protestirt wird, und die Ursachen angegeben werden, warum die Zahlung nicht ohne Bedingungen erfolgen könne; c) bei Regreß nach der Reihenfolge (s. Indossement), wenn die zunächst angegriffenen Vordermänner Zahlung verweigern, um sich an den Aussteller erholen zu können.

Contrasignatur, (latein.) Mitunterschrift, Gegenzeichnung.

Contrasigniren, (latein.) 1) durch seine Mitunterschrift etwas bestätigen; 2) mitunterzeichnen.

Contravenient, (latein.) heißt 1) jeder, welcher ein Gesetz, besonders aber wissentlich, übertritt, der Uebertreter; im Handel 2) vorzüglich in Beziehung auf Umgehung der Steuern bezogen, also gleich Defraudent.

Contraveniren, (latein.) 1) eigentlich entgegenhandeln; daher 2) übertreten, verletzen; besonders 3) wissentlich gegen gesetzliche Bestimmungen handeln.

Contravention, (latein.) 1) die Uebertretung, das Zuwiderhandeln gegen eine Uebereinkunft; 2) die wissentliche Uebertretung der Gesetze; besonders 3) die der Steuern.

Contrebande, (franz., engl. prohibited goods) 1) eigentlich die Waaren, welche vom Verkehr ausgeschlossen sind, und auf heimlichem Wege ins Land eingeführt werden; desgleichen 2) die mit Steuern belastete Waare, welche mit Umgehung der Steuer ins Land gebracht wird; 3) die unter denselben Umständen ausgeführten Waaren selbst; 5) gleich Schleichhandel, Schmuggelei. Die gesetzliche Strafe besteht nicht bloß in Confiscation dieser Waaren, sondern auch in Erlegung des vermehrfachten Zollbetrages und bedeutender Geldbuße, oder Erleidung einer verhältnißmäßigen Gefängnißstrafe. Die Gesetze berücksichtigen in der Regel nur die verbotwidrige Einfuhr als Contrebande.

Contrebandiren, (engl. smuggle) 1) verbotene Waaren, oder 2) Waaren ohne Entrichtung der gesetzlichen Steuer ein- oder ausführen; 3) Schleichhandel überhaupt treiben.

Contrebandirer, (franz. contrebandier, engl. smuggler) 1) derjenige, welcher verbotene Waaren für sich selbst einfuhrt; 2) wer sie für sich durch Andere einführen läßt und in diesem Falle 3) derjenige, welche für bekannte oder unbekannte Empfänger derartige Waaren über die Landesgrenze bringt; besonders aber 4) wenn er diese Einführung als Geschäft betreibt; 5) Schleichhändler, Schmuggler überhaupt.

Contrebillet, (franz.) ein Schein, welcher einen früher ausgestellten für wirkungslos erklärt. Gegenschein; 2) die Contraordre als Urkunde.

Contremineur, (franz.) beim Handel mit Staatspapieren derjenige, welcher, durch Speculationen auf das Fallen des Cours, denen entgegenwirkt, welche ein Steigen derselben beabsichtigen.

Contribution, (latein.) 1) eigentlich die Beitragung; 2) die Beitragungssumme, der Beitrag; 3) gleich Steuer.

Controle, (franz.) 1) jedes Gegenverzeigniß; besonders das im Rechnungswesen geführte, um Rechnungsfehler und Betrügereien zu verhüten; 3) das Buch, in welchem dieses Gegenverzeichniß geführt wird, Gegenbuch, Contrabuch; 4) Aufsicht. Beaufsichtigung überhaupt.

Controleur, (franz.. engl. controller) 1) derjenige, welcher das Gegenverzeichniß, Gegenbuch führt; 2) Aufseher überhaupt.

Controliren, (franz.) 1) in die Controle eintragen; 2) nachrechnen; 3) beaufsichtigen.

Contumaz, (latein.) 1) s. Quarantaine; 2) der Ungehorsam gegen gerichtliche Aufforderungen; 3) oft gleich Contumazialdecret, das in diesen Fällen gerichtlich ausgesprochene Urtheil.

Contumaziren, (latein.) 1) Quarantaine halten; 2) bei Ungehorsam gegen gerichtliche Aufforderungen verurtheilen.

Fehlte die Möglichkeit dieser Aufforderung zu genügen, so kann eine solche Verurtheilung nicht eintreten.

Convenienz, (latein., franz. convenience) 1) die Rücksicht auf Umstände und Verhältnisse; 2) die Berücksichtigung des pecuniären Vortheils bei Handelsunternehmungen.

Conveniren, (latein.) 1) zusammenkommen; 2) übereinkommen; 3) genehm sein, anstehen; 4) passend finden.

Convention, (latein.) 1) jede Zusammenkunft; 2) die auf derselben gefaßten Beschlüsse; daher 3) Uebereinkunft, Vereinigung; Vertrag.

Conventional, (latein.) oder conventionell (franz.) was einer Convention zufolge festgesetzt worden ist; contractsmäßig.

Conventionalstrafe, heißt die Entschädigung, welche eine Person der andern, wegen nicht, oder nicht gehörig, erfüllter Verbindlichkeiten, die aus einem Vertrage herrühren, zu leisten hat. Ihr Bedingen setzt die Möglichkeit der Erfüllung des Hauptvertrages voraus und die Erlegung derselben hebt diesen nur dann auf, wenn sie ausdrücklich als Entschädigung für den Fall der Nichterfüllung festgestellt wurde; doch bleibt es auch hierbei dem Berechtigten noch überlassen, zwischen der Conventionalstrafe und der Erfüllung des Vertrages zu wählen. Sonst befreit deren Zahlung von Erfüllung des Hauptvertrages nicht und eben dadurch unterscheidet sie sich vom Aversionalquantum und dem Reugeld. Ihre gesetzlich giltige Höhe ist nach den Umständen verschieden.

Conventionsfuß, heißt die 1753, durch Uebereinkunft einiger deutschen Reichsstände, bestimmte Währung, wonach die feine Mark Silber zu 20 Gulden ausgeprägt wird. Er besteht nur noch in einigen Ländern, namentlich in Oesterreich.

Conventionsgeld, (engl. convention-coin oder money) heißen die nach dem 20 Guldenfuß, der Conventionswährung, ausgeprägten Münzen. Es ist um 20% besser als eine gleiche Summe in 24 Guldenfuß, wonach im übrigen Deutschland geprägt wird, welches nicht die Mark zu 14 Thalern prägt.

Convoy (die) oder *Convoi* (der) (franz. le convoy) 1) Kriegsschiffe, welche eine Handelsflotte begleiten; 2) auch die damit begleitete Handelsflotte selbst; 3) das schützende Geleit, welches die Regierung einem Waarentransporte ertheilt, sofern es in Bewaffneten besteht; mitunter auch 4) dasselbe, sofern es durch Schutzbriefe bewirkt wird; daher 5) Bedeckung, Schutz überhaupt.

Convoygeld, 1) die für den Convoy zu entrichtende Abgabe; 2) in Holland gleichbedeutend mit Zoll.

Copie, (latein., engl. copy) 1) eigentlich die Menge; daher 2) Vervielfältigung einer Sache; 3) Abschrift. Entgegengesetzt ist ihr das Original.

Copirbuch, heißt in der Handlung dasjenige Buch, in welches eine Abschrift der in den Handelsgeschäften ergangenen Briefe aufgenommen wird, oder in welches dieselben entworfen, um dann nach Durchsicht, ins Reine gebracht, mundirt zu werden.

Copiren, 1) eine Copie von einer Sache nehmen; 2) abschreiben.

Copist, 1) derjenige, welcher das Abnehmen einer Copie besorgt, der Abschreiber; 2) oft gleich Schreiber überhaupt. Wird im Copirbuche die betreffende Correspondenz entworfen, so ist derjenige, welcher dieses thut, Concipient, und der welcher den Entwurf ins Reine schreibt, Copist.

Corporation, (latein.) 1) eigentlich jede Gesammtheit, Körperschaft; daher 2) Verein, Zunft, Innung, Gesellschaft, Gilde; 3) der Verein als juristische Person. Dieser letztere Begriff wird in der preußischen Gesetzgebung angenommen. Es ist zu ihrem Bestehen als solche erforderlich, daß der Staat ihr die Rechte derselben verliehen, oder sie anerkannt habe, wie dieses bei der Gesellschaft der Kaufleute in größern Handelsstädten der Fall ist.

Correct, (latein.) richtig, genau, regelmäßig.

Corrent s. *Courant*.

Correspondent, (franz.) 1) eigentlich jeder, der mit einem Andern in Briefwechsel steht; im Handel vorzüglich 2) derjenige, mit dem ein Kaufmann in Geschäftsverbindung ist, wobei stets die schriftliche Abmachung dieser Geschäfte als Bedingung gilt; daher 3) auch mitunter gleich Commissionair; 4) derjenige Commis, welcher auf dem Contor die Correspondenz zu besorgen hat.

Correspondenz, (franz. correspondence, engl. correspondency) 1) eigentlich jeder schriftliche Verkehr im öffentlichen und Privatleben; besonders 2) in kaufmännischen Geschäften; daher 3) Briefwechsel überhaupt.

Correspondiren, (engl. correspond) 1) Briefwechsel

unterhalten, schriftlichen Verkehr haben; 2) in Handelsverbindungen stehen; oft auch 3) in Bezug auf Geschäfte gleichbedeutend mit Verkehr überhaupt haben, Geschäfte machen.

Corrigiren, (franz. corriger, engl. correct) verbessern, berichtigen.

Corsar, (italien.) 1) eigentlich die von den Besitzern der Barbareskenstaaten ausgerüsteten Raubschiffe; aber auch 2) (engl. pirate) diejenigen Seeräuber, welche sich nicht, wie die Caper, durch das Patent eines anerkannten Staates legitimiren können; daher 3) Seeräuber überhaupt; 4) (engl. pirate's vessels) die auf Seeraub ausgehenden Schiffe überhaupt.

Costi, (italien.) im Handelsstyl soviel wie dort, an dem Orte, an welchem sich der befindet, welcher ein Schreiben erhält.

Costi-**Briefe**, 1) Briefe und 2) Wechsel von dem Ort, nach welchem man, um sie zu erhalten, geschrieben hat.

Costi-**Waaren**, Waaren, die man von dem Orte erhält, wohin man deshalb geschrieben hat.

Coulage, 1) der Verlust, der bei flüssigen Waaren durch's Auslaufen derselben, besonders während der Fracht entsteht; 2) oft gleich L e c c a g e (s. d.).

Coupage, (franz., engl. cooperage) 1) das Versetzen, Verschneiden des Weins; 2) die dafür bezahlten Gebühren, das Küfer- oder Küpergeld.

Coupon, (franz.) 1) eigentlich Abschnitt von einem größern Ganzen; im Geschäftsleben besonders 2) die den verzinslichen Staatsschuldscheinen beigegebenen gedruckten Scheine, gegen deren Ablieferung die laufenden Zinsen ausgezahlt werden. Sie ersparen das Vorzeigen des Originalschuldscheins und das Schreiben einer besonderen Quittung; dabei kann jeder Inhaber diese Coupons, gleich den Cassenanweisungen zu Baarsendungen oder Baarzahlungen verwenden. Sie gelten in der Regel für halbjährliche Zinsen und sind ungiltig, wenn sie innerhalb 4 Jahren, vom Tage ihrer Fälligkeit an, nicht eingelöst werden. In manchen Ländern tritt jedoch dieser Zeitpunkt früher, in manchen aber erst später ein. Fernere Bedeutungen des Wortes sind daher 3) Zinszettel, Zinsschein, insofern gegen dessen Ueberreichung Zinsen erhoben werden können, also Anweisung auf Zinsen; 4) Quittung über erhaltene Zinsen; 5) Interimsschein; im Waarenhaudel 6) die in Schocken zusammengebundenen Leinwandstücke; 7) alle angeschnittenen Ellenwaaren.

Courant, (franz., italien. corrent) 1) eigentlich laufend, gangbar, gewöhnlich; daher 2) von Waaren solche, die begehrt werden und leicht zu verkaufen sind; besonders 3) vom Gelde das im Handel und Verkehr eines Landes als Tauschmittel gangbare Silbergeld, im Gegensatze von Papiergeld; 4) das eigentliche und wirkliche baare Geld, im Gegensatze zu Banco; 5) die größeren Silbermünzen, im Gegensatze zu Scheidemünze.

Courant-Bank, diejenige Bank, welche Zahlungen im Courantgelde annimmt und ausgiebt, im Gegensatze derjenigen, welche nach Banco rechnet.

Courant-Conto, s. Conto corrente.

Courant-Gläubiger, heißen diejenigen, welche an eine Handlung kleine laufende Forderungen haben, ohne für deren Befriedigung Deckung zu besitzen. Im Concurse stehen sie den übrigen Gläubigern nach.

Courant-Preis, der bekannte und gangbare Preis der Waaren (s. Preis-Courant).

Courant-Schulden, kleine, gewöhnliche, laufende Schulden, ohne Sicherheit oder Deckung.

Cours, (franz.) 1) eigentlich der Lauf, der Gang einer Sache; 2) Umlauf, Bahn; daher 3) engl. (line) der Weg eines Schiffes in Bezug auf seine Richtung gegen die Himmelsgegend; im Geldverkehr der laufende oder veränderliche Preis des Geldes in edlen Metallen sowohl wie in Papieren, das Steigen und Fallen derselben. Außer vielen anderen Bedingungen richtet sich derselbe hauptsächlich nach der Nachfrage, dem Gesuchtsein einer Münzsorte oder eines Papieres und der mehr oder minder erschwerten Gelegenheit sie zu erhalten. Wechsel müssen überhaupt desto mehr unter pari stehen, je länger sie noch bis zur Verfallzeit zu laufen haben und werden bedeutend über pari kommen, je nachdem sie mehr oder minder Spesen verursachen. Man unterscheidet Waaren-, Geld- und Wechsel-Cours.

Cours halten, 1) den rechten Weg verfolgen; 2) eine Waare zu couranten Preisen verkaufen, d. h. gleich niedrig oder hoch im Preise, wie Andere.

Coursrechnung, die Berechnung des Wechselcours, um die vortheilhaftesten Wechseleinkäufe zu machen.

Coursiren, (franz.) in Umlauf sein, umlaufen, circuliren, rouliren; besonders von Geld.

Cours stellen, 1) die Fahrt eines Schiffes, 2) den Preis einer Sache bestimmen; 3) zum laufenden Preise liefern.

Courszettel, (engl. bill of the course) heißen die an größern Handelsplätzen an bestimmten Tagen ausgegebenen gedruckten Verzeichnisse oder Uebersichten des Cours der vorzüglichsten Geldsorten und Papiere. Die Ausgabe erfolgt entweder von den Wechsel-Sensalen, am Schluß der Börse, nach Maßgabe der daselbst gemachten Geschäfte, oder von einzelnen Handelshäusern nach Maßgabe ihres Bedarfs und ihrer Vorräthe. Er enthält das Preisverzeichniß der Gold- und Silbermünzen, der Wechsel und den Stand der Staatspapiere und zerfällt in 2 Colonnen, von welchen die eine den Verkaufspreis, die andere den Einkaufspreis bezeichnet. Der erstere wird notirt, wenn eine Wechselgattung oder Geldsorte häufig zu haben, der letztere, wenn sie gesucht ist. Jene Columne bedeutet Briefe und diese Geld.

Courtage, (franz., engl. brokerage) 1) das Geschäft eines Mäkler; 2) die für die Bemühungen der Mäkler zu zahlenden Gebühren, die Sensarie, der Mäklerlohn. Er beträgt in der Regel 1 %.

Courtage-Conto, ist das, vorzüglich von Commissionshandlungen, geführte Conto, um ihren Committenten die an den Mäkler bezahlten Gebühren gehörig berechnen zu können.

Courtier, (franz.) eigentlich der Wechselmäkler, Sensal; doch oft Mäkler überhaupt.

Couvert, (franz.) 1) eigentlich jede Bedeckung; besonders 2) der Umschlag über Briefe; oft auch 3) gleich converture, Deckung bei einer Schuld.

Couvertiren, (franz. couverter) etwas, besonders aber Briefe, mit einem Umschlage versehen.

Credit, (franz.) 1) (der) eigentlich Glaubwürdigkeit; daher 2) Zutrauen; dieses aber besonders 3) in Beziehung auf Personen, daß sie die übernommenen Verbindlichkeiten, vorzüglich die Zahlung in Geld oder Waaren, erfüllen werden; der persönliche Credit, welcher im Handel hauptsächlich vorkommt und sich auf die Redlichkeit und Zahlungsfähigkeit der betreffenden Person gründet; daher 4) das Entnehmen der Waaren ohne sofortige Zahlung, welche erst später zu einer festgesetzten Frist erfolgen soll. Der Borg, das Borgen, auf Borg entnehmen; 5) von Staatspapieren der höhere Cours derselben, der öffentliche Credit; 6) (das) in der Buchhaltung diejenige Seite des Hauptbuches, auf welche Alles eingetragen wird, was Jemand, mit dem der Kaufmann in Geschäftsverbindung steht, an ihn in Waaren oder baarem Gelde gezahlt hat, das Haben, entgegengesetzt dem Debet. Der öffentliche Credit unterscheidet sich vom persönlichen, daß er sich, jedoch unter gleichen Voraussetzungen, auf Corporationen erstreckt.

Credit bekommen, von Papieren 1) gleich anfangen gesucht zu werden, in Aufnahme gelangen; 2) im Cours steigen; überhaupt 3) geborgt erhalten.

Creditbillet, von Kaufleuten ausgestellte Schuldscheine über empfangene und noch nicht bezahlte Waaren, die, wenn sie die Bestimmung der Zahlungsfrist enthalten, in den meisten Staaten als eine Art Wechsel gelten.

Creditbrief, (engl. lettre of credit) heißt 1) dasjenige Schreiben, welches den Auftrag enthält, einem Andern für Rechnung des Ausstellers Geld auszuzahlen, was jener entweder bei diesem deponirt hat, oder für dessen Wiedererlangung sonst Sicherheit und Deckung vorhanden ist. Er lautet in der Regel auf bestimmte Summen, oder gestattet unbeschränkten Credit (Credit in Blanco) nnd bestimmt die Hebungszeit, oder stellt sie in des Inhabers Belieben. Die auf solche Briefe gemachten Zahlungen sind zwar so gut als Wechselzahlungen, genießen jedoch nicht des Wechselrechtes. Vergl. Circulair-Creditbrief.

Creditcasse, gleich Leihcasse, wo man gegen Versatz von Waaren oder Sachen Vorschüße erhalten kann.

Credit geben, s. Creditiren.

Credit haben oder in Credit stehen, 1) von Papieren in Ansehen, gesucht sein; daher 2) hohen Cours haben; 3) gleich Creditor, Gläubiger sein; und 4) im Gegentheile auch Waaren ohne sofortige Zahlung erhalten oder entnehmen können.

Creditiren, (engl. sell on credit) Jemanden Credit geben, auf Credit verkaufen; 2) borgen sowohl von Seiten des Gläubigers als auch des Schuldners; 3) in der Buchhaltung in das Credit eintragen, gutschreiben.

Creditiv, Beglaubigungsschreiben.

Creditor, (latein.) der Gläubiger.

Credit verlieren, 1) von Waaren, keinen Absatz haben;

2) im Geschäfte Abnehmer verlieren und 3) keinen Credit genießen.

Creditwesen, gleichbedeutend mit Concours.

Crisis, (griech.) gewöhnlicher *Crise*. Mit diesem Ausdrucke bezeichnet man 1) im Handel Zustände, welche in der Regel Rückwirkungen politischer Ereignisse und der Art sind, daß sie größere Unternehmungen zurückhalten, weil Gewinn oder Verlust von der Wendung abhängt, welche jene nehmen; daher 2) jeder Stillstand des Verkehrs überhaupt; aber auch 3) jeder anhaltendere günstige Zustand des Verkehrs; 4) jeder Wendepunkt, Entscheidungspunkt, entweder zur Verbesserung oder zur Verschlimmerung der bisherigen Verhältnisse führend; 5) jedes in seiner Entwickelung begriffene politische Ereigniß selbst, insofern es einen der genannten Zustände herbeiführt; also gleich Conjunctur.

Curator, (latein.) 1) der Vertreter oder Rechtsbeistand solcher Personen, welche ihren Angelegenheiten selbst vorzustehen außer Stande sind; daher 2) oft gleichbedeutend mit Administrator; besonders aber 3) im Concurs, der von den Gläubigern erwählte, gerichtlich bestätigte Verwalter der Concursmasse, welchem die Einziehung der Ausstände, der Verkauf der Waaren und die Wahrnehmung der Gerechtsame der Gläubiger überhaupt obliegt; 4) mitunter auch gleich Vormund.

Currende, (latein.) ungewöhnlich für Circulairbrief.

D.

Darlehen, heißt jede Summe Geldes, die man zur freien Benutzung, gegen Verzinsung oder nicht, von einem Andern auf gewisse Zeit erhalten hat, die Anleihe.

Data, 1) s. Contenta.

Datiren, bei Briefen, Wechseln, Urkunden den Tag bezeichnen, an welchem sie ausgestellt worden sind, und von welchem an ihr Inhalt als in Wirkung getreten zu betrachten ist.

Dato, (italien.) 1) gleich Datum; 2) Formel, um die Frist auszudrücken, binnen welcher ein bestimmter Fall eintreten soll, bei Wechseln, ihre Verfallzeit zu bezeichnen; sie wird gewöhnlich a. D. (a Dato) oder nach D. ausgedrückt.

Dato-**Wechsel**, heißen die Wechsel, deren Verfallzeit vom Tage der Ausstellung an berechnet wird.

Datum, (latein., franz. u. engl. date) 1) der Tag, an welchem ein Brief geschrieben oder eine Urkunde ausgestellt worden ist; 2) Monatstag überhaupt.

d. D. oder d^{o} Abkürzung für de Dato, gleichbedeutend mit a Dato, s. Dato.

Deballiren, (franz.) Waaren von der Emballage befreien; sie auspacken, desemballiren.

Débardage, (franz.) selten gebrauchte Bezeichnung für die Entlastung (s. d.), Ausladung eines Schiffes, besonders jedoch, wenn die Ladung in Brennholz besteht.

Débarquement, (franz.) 1) eigentlich Landung; 2) Ausschiffung; 3) Ausladung der Waaren.

Debarquiren, (franz. debarquer) 1) ausladen; 2) die Güter in Lichterschiffe bringen; daher 3) überladen.

Debattiren, 1) (franz., disputer) gegenseitige Gründe für oder gegen eine Behauptung oder Sache anführen; 2) in Wortwechsel gerathen; 3) verhandeln, unterhandeln; 4) bei Rechnungen, sie untersuchen, prüfen und dabei in Wortwechsel gerathen.

Debenture, (engl.) 1) die, statt der Zahlung in baarem Gelde, über den zu erstattenden Rückzoll dann ausgestellte Obligation, wenn die Fonds, aus denen die Rückzölle vergütet werden, erschöpft sind. Sie können nach ihrem jedesmaligen Cours, gegen Disconto in Geld umgesetzt werden; 2) Rückzollscheine überhaupt; 3) oft auch der Vorschuß an Zöllen, welchen der Verkäufer vom Käufer der Waaren vergütigt erhält. Sie kommen nur in England vor.

Debentur-Kosten, die Kosten der Ausstellung der Obligation über die Vergütigung, den Ersatz des Rückzolls.

Debet, (latein.) (das) 1) überhaupt dasjenige, was ein Anderer, mit dem man in Geschäftsverbindung steht, von uns erhalten hat; daher 2) Schuld, Schulden; 3) in der Buchführung diejenige Seite des Hauptbuches, auf welcher das Debet oder Soll eingetragen steht.

Debetiren, mit Unrecht mit debitiren verwechselt 1) ins Debet eintragen, als Schuld aufführen, belasten; mitunter 2) gleichbedeutend mit borgen, auf Borg geben; 3) creditiren; 4) auf Borg nehmen.

Debit, (franz.) (der) 1) Absatz an Waaren überhaupt; daher 2) Verkauf; 3) im Buchhandel oft auch der Verlag.

Debitanten, 1) die Absetzer der Waaren; 2) Verkäufer überhaupt.

Debitiren, nicht debetiren, (franz. débiter) 1) Waaren zum Absatz haben; 2) sie absetzen, verkaufen; 3) beim Buchhandel in Commission oder in Verlag nehmen, verlegen.

Debitor, (latein.) der Schuldner.

Debouchement, (franz.) der Absatz, Vertrieb einer Waare.

Deboursement, (franz.) 1) die Auslage; 2) der Vorschuß.

Deboursiren, (franz. débourser) 1) für Jemanden etwas bezahlen, auslegen; 2) vorstrecken, vorschießen.

Debrouilliren, (franz.) 1) eigentlich entwickeln, entwirren, ordnen; 2) aus dem Brouillon, der Cladde, in die Bücher tragen.

Decadence, (franz.) 1) der Abfall an Waaren; 2) die Abnahme, der Verfall des Geschäfts.

Decaliren, von flüssigen Waaren 1) durch Austrocknung am Gewicht verlieren; 2) abnehmen.

Decalo, (italien.) 1) die Verminderung des Gewichts flüssiger Waaren durch Austrocknung; 2) mitunter auch gleichbedeutend mit Coulage.

Decernent, (latein.) 1) der Entscheider, Schiedsrichter; 2) Urtheilsverfasser; 3) Richter überhaupt.

Décharge, (franz.) 1) im Allgemeinen die Befreiung oder Lossprechung von einer Verbindlichkeit, nach deren Erfüllung; 2) die Handlung, wodurch diese Lossagung bewirkt wird, welche in besonderen Fällen, bei Administrationen, Vormundschaften u. dgl., gerichtlich vorgenommen werden muß; 3) das darüber aufgenommene Document; 4) Quittirung und Quittung überhaupt.

Dechargiren, (franz. décharger) 1) Decharge ertheilen; 2) quittiren; 3) entlasten; 4) abschreiben (s. d.).

Déchét, (franz.) 1) die Gewichtsabnahme der Waaren durch Absonderung der damit vermischten fremdartigen Bestandtheile; 2) der Abfall überhaupt.

Deck, bei Schiffen gleich Verdeck.

Decken, 1) eigentlich mit einem Deckel versehen, bedecken; daher 2) verwahren; 3) sichern, schützen; besonders 4) im Handel Sicherheit für Schulden gewähren, sei es durch Waaren oder Wechsel; 5) im Wechselgeschäft, Jemanden zur Einlösung der auf ihn gezogenen Tratten den Betrag senden; 6) bezahlen überhaupt.

Deckung, heißt Alles, was die Zahlung einer Schuld

sichert, Sicherheit; 2) die Anschaffung des Betrages einer trassirten Wechselsumme in Rimessen oder in Baar; 3) jede derartige, zu gleichem Zwecke dienende Sicherheit durch Waaren, welche dem Bezogenen zur Disposition gestellt werden; 4) die Zahlung, Bezahlung einer Schuld.

Declaration, (latein.) 1) eigentlich jede schriftliche Angabe oder Erklärung; besonders 2) das schriftliche Verzeichniß der zu versteuernden Waaren; in England gleich Manifest; mitunter auch 3) die Erklärung des Zahlungsunvermögens eines Schuldners.

Declariren, 1) erklären, angeben; 2) das Verzeichniß der zu versteuernden Gegenstände anfertigen; 3) dasselbe überreichen.

Décompte, (franz.) 1) der Abzug einer kleineren von einer größern Summe; daher 2) die Gegenrechnung, Abrechnung; 3) der Abzug von einer Summe überhaupt; 4) der Abgang, der sich an dem Maß oder Gewicht einer Waare herausstellt; 5) gleich Decort.

Décort, (franz.) 1) der Abzug der wegen schlechter Beschaffenheit der Waaren an dem Betrage der Factur gemacht wird; 2) derselbe den der Spediteur oder der Frachtführer wegen Mangel an Maß oder Gewicht erleidet; 3) gleich Rabatt, der Abzug, welcher bei dem Verkauf einer Waare für die sofortige Baarzahlung üblich ist.

Decortiren, richtiger Decourtiren (franz.) 1) eigentlich abkürzen, verkürzen; daher 2) von einem zu entrichtenden Betrage einen Abzug machen.

Decreditiren, (franz.) soviel wie in Mißcredit (s. d.) bringen.

Decret, (latein.) jede obrigkeitliche Verordnung, oder Bestimmung.

Decretiren, (latein.) 1) beschließen; 2) festsetzen, bestimmen, verordnen.

Dediren, (latein.) 1) eigentlich dedit schreiben; daher 2) eine Schuld als bezahlt anerkennen, quittiren; 3) sie austhun, ausstreichen.

Defect, (franz.) 1) eigentlich mangelhaft, fehlerhaft; daher 2) unvollständig; als Hauptwort 3) jeder Fehler, Mangel, Abgang, den eine Sache hat, wenn ihr mehrere ihrer Bestandttheile fehlen; daher 4) bei Büchern das Fehlen einzelner Blätter oder Bogen; 5) bei Rechnungen die Mangelhaftigkeit oder Fehlerhaftigkeit derselben; 6) mitunter soviel wie **Deficit**; 7) Unterschleif, Betrug.

Defectiren, 1) eigentlich die Fehler oder Mängel einer Sache aufsuchen; 2) bei Rechnungen dieselben verursachen, begehen; daher, wenn dieses wissentlich geschieht, 3) betrügen; 4) entwenden.

Deferiren, (latein.) 1) eigentlich vortragen, vorbringen; 2) antragen, anbieten. Letzteres besonders in Bezug auf den Eid als Beweismittel vor Gericht, wogegen in Geschäften **offeriren** der gebräuchliche Ausdruck ist.

Deficit, (latein.) 1) eigentlich das Fehlende überhaupt; 2) bei Cassen der Unterschied, der sich aus dem Vergleiche des vorhandenen baaren Geldes mit der aus den Büchern hervorgehenden Einnahme zeigt; 3) überhaupt und besonders im Staatshaushalte das Uebergewicht der Ausgabe über die Einnahme; 4) in gewissen Fällen gleich Defect.

Defraudant, (latein.) 1) eigentlich jeder Betrüger; besonders aber 2) wer den gesetzlichen Zoll zu umgehen sucht; 3) wer mit Zollen belastete Waaren, ohne dieselben zu entrichten, heimlich ins Land führt; daher 4) gleich Schleichhändler, Schmuggler.

Defraudation, (latein.) 1) jeglicher Betrug im Allgemeinen; 2) Unterschleif; besonders 3) die Umgehung der gesetzlichen Steuergefälle. Sie tritt ein, wenn der Kaufmann seine Waaren, die der Steuer unterworfen sind, gar nicht, oder in Hinsicht auf deren Menge, Beschaffenheit und Werth falsch angiebt; ferner, wenn Schiffer oder Frachtfuhrleute den Zollämtern vorsätzlich ausweichen, unrichtige oder unvollständige Frachtbriefe vorzeigen, oder Waaren, zu denen sie keine Frachtbriefe haben, verheimlichen; daher 4) Schmuggelei, Schleichhandel, obschon man Defraudation im Allgemeinen mehr als die Umgehung der Steuer selbst zu betrachten hat und nur die Handlung, durch welche dieses geschieht, unter Schmuggelei dann begreift, wenn es sich um Zollabgaben bei der Einfuhr handelt.

Defraudiren, 1) betrügen; besonders 2) den Staat um die gesetzlich bestimmte Steuer; 3) Schleichhandel, Schmuggelei treiben.

Delaissement, (franz.) 1) der Actus, die Handlung, durch welche der Versicherte dem Versicherer sein Eigenthumsrecht an gestrandete und geborgene, oder überhaupt beschädigte Güter überträgt und letzterer es übernimmt, dagegen die ganze versicherte Summe zu zahlen; 2) die darüber aufgenommene Urkunde oder Verhandlung; also 3) gleich Abandon.

Delation, (latein.) 1) jede Angabe, Anzeige; besonders 2) wenn sie des Gewinns oder Vortheils wegen gemacht wurde; daher 3) Anschwärzung; 4) Denunciation; 5) Zuschiebung, Antrag.

Del Credere, (italien.) heißt 1) die Verbindlichkeit, die ein Commissionair gegen seine Committenten für die Solvenz der an Dritte auf Credit verkauften Commissionswaaren übernimmt, die Haftung, das Bürgen, die Bürgschaft; 2) bei Waarenverkäufen der Verkauf auf Zeit und für Rechnung eines Andern überhaupt, jedoch mit eigener Haftung für Zahlung; 3) bei Wechseln die Verbindlichkeit des Commissionairs für die Annahme und Zahlung der auf fremde Plätze, für Anderer Rechnung, gekauften Wechsel; 4) die für diese Haftung außer der gewöhnlichen, besonders in Anrechnung gebrachte Provision, welche jederzeit auf Uebernahme des Del Credere schließen läßt; 5) das Haften für die Zahlung girirter Wechsel.

Delegation, (latein.) ist die Abtretung oder Ueberweisung einer Schuld der Art, daß ein Schuldner seinen Schuldner, oder sonst einen Dritten, bei seinem Gläubiger als Selbstschuldner eintreten, oder daß ein Gläubiger einen andern, ohne weitere Beziehung auf ein zwischen beiden stattfindendes Schuldverhältniß, an seine Stelle treten läßt. Beides kann nur zufolge eines doppelten Vertrages geschehen. Es werden auch, wenn das neue Verhältniß die zur Giltigkeit desselben erforderlichen Bedingungen aufzuweisen hat, alle aus dem früheren Verhältnisse herrührende Rechte und Verbindlichkeiten aufgehoben, und es findet gegen die ursprünglichen Schuldner keine Klage statt, wenn sich auch später erweisen sollte, daß der neue Schuldner zahlungsunfähig ist. Hierdurch eben unterscheidet sich die Delegation von der Anweisung, der Cession und anderen derartigen Ueberweisungs-Verträgen. Der Ausdruck bezieht sich nicht auf kaufmännische Geschäfte; indem im kaufmännischem Verkehr in diesen Fällen Scontro gesagt wird.

Demeurage, (franz., engl. demurrage) s. Ueberliegetage.

Denkbuch, s. Memorial.

Denunciant, (latein.) der Angeber, Anzeiger, Ankläger.

Denunciat, (latein.) der Angegebene, Angeklagte, Beschuldigte.

Denunciation, (latein.) 1) Angabe, Anzeige; daher 2) Anklage; 3) Beschuldigung. Sie unterscheidet sich von der Delation, (s. d.) daß sie nur bei eigentlichen Vergehen, die eine Untersuchung nach sich ziehen, und ohne vorherige Aufforderung dazu, stattfindet und auch die Steuer-Contraventionen begreift. Gründet sich dieselbe auf unwahre Thatsachen, so muß der Beschuldiger die Untersuchungskosten tragen, kann von dem Beschuldigten noch wegen Privatgenugthuung beansprucht werden, und wird, wenn er als Verläumder erscheint, außerdem gesetzlich bestraft.

Denunciren, 1) anzeigen, angeben; anschuldigen, anklagen; verklagen.

Depaquetiren, (franz.) ungewöhnlich für deballiren, auspacken.

Depenniren, (latein.) selten gebrauchter und veralteter Ausdruck für 1) Rechnungen durchstreichen; 2) dieselben austhun; 3) einen Auftrag zurücknehmen, abschreiben, wiederrufen.

Dépense, (franz.) 1) Ausgabe überhaupt; besonders 2) die überflüssigen, daher gleich Aufwand; 3) Unkosten.

Depensiren, (franz. dépenser) 1) ausgeben, verwenden überhaupt; 2) unnütz aufwenden, verschwenden.

Deponent, (latein.) 1) eigentlich derjenige, welcher eine Sache in Verwahrung giebt; 2) der Aussager, Zeuge.

Deponiren, (latein.) 1) eigentlich von sich legen, ablegen, niederlegen; daher 2) von Geldern oder Sachen in Verwahrung geben, 3) sicher stellen, sichern; 4) als Zeuge einer Handlung das Geschehene, den Thatbestand angeben, bezeugen; 5) zeugen überhaupt.

Depositar, (latein., franz. depositeur) ist derjenige, welcher eine Sache in Verwahrung übergeben erhalten hat, oder übernimmt.

Depositenbank, s. Bank.

Depositen-Gelder, 1) zur Aufbewahrung bei einem Dritten niedergelegte Gelder; mitunter auch 2) die von einer Handlung, gegen Zahlung von Zinsen, zur Geschäftserweiterung aufgenommenen Gelder.

Deposition, (latein.) 1) die Niederlegung einer Summe Geldes oder einer Sache überhaupt; besonders 2) die gerichtliche Aufbewahrung; daher 3) Sicherung, Sicherstellung.

Die gerichtliche Deposition, wenn sie als rechtmäßig anerkannt wird, befreit den Schuldner von seiner Verbindlichkeit gegen den Gläubiger, also auch von der fernern Zahlung der Zinsen. Sie kann in vielen Fällen, z. B. bei Arrestlegung zur Deckung des Gegners für den Fall, daß der Anspruch unbegründet wäre, verlangt worden; s. Caution. Bei Privatniederlegung muß diese Aufbewahrung unentgeltlich erfolgen und der verwahrte Gegenstand auf Verlangen jederzeit zurückgegeben werden. Deponirte Capitalien dürfen nicht benutzt werden; ist aber ihre Benutzung gestattet, so erfolgt in der Regel Verzinsung.

Depositionsschein, der über die zur Aufbewahrung erhaltenen Gegenstände oder Gelder vom Aufbewahrer ertheilte Schein.

Deposito-Conto oder Depositen-Conto, im Hauptbuche das Conto, auf welchen die im Depositum einer Handlung befindlichen Gelder eingetragen werden.

Deposito-Wechsel, sind die für Depositengelder ausgestellten Wechsel.

Depositum, (latein., franz. dépôt) 1) das zur Aufbewahrung übergebene Geld oder Sache; 2) die Sicherung, das Unterpfand; 3) der Ort, wo diese Gegenstände aufbewahrt werden; s. Depot.

Dépôt, (franz.) 1) s. Depositum; 2) jeder Verwahrungsort für Waaren und Kaufmannsgüter; daher 3) Packhaus; 4) Niederlage.

Depreciren, (latein.) abbitten, verbitten.

Deputat, (latein.) 1) eigentlich der bestimmte oder beliebige Theil eines Ganzen, die Quote; 2) das Bestimmte, Festgesetzte überhaupt; daher 3) gleichbedeutend mit Lohn, Gehalt.

Deputation, (latein.) 1) die Absendung von Personen, Gesandtschaft; 2) Sendung überhaupt; 3) die zur Leitung der Geschäfte einer Gesellschaft aus ihrer Anzahl gewählten Mitglieder; also gleich Commission.

Deputiren, (latein., franz. deputer) abordnen, absenden.

Deputirte, (latein., franz. depute) der Abgeordnete, Abgesandte.

Dérangement, (franz.) 1) die Zerrüttung in den Geschäften; 2) Unordnung, Verwirrung; daher 3) gleich décadence der Verfall überhaupt.

Derangiren, (franz. deranger) in Unordnung, in Verfall bringen, verwirren.

Desaccoriren, (franz.) ungewöhnlich für nicht accordiren (s. d.) nicht übereinstimmen.

Desavantage, (franz.) 1) Nachtheil; daher 2) Schaden; 3) Verlust.

Desavouiren, (franz. desavouer) 1) widerrufen, ableugnen.

DesembalIiren, (franz.) gleichbedeutend mit deballiren, 1) von der Emballage befreien; daher 2) auspacken.

Designation, (latein.) 1) eigentlich die Bezeichnung; daher 2) gleich Declaration, das Verzeichniß der zu versteuernden Waaren zu deren Angabe bei den Steuerämtern; 3) in der Assecuranz, Waarenverzeichniß überhaupt; insbesondere 4) Verzeichniß der Waaren, welche dem Verderben leichter ausgesetzt sind; 5) im Concurs das Verzeichniß der Gläubiger und ihrer Forderungen.

Designiren, (latein.) 1) eigentlich bezeichnen; 2) ein Verzeichniß anfertigen, verzeichnen; 3) bestimmen, ernennen.

Desolat, (latein.) 1) von Sachen verlassen, einsam; 2) geschwächt, traurig; 3) zerrüttet, zerstört; 4) von Personen traurig, niedergeschlagen; 5) bekümmert, besorgt.

Desolation, (latein.) 1) Zerrüttung, Zerstörung; 2) Bekümmerniß, Besorgniß.

Desoliren, 1) zerrütten, verwüsten; 2) in Sorge versetzen, besorgt machen; 3) betrüben.

Desordre, (franz.) Unordnung, Verwirrung.

Destination, (latein.) im Kaufmännischen hat es nur die Bedeutung, Bestimmungsort bei Waarensendungen.

Destiniren, wird in der 1. u. 3. Bedeutung von designiren (s. d.) gebraucht, jedoch selten.

Détail, (franz.) 1) jedes Einzelne, die Einzelnheit; 2) die Zertheilung eines Ganzen, Großen in mehrere Einzelnheiten; daher 3) Zerstückelung, Verkleinerung. Deshalb en détail stückweise, ellenweise, entgegengesetzt dem en gros.

Detailhändler, s. Detaillist.

Detailhandel, gleich Handel en détail, der Handel im Kleinen, Kleinhandel, Kramhandel.

Detailliren, (franz.) Waaren nicht in Massen, sondern stück- oder ellenweise verkaufen; Kleinhandel oder Kramhandel treiben.

Detaillist, (franz.) häufiger gebraucht als *Detailleur*,

derjenige, welcher Waaren nur en détail verkauft, Kleinhändler, Krämer.

Devalvation, (latein.) heißt die gesetzliche Herabsetzung ausländischer oder älterer Münzen von ihrem Cours auf ihren Silberwerth.

Deviation, bei Schiffen und in der Assecuranz, die Abweichung von der festgesetzten Reisetour.

Devise, (franz.) mitunter im Kaufmännischem gleich Papier, Brief, Wechsel; der Ausdruck kommt gewöhnlich nur auf Coursberichten vor.

Diäten, (griech.) heißt mitunter diejenige Vergütigung, welche ein Handlungsreisender, der nicht gegen Provision reiset, außer dem ordentlichen Salair, für die unterweges zu machenden Ausgaben für Zehrung, Wohnung und sonstige Reiseunkosten erhält.

Diarium, bei Kaufleuten auf Reisen gleich Notizbuch, Tagebuch, in welches die täglich abgeschlossenen Geschäfte oder sonst bemerkenswerthen Vorfälle eingetragen werden.

Dictiren, (latein.) 1) eigentlich vorsagen, hersagen, damit ein Anderer das Gesagte niederschreibe; 2) mitunter gleich zudictiren, also bestimmen, festsetzen.

Dienen, s. conditioniren.

Diener, s. Commis.

Diffamation, (latein.) das Verbreiten nachtheiliger Gerüchte überhaupt.

Diffamiren, (latein.) 1) schmähen, verläumden; 2) beschimpfen.

Differenz, (latein.) 1) Unterschied, Abweichung; 2) Irrung, Irrthum; 3) mitunter auch die darüber stattfindende Streitigkeit.

Differiren, (latein.) 1) verschieden, unterschieden sein, abweichen.

Diffession, (latein.) nennt man die gerichtliche Handlung, wodurch man vermöge eines Eides, des Diffessionseides, eine Urkunde für unächt erklärt und behauptet, daß man sie weder geschrieben noch unterschrieben habe. In diesem Falle verliert sie alle Beweiskraft.

Difficultät, (latein.) 1) Schwierigkeit, Hinderniß; 2) Bedenken; 3) Einwendungen; letztere Bedeutung hat der Ausdruck jedoch gewöhnlich nur in der Mehrzahl.

Diffitiren, (latein.) 1) in Abrede stellen; 2) läugnen,

negiren, abläugnen, 2) nicht anerkennen, besonders von Urkunden und vor Gericht.

Diligence, (franz.) bedeutet 1) im Kaufmännischem überhaupt die Vorsicht bei Wechselprotesten, vermöge welcher man sich den Regreß an den Trassanten und Indossenten und so an den Acceptanten sichert; 2) in Frankreich selbst ist es soviel wie Protest.

Dimission, (latein.) 1) die Entlassung aus dem Dienstverhältnisse, der Abschied; 2) die Verlassung eines gleichen Verhältnisses. Im ersteren Falle wird sie gegeben, ertheilt; im letztern aber genommen.

Dimittiren, (latein.) 1) entlassen, fortlassen; 2) aus dem Dienst entlassen, abdanken; 3) fortjagen, wegen Ungebühr sofort aus dem Dienste entfernen.

Direct, (franz.) 1) grade, gradezu; 3) von Waarenversendungen bedeutet es soviel wie sofort und ohne Umwege; 3) ohne Vermittelung; daher 4) aus erster Hand.

Directe Abgaben, s. Abgaben und Zölle.

Directer Cours, nennt man im Wechselgeschäft 1) die unmittelbare Vergleichung des Courses zweier Wechselplätze, ohne die Vermittelung eines Dritten und 2) das daraus hervorgehende Ergebniß.

Directer Handel, ist der Handel, wenn man die Waaren unmittelbar, aus erster Hand bezieht.

Direction, (latein.) 1) die Leitung, Führung einer Sache oder eines Geschäfts; besonders 2) die Oberaufsicht darüber; 3) die Richtung, die beide nehmen oder erhalten.

Director, s. Dirigent.

Directorium, (latein.) 1) gleichbedeutend mit Direction, Leitung, Oberaufsicht; 2) besonders eine Behörde, oder ein Ausschuß, dem dieselben übertragen wurden.

Dirigent, (latein.) im Kaufmännischen gebräuchlicher als das gleichbedeutende Director, 1) der, welcher ein Geschäft für einen Andern beaufsichtigt oder leitet; daher 2) Aufseher; 3) derjenige, welcher von und aus Gleichbetheiligten an der Spitze eines Geschäfts steht, daher 4) der Geschäftsvorstand, Vorsteher. Die erstere Bedeutung ist die gewöhnlichere.

Discontable Wechsel, nennt man die Wechsel, welche auf so ansehnliche Handlungshäuser lauten, daß man beim Discontiren an ihrer Wiedereinlösung nicht zweifelt.

Discontiren, (italien., franz. escompter, engl. discount)

auch scontriren, 1) eigentlich abziehen, kürzen; 2) namentlich im Wechselgeschäft einen Wechsel vor dessen Verfallzeit unter den bei Disconto nachzusehenden Bedingungen an sich kaufen; oder 4) verkaufen; 5) sein Capital auf den Ankauf von noch nicht verfallenen Wechseln verwenden; 6) überhaupt Capitalien vor der Fälligkeit derselben an den Gläubiger mit Disconto zahlen. Durch Discontiren kann man seine Capitalien auf kurze Zeit zinsbar machen und sowohl Banquiers als Banken pflegen dieses zu diesem Zwecke zu thun. Will man indessen den Wechsel zur Verfallzeit selbst wieder an sich bringen und vom Bezogenen den Betrag einkassiren, so wird er mit einem Giro in Blanco versehen, welches bei der Einlösung wieder ausgestrichen wird. Die Leichtigkeit, mit der Wechsel eines Platzes discontirt werden, zeigt den Credit desselben an.

Discontirer oder **Discontnehmer**, 1) derjenige, welcher einen Wechsel gegen Disconto an sich bringt; 2) welcher Discontogeschäfte treibt.

Disconto, (italien., franz. discompte, escompte, engl. discount) 1) eigentlich jeder Abzug; insbesondere aber 2) bei unverzinsbaren Forderungen und namentlich bei Wechseln, derjenige Abzug, welcher gemacht wird, wenn dieselben vor der Verfallzeit baar bezahlt, oder gegen sofortige baare Zahlung verkauft werden. Er besteht in der Regel in denjenigen Zinsen, welche der, nach der Menge des vorhandenen Capitals und dem Bedürfniß desselben sich herausstellende, Zinsfuß bedingt und wird von dem Tage des Verkaufs bis zum Verfalltage berechnet, dabei aber der Monat zu 30 und das Jahr zu 360 Tagen angenommen. Die Zinsen sind höher als die landesüblichen, gesetzlich von den Wucherverboten ausgenommen und steigen in der Regel von den kaufmännischen Zinsen zu 6% bis zu 8% je nach den Umständen, daß nemlich der Platz mit Geld versorgt ist oder viele Wechsel zum Discontiren ausgeboten werden. Nur in England steht der Disconto zu 5% fest. Die auf den Wechsel lautende Summe vermindert sich daher um diesen Betrag. Der Disconto findet sich auch bei Waarenverkäufen auf Zeit, wenn die Zahlung vor der bestimmten Frist geschieht. Ueberhaupt bedeutet das Wort 3) den Zinsabzug, welcher stattfindet, wenn eine unverzinsliche Summe früher bezahlt wird, als sie gezahlt zu werden brauchte, wenn man nicht die Zinsen derselben für diese Zeit verlieren will; 4) die Bestimmung der

Höhe dieses Zinsabzuges auf den verschiedenen Handelsplätzen, welche in den Courszetteln jedesmal mit angegeben wird.

Discontobank, s. Bank.

Discontorechnung, (engl. discount account) 1) die Berechnung des Disconto; 2) das Rechnungsverfahren zum Behufe derselben.

Discretionstage, s. Respecttage.

Dispache, (franz.) 1) die Berechnung des Schadens, welchen ein Schiff und seine Ladung durch Havarie erlitten hat; 2) die Vertheilung der deshalb zu leistenden Vergütigung, welchen die Versicherer dem Versicherten gewähren müssen; 3) Seeschadenberechnung überhaupt.

Dispacheur, (franz.) nennt man diejenigen vereideten Personen, welche den Schaden, den ein Schiff und seine Ladung durch Havarie erlitten hat, taxiren, die deshalbige Berechnung aufstellen und die von den Interessenten zu leistende Vergütigung bestimmen. Von ihren Aufstellungen findet Appellation an das Seegericht statt. Mitunter führen sie auch den Namen Strandrichter.

Dispachiren oft auch dispasciren, 1) den Schaden in Havariefällen berechnen; 2) die Quote bestimmen, in Betreff der jeder Interessent dabei betheiligt ist; 3) bei Seeschäden überhaupt taxiren.

Dispensiren, (latein.) 1) freisprechen, entheben; 2) von Zahlungen gleich erlassen.

Disponent, (latein.) 1) eigentlich jeder, der über eine Sache verfügt; besonders in der Handlung 2) derjenige, welcher in der Stelle des Principals über wichtige Gegenstände Verfügungen treffen, Wechsel acceptiren, Zahlungen leisten und einziehen kann. Gewöhnlich ist dies ein Diener und er vertritt den Principal nur in Abwesenheitsfällen, die Handlung aber selbst dann, wenn Frauen oder Unmündige deren Eigenthümer sind. In beiden Fällen muß er dazu besonders bevollmächtigt sein. Vertritt er den Principal, so hat er fast immer die Procura; 3) oft auch Benennung desjenigen Capitalisten, welcher sein Geld beim Banquier zum Discontiren benutzt.

Disponenden, (latein.) im Buchhandel die zum Verkauf übernommenen, aber nicht verkauften und zur Verfügung des Verlegers gestellten Bücher. Vergl. Remittenden.

Disponibel, (franz. disponible) heißt 1) Alles dasjenige, worüber Jemanden freie Verfügung zusteht, was verfügbar für ihn ist; daher 2) bei Capitalien und Waaren oft gleich vorräthig; 3) am Platze vorhanden und zum Verkauf angeboten; also 4) gleich: zu haben.

Disponible Fonds oder Gelder nennt man solche Capitalien, über welche man jederzeit verfügen, oder die man zu jeder Zeit und zu beliebigem oder bestimmtem Zwecke verwenden kann.

Disponiren, (latein.) 1) verfügen über etwas; 2) etwas anordnen; 3) Jemanden zu etwas bewegen; 4) Disponent (s. d.) sein.

Disposition, (latein.) 1) eigentlich die Anordnung einer Sache, daher die Verfügung, welche man hinsichtlich ihrer trifft. Man sagt von Waaren z. B. zur Disposition legen in der Bedeutung, sie zur Verfügung des Absenders oder Empfängers bereit halten oder zurück legen.

Disputationshändler, hießen früher diejenigen Antiquare, welche hauptsächlich an Universitätsorten ältere Dissertationen verkauften.

Dissociiren, (latein.) ungewöhnlich und Gegensatz von Associiren, also 1) sich trennen; 2) eine bestandene Handelsverbindung auflösen.

Distribution, (latein.) 1) eigentlich Eintheilung; 2) Austheilung, Vertheilung; besonders 3) im Concurs die dem Distributionsbescheide gemäße Vertheilung der Maße unter die Gläubiger.

Dito auch wohl dita, richtiger jedoch, aber ungebräuchlicher detto (italien.) eine Formel, deren man sich bedient, um etwas bereits Genanntes in unmittelbarer Reihenfolge nicht zu wiederholen. Sie bedeutet dann: gleichfalls, desgleichen, dasselbe, das Genannte, Gesagte.

Ditta, (italien.) gleichbedeutend mit Firma, als Unterschrift eines Handlungshauses auf Wechseln und in Briefen.

Diverse, (latein.) 1) verschieden, verschiedentlich; 2) mancherlei.

Diverse Auslagen, nennt man die im Geschäfte vorkommenden verschiedenen geringeren Ausgaben und Auslagen.

Diverse conti, s. Conto pro diversi.

Dividende, (latein.) 1) das zu Vertheilende; daher 2) der Theil, Antheil, welchen Jemand daran hat; besonders 3) der Antheil, welchen die Theilnehmer an einer auf Actien gegründeten Geschäftsunternehmung, pro rata des eingelegten Capitals, an dem aus der Unternehmung hervorgegangenen reinen Gewinn erhalten. Bei größern derartigen Unternehmungen ist häufig eine regelmäßige Dividende zugesichert, und um diese selbst dann zahlen zu können, wenn Ereignisse den Gewinn des Unternehmens kürzen, wird aus dem Ueberschusse ein Reservefonds errichtet, welcher indessen den Mitgliedern der Gesellschaft zu Gute geht. 3) Oft auch gleich Gewinn, der Antheil, welchen die Theilnehmer an einer Handlung pro rata aus dem Reinertrage des Geschäfts erhalten; 4) im Concurs der Antheil eines Gläubigers an der Creditmasse; 5) die Summe, die er daraus erhält.

Docks auch **Schiffdocke**, nennt man die beim Hafen oder am Ufer der Flüsse befindlichen ausgemauerten Wasserbehälter, deren man sich zum Ausbessern der Schiffe bedient. Zu diesem Zwecke wird das Wasser, wenn das Schiff eingelaufen ist, abgelassen.

Document, (latein.) 1) eigentliches jedes Beweismittel, insofern es durch Gegenstände geliefert werden kann; daher 2) Zeugniß, Beweis überhaupt; besonders 3) der durch Schriften geführte; deshalb 4) gleich Urkunde und 5) in Geldsachen gleich Instrument; mitunter gebraucht man es auch in dem Sinne von Attest, Zeugniß.

Documentiren, (latein.) 1) eigentlich Beweise vorlegen; daher 2) mit Beweisen belegen, beweisen; 3) gerichtlichen Beweis führen; 4) Zeugnisse oder Atteste beibringen.

Domestik, (latein.) 1) eigentlich häuslich; daher 2) jeder, der zum Hause, aber nicht zur Familie gehört; besonders 3) Name der niedern Dienerschaft; daher 4) gleich (dem unrichtigen Ausdruck) Bedienter.

Domicil, (latein.) 1) Wohnort, Aufenthaltsort; 2) Heimath, Vaterland; 3) der Ort, auf welchen ein Wechsel zur Zahlung angewiesen, und welcher nicht der Wohnort des Bezogenen ist. In der Regel ist bei Tratten der Wohnort des Bezogenen, bei Eigenwechseln der des Ausstellers zugleich Zahlungsort, und es wird dann ohne Weiteres angenommen, daß die Zahlung daselbst erfolgen solle. Soll es wo anders geschehen, so muß dieses im Wechsel ausdrücklich bemerkt sein. Man bedient sich dazu der Formel: zahlbar in N . ., oder bei dem Namen des Bezogenen des Zusatzes: zur Verfallzeit in N. anzutreffen. Will der Bezogene nicht selbst bei der Zahlung anwesend sein, so kann er dieselbe einem dortigen Hause übertragen, welches er durch Rimissen oder sonst decken muß. Gewöhnlich wird dieses Haus bei der

Acceptation namhaft gemacht. Auch eigene Wechsel können auf dieselbe Weise domicilirt werden, doch muß bei Tratten die Vorlegung zur Acceptation stets da geschehen, wo der Bezogene seinen Wohnsitz hat.

Domiciliat, heißt im Wechselgeschäft dasjenige Haus, welches bei domicilirten Wechseln vom Bezogenen bei der Acceptation benannt ist, um am Zahlungsorte des Wechsels, der nicht zugleich Wohnort des Bezogenen ist, die Zahlung an den Inhaber zu leisten. Es muß über die erfolgte Domicilirung avisirt und vor Verfall des Wechsels gedeckt werden, indem sonst Zahlung nicht zu erfolgen braucht.

Domiciliren, heißt die Zahlung eines Wechsels auf einen Ort anweisen, welcher nicht der Wohnort des Bezogenen ist.

Domicilirte Wechsel, sind Wechsel, welche nicht an dem Wohnorte des Bezogenen, sondern an einem andern Platze gezahlt werden sollen und zwar a) durch den Bezogenen selbst, b) durch ein am Zahlungsorte befindliches Haus. Vergl. Domicil.

Doppelt-Indossement, nennt man dasjenige Giro, welches die Rechte des Inhabers auf mehr als Einen überträgt, theils so, daß wenn der Eine davon keinen Gebrauch macht, derselbe den Andern freisteht, theils daß dieselben zusammen in die Stelle des Inhabers treten.

Doppel-Uso, s. Uso.

Douane, (franz.) 1) das zur Erhebung der Zölle an den französischen Grenzen aufgestellte Beamtenpersonale insgesammt; 2) die zur Erhebung der Zölle bestimmten Gebäude; daher 3) gleich Zollhaus, Zollamt, Mauthhaus; 4) die Zollabgabe, der Zoll selbst.

Douanier, (franz.) Name der französischen Zollbeamten.

Doublette, nennt man im Handel zwei gleiche Gegenstände, welche zusammengehören und nicht einzeln verkauft werden.

Douceur, (franz.) nennt man 1) jede außerordentliche Vergütigung; 2) gleich Trinkgeld.

Douceurschein, ein Document, worin man sich verpflichtet, nach glücklicher Beseitigung eines Geschäfts, außer der gewöhnlichen noch eine außerordentliche Vergütigung zu gewähren.

Drogueriehandlung, eine Handlung, welche nur Drogueriewaaren führt.

Drogueriewaaren, nennt man alle Gewürze, rohe Arzneistoffe und Waaren, welche für technische Zwecke verwendet werden.

Droguist, oft auch Drogist, ist der Kaufmann, welcher mit Drogueriewaaren Geschäfte macht.

Droguiren, mit Drogueriewaaren handeln.

Duplicat, (latein.) das zweite Exemplar einer Schrift oder Urkunde, mit der Originalunterschrift und der Ueberschrift, daß es Duplicat sei, um nicht als Original zu gelten und doppelte Ansprüche zu begründen.

Durchfuhr, s. Transito.

Durchgangszoll, nennt man die Abgabe von Waaren, welche in ein Land eingeführt werden, aber in demselben Zustande wieder über die entgegengesetzte Grenze ins Ausland kommen; der Transitozoll.

Durchschnittspreis, nennt man den Preis, welcher sich für das einzelne Stück ergiebt, wenn man die verschiedenen Preise mehrerer Sorten Waaren zusammenrechnet und die Summe durch die Zahl der Stücke theilt, also Mittelpreis.

Durchschnittstara, heißt die Tara, welche, durch Verwiegung der Verpackung einiger Collis ermittelt, für die Tara aller übrigen angenommen wird.

E.

Ebbe und Fluth, heißt das in größern Meeren periodisch mehrmals am Tage wiederkehrende Sinken und Steigen des Wassers, welches in verschiedenen Meeren verschieden ist.

Echantillons, (franz.) sind diejenigen Proben oder Muster seiner Waaren, welche ein Kaufmann seinem Committenten schickt, um darnach Aufträge zu erhalten, oder welche durch den Handlungsreisenden zu diesem Zwecke vorgelegt werden. Der Ausdruck wird indessen nicht häufig gebraucht und der deutsche, Probe und Muster, vorgezogen.

Echange, (franz.) 1) Tausch; 2) Tauschhandel; 3) Wechsel, Wechselung, Verwechselung; 4) gleich lettre de change, Wechsel, Wechselbrief.

Edict, (latein.) jede obrigkeitliche Verordnung, Verfügung.

Edictal-Citation, nennt man die durch eine veröffentlichte gerichtliche Verordnung bewirkte Vorladung vor Gericht in solchen Fällen, wo die persönliche Vorladung, wegen Unbekanntschaft des Aufenthalts der Parteien oder der betreffenden Partei nicht erfolgen kann. Sie findet namentlich im Concurs statt, wo nicht nur die unbekannten, sondern auch bekannten Gläubiger des Falliten, deren Aufenthalt man nicht weiß, auf diese Weise zur Wahrnehmung ihrer Gerechtsame vorgeladen werden.

Edition, (latein.) s. Ausgabe. Es kommt nur im Buchhandel vor.

Effecten, (latein.) 1) eigentlich aller Besitz, sofern er in beweglichen Gütern besteht; daher 2) im Kaufmännischen das gesammte Vermögen der Handlung an Waaren, Wechseln, Activ-Schulden u. dgl.; 3) im Wechselhandel sämmtliche Wechsel; 4) Wechselbriefe überhaupt; 5) Staatspapiere, doch heißen diese mitunter zum Unterschiede von andern Papieren Staatseffecten; 6) oft gleich Vermögen überhaupt; daher 7) Habe.

Effecten-Conto, heißt im Hauptbuche das über die in natura vorhandenen Effecten geführte Conto.

Effectenhandel, der Handel mit Staatspapieren.

Effectiv, (latein.) wirklich, in der Wirklichkeit vorhanden. Als Beisatz auf Briefen bedeutet es, daß die betreffende Summe nur in der angegebenen Münzsorte gezahlt werden soll.

Effectuiren, (latein.) 1) eigentlich bewirken; daher 2) von Sachen zu Stande bringen, vollführen; 3) von Aufträgen vollbringen, ausführen; 4) von Geld gleich umsetzen, und namentlich von Münzen in Effecten; also in Effecten verwandeln; 5) anbringen überhaupt.

Egalisiren, (franz. égaliser) und **Egaliren** (franz. egaler) 1) eigentlich gleichmachen; daher 2) ausgleichen.

Eigene Hand, s. Hand.

Eigener, 1) gleich Eigenthümer, Besitzer überhaupt; 2) von Wechseln gleich Inhaber.

Eigener Verlag, im Buchhandel diejenigen Werke, welche der Verfasser selbst hat drucken lassen, und von welchen die Buchhandlung nur den Absatz besorgt; der Selbstverlag.

Eigenhandel, heißt das Handlungsgeschäft, welches auf eigene Rechnung des Inhabers der Handlung, und nicht für fremde Rechnung betrieben wird. Diesem Handel ist entgegengesetzt sowohl der Commissions- wie auch der Speditionshandel.

Eigenwaaren, 1) Waaren, die der Kaufmann für eigene Rechnung verschreibt; mitunter auch 2) solche Waaren, welche derselbe, etwa in mit der Handlung verbundenen Fabriken, selbst producirt.

Eigenwechsel, heißt der auf sich selbst ausgestellte Wechsel; also der Sola-Wechsel, trockene Wechsel.

Einballen und Einballiren, s. Emballiren.

Eincassiren, 1) überhaupt in Cassa bringen; daher 2) Gelder, Wechsel und Forderungen einziehen oder deren Zahlung verlangen; 3) den Betrag derselben in Empfang nehmen.

Einführen, 1) von Waaren, sie an den Ort ihrer Bestimmung, zum Behufe der Aufbewahrung zum Verkaufe, bringen; 2) dieselben aus dem Auslande herbeiführen oder einbringen.

Einfuhr, 1) (engl. entry, franz. importation) die Einbringung von Waaren und Handelsartikeln aus dem Auslande; 2) (franz. entrée, oder droit d'entrée, engl. duty of entry) gleich Einfuhrzoll, die dafür an den Staat zu entrichtende Abgabe.

Eingangszoll gleich Einfuhrzoll, s. Einfuhr.

Eingebildet, s. imaginär.

Eingehen, 1) von Waaren, aus einem andern Orte, von auswärts ankommen, anlangen; 2) von Geldern gleich in Cassa fließen, sie erlangen; 3) sich einlassen.

Einkaufsbuch, s. Facturenbuch.

Einkauf, 1) das Anschaffen von Waaren überhaupt; 2) der für dieselben entrichtete Betrag, also Einkaufspreis.

Einlage, 1) das, was eingelegt wird; daher 2) das zur Errichtung einer Handlung hergegebene Capital, das Einlage-Capital; 3) oft die Beisteuer zu einer gemeinschaftlichen Casse; 4) die Handlung des Beisteuerns selbst, 5) gleich Beischlag, dasjenige, was Briefen und Packeten beigefügt ist.

Einlaufen, von Schiffen, gleich in den Hafen einfahren, wenn sie aus der See kommen.

Einlegen, 1) von Geld, in die Casse bringen, hineinlegen; 2) zu einer gemeinschaftlichen Casse geben, beitragen; 3) von Waaren gleich zusammenlegen; daher 4) einpacken, verpacken.

Einlösen, 1) von verpfändeten Sachen sie durch Entrichtung des Betrages wieder an sich bringen; 2) von Wechseln gleichbedeutend mit honoriren.

Einnahme, 1) die Handlung des Einnehmens, die Vereinnahmung; 2) der eingenommene Betrag; daher 3) gleich Erlös; 4) Einkommen überhaupt; 5) jedoch im kaufmännischen Ausdruck selten, gleich Cassa, der Ort, wo die Vereinnahmung stattfindet. Gebräuchlich ist das Wort in der Redensart in Einnahme stellen, gleich creditiren (s. d.).

Einrechnung, 1) s. Compensation; 2) s. Decort.

Einregistriren, 1) eigentlich in die Register eintragen, registriren; daher 2) aufzeichnen überhaupt; 3) bemerken, notiren.

Einrichtung, 1) Gesammtbegriff alles dessen, was zur Begründung, Eröffnung und Führung eines Geschäfts nöthig ist; daher 2) gleich Maßregel; 3) gleich Etablissement.

Einsatz, 1) s. Einlage; 2) Gewichte von abnehmender Größe, die in einander gesetzt werden können, und mit dem größten derselben zusammen eine bestimmte Gewichtseinheit betragen. Nur die in dem äußeren Gewichte befindlichen heißen Einsatz und sie stehen gleichfalls unter sich in einem bestimmten Verhältnisse.

Einschießen, 1) gleich einlegen; 2) zulegen; 3) bei Actienunternehmungen einen Theil des Betrages der übernommenen Actien einzahlen; 4) bei Havarie und Seeschaden zur Regulirung der Havarie seinen Antheil auf die versicherten Waaren oder das Schiff einzahlen.

Einschiffen, 1) von Waaren, sie zum Behufe der weitern Versendung auf ein Schiff bringen; daher 2) gleich versenden; 3) von Personen sich aufs Schiff begeben, um auf demselben eine weitere Reise zu unternehmen; daher 4) verreisen, abreisen.

Einschlag, mitunter Benenung des Trinkgeldes, welches bei Abladung von Collis dem Ablader gegeben wird.

Einschleichen, von Waaren gleich Einschwärzen.

Einschließen, 1) überhaupt etwas in sich begreifen; besonders 2) von Briefen und Packeten, in etwas Anderm einpacken, beipacken; 3) beilegen.

Einschluß, 1) das, was einschließt, s. Couvert; 2) das, was eingeschlossen ist, s. Beischluß, Einlage.

Einschneiden, im Ausschnitthandel mitunter gebrauchter Ausdruck für abmessen und das Abgemessene durch einen Einschnitt vom Ganzen trennen; daher gleichbedeutend mit Abschneiden, Ausschneiden.

Einschwärzen, 1) verbotene Waaren heimlich einführen;

daher 2) den Zoll umgehen, defraudiren; 3) überhaupt Schmuggelei treiben.

Einsetzen, 1) gleich versetzen, verpfänden; 2) von Waaren, die auf Märkten nicht verkauften zum anderweitigen Verkauf am Orte aufbewahren, stehen lassen.

Einstellen, von Zahlungen, sie aufhören lassen.

Einthun, 1) einlegen, einschließen; 2) von Wechseln sie einkaufen.

Eintragen, 1) Gewinn bringen, besonders insofern er pecuniär ist; doch mitunter auch 2) gleich vortheilhaft sein, nützen überhaupt; 3) einen Posten in dem betreffenden Buche verzeichnen; daher 4) einschreiben; 5) notiren.

Eintreiben, 1) Geld und Sachen, die man zu fordern hat, oder die ausstehen, wieder an sich bringen, besonders wenn dieses auf gerichtlichem Wege geschieht; 2) herbeischaffen überhaupt. Der Ausdruck schließt immer die Anwendung von Gewaltmaßregeln oder Zwangsmitteln in sich, was bei Einziehen nicht der Fall ist.

Eintreten, gleich in Condition treten, zu conditioniren beginnen.

Einwechseln, 1) Geld gegen andere Geldsorten oder 2) gegen Papiere umtauschen und so umgekehrt; 3) mitunter auch gleich austauschen, vertauschen, jedoch, namentlich von Waaren, in dieser Bedeutung selten gebraucht.

Einziehen, 1) von ausgeliehenem Gelde es zurückverlangen; 2) von sonstigen Forderungen ihre Bezahlung beantragen; daher 3) Ausstände einfordern überhaupt.

Eisenhändler, 1) eigentlich Bezeichnung desjenigen Kaufmanns, welcher mit rohem Eisen Handel treibt; doch oft auch 2) derjenigen, welche mit zubereitetem Eisen, Eisengeräthen u. dgl. Verkehr treiben.

Eisenhandlung, heißt diejenige Handlung, deren Geschäft nur im Verkauf des rohen, unbearbeiteten Eisens besteht.

Eisenwaarenhändler oder **Eisenzeughändler**, nennt man, zum Unterschiede von den vorigen, diejenigen, welche bereits bearbeitetes Eisen, Eisenwaaren führen.

Eiserne Capitalien, nennt man 1) solche Gelder, welche, zu gewissen Zwecken bestimmt, wohl vermehrt, aber nie verringert werden können; 2) diejenigen, welche, stets auf einer Sache haftend, weder vom Gläubiger noch vom Schuldner gekündigt werden dürfen.

Eiserner Bestand, nennt man das stets in gleicher Höhe vorhandene, unangreifbare Capital.

Eiserner Brief, s. Moratorium.

Eisern werden, heißt, doch weniger in der kaufmännischen als gerichtlichen Ausdrucksweise, einen Anstandsbrief, Moratorium, nachsuchen.

Eleviren, (latein.) im kaufmännischen gleich Protest erheben, insofern nicht bloß die Ausfertigung des Protestes, sondern auch alle darauf folgenden Handlungen, die ihm rechtliche Folgen geben, darunter inbegriffen werden. Man sagt gewöhnlich Protest eleviren, doch ist der Ausdruck Protest erheben gebräuchlicher.

Ellenwaaren, häufiger Schnittwaaren, nennt man alle diejenigen Waaren, welche mit dem Längenmaße gemessen und nach Längenmaßen verkauft, ausgeschnitten, eingeschnitten werden.

Ellenwaarenhandlung s. Schnittwaarenhandlung.

Emballage, (franz.) 1) die Handlung des Einpackens, das Verpacken; 2) das, worin etwas eingepackt ist; die Hülle, Decke, Verpackung.

Emballiren, einpacken, verpacken.

Embargo, heißt der von der Regierung eines Landes erlassene Befehl, daß keines der Schiffe derjenigen Nation, gegen welche er erlassen wird, den Hafen eher verlassen darf, als bis eine Aufhebung desselben erfolgt ist. Es ist eine Zurückhaltung, Beschlaglegung, Arrest der Schiffe, die in der Regel als Repressalie geübt wird, und wegen welcher der Eigenthümer der Ladung zum Abandon berechtigt ist, wenn dadurch das beabsichtigte Unternehmen als vereitelt betrachtet werden kann.

Embargo **legen**, die Schiffe einer Nation in dem Hafen einer andern zurückhalten; sie mit Beschlag belegen; sie am Auslaufen hindern.

Empfangsschein, (franz. quittance, engl. receipt) 1) Recepisse; 2) gleich Quittung; 3) mitunter auch wohl in der Bedeutung von Schuldschein genommen, von dem er sich jedoch in Form und Inhalt unterscheidet, obschon er als die Bescheinigung einer empfangenen Summe betrachtet werden kann.

Empfehlungsbrief, gleich Accreditiv, ein Schreiben, worin man 1) dem Ueberbringer gewisse Gefälligkeiten zu erzeigen bittet, oder 2) ihn für eine Geschäftsanknüpfung recommandirt.

Employiren, (franz.) 1) von Sachen anwenden, gebrauchen, benutzen; 2) von Personen sie beschäftigen.

En bloc, (franz.) 1) eigentlich in Masse; 2) auch in Bausch und Bogen.

Endossement und **endossiren**, s. Indossement.

Engagement, (franz.) 1) Verbindlichkeit, Verpflichtung überhaupt; besonders 2) zu Dienstleistungen; daher 3) dienstliches Verhältniß zu einem Dritten; 4) Dienst; 5) Dienstannahme.

Engagiren, (franz. engager) 1) zu etwas überreden, vermögen; 2) verpflichten, verbindlich machen; 3) anwerben; 4) in Dienst nehmen; 5) (sich) Dienste suchen; 6) sich in Dienst begeben.

En gros, (franz.) im Großen, im Ganzen, in Massen.

Engros-Händler oder Grossist, ist der Kaufmann, dessen Verkäufe nicht in einzelnen, kleinen Partieen, sondern in größern Massen, im Großen oder Ganzen stattfinden; also Großhändler, entgegengesetzt dem Kleinhändler oder Detaillisten.

Engros-Handlung, das kaufmännische Geschäft, welches nur Absatz in großen Partieen macht und seine Waaren direct bezieht.

Entlasten, 1) eine als Debet im Buche eingetragene Summe, deren Zahlung erfolgt, durch Eintragung des gezahlten Betrages im Credit, als getilgt verzeichnen; daher 2) gleich gutschreiben, erkennen; 3) mitunter soviel wie als bezahlt ansehen, streichen, ausstreichen; 4) Waaren aus dem Schiffe fortschaffen, ausladen; 5) zuweilen auch gleich abladen.

Entrepot, (franz, engl. waarehouse) 1) das Gebäude, worin Güter zur Verwahrung niedergelegt sind; daher 2) Niederlage; mitunter auch 3) gleich Packhof; 4) Lagerhaus, Kaufhaus; 5) Stapelplatz. Es ist ein öffentliches Gebäude, steht unter Beaufsichtigung der Zollbehörde oder des Steueramts und die Niederlegung erfolgt hauptsächlich, um dem Staate die von fremden Einfuhrartikeln zu entrichtenden Zölle zu sichern und deren Abtragung zu erleichtern.

Entrepreneur, (franz.) 1) jeder Unternehmer eines Geschäftes; besonders 2) eines Lieferungsgeschäfts.

Entrepreniren, (franz. entreprener) unternehmen, übernehmen.

Entrepise, (franz.) 1) das Unternehmen, die Uebernahme, als Handlung gedacht; 2) das, was übernommen worden ist.

Equipage, (franz.) 1) Reisegeräth, Reisegepäck; 2) gleich Fuhrwerk; 3) die zur Bedienung des Schiffes gehörende Mannschaft, Schiffsmannschaft.

Equipiren, (franz. equiper) 1) ein Schiff bemannen, zur Fahrt mit der erforderlichen Mannschaft ausrüsten; 2) zuweilen auch es ausrüsten überhaupt.

Erfindungspatent, s. Patent.

Erholen (sich), 1) sein Guthaben einziehen durch Ausstellung eines Wechsels auf den Debenten; 2) einen Rückwechsel ziehen; 3) sich bezahlt machen überhaupt; daher 4) gleich remboursiren.

Erholung, gleich Rückwechsel.

Erkennen, 1) eigentlich anerkennen, insofern es geschehene Leistungen betrifft; daher 2) von erfolgten Zahlungen gleich entlasten, gutschreiben; häufig auch 3) gleichbedeutend mit creditiren.

Eröffnen, gleich offen machen, aufthun. Man spricht:

a) Conto eröffnen, in der Bedeutung: mit Jemanden in Geschäftsverbindung treten; eine Rechnung für ihn im Hauptbuche anlegen.

b) Credit eröffnen, 1) gleich Credit geben; 2) Credit verschaffen.

Escorte, (franz.) 1) eigentlich Begleitung; besonders 2) die Begleitung der Waaren durch Steuerbeamte, sei es zum Behufe der Versteuerung derselben oder weil sie eingeschmuggelt sind; 3) bei Schiffen gleich Convoy.

Escortiren, (franz. escorter) begleiten.

Etabliren, (franz. établir) von Geschäften 1) sie einrichten; 2) sie anlegen; 3) sie eröffnen; 4) (sich) (franz. s'établir) gleich sich niederlassen; daher 5) soviel wie sich habilitiren, ein selbstständiges Geschäft begründen.

Etablissement, (franz.) 1) die Errichtung eines Geschäftes; 2) das Geschäft selbst; daher 3) gleich Handelsetablissement, jede Handlung, Firma.

Etat, (franz.) 1) eigentlich Uebersicht der Einnahmen und Ausgaben; 2) Veranschlagung derselben; 3) daher Vermögenszustand überhaupt.

Etiquette, (franz.) auch wohl Etikette, heißt 1) der zur Bezeichnung von Waaren an dieselben oder deren Verpackung befestigte Zettel, welcher außer dem Namen oft noch sonstige nähere Bestimmungen, wie Sorte, Preis u. dgl., enthält; 2) jede andere derartige Bezeichnung; also 3) gleich Anhängezettel; 4) Bezeichnungszettel; 5) Marke.

Ewer, (engl. wherry-boat) heißen eine Art kleiner Fahrzeuge, deren man sich zum Transport der Ladung von und nach den größern Schiffen, so wie zum Fischfange bedient. An einigen Orten heißen sie auch Jölle, Gölle, Golle.

Ewerfahrer, (engl. wherry-man) 1) der Besitzer; 2) der Führer eines solchen Fahrzeuges.

Exception, (latein.) 1) die Einwendung, der Einwand; daher 2) die Ausnahme; 3) die Ausrede, Ausflucht.

Excerpiren, (latein.) ungewöhnlich in der Bedeutung extrahiren.

Excerpt, (latein.) gleich Extract.

Expediren, 1) von Briefen, sie ausfertigen; 2) sie abfertigen; 3) von Waaren, sie zur Versendung bereit machen; 4) sie versenden, verschicken; also 5) gleich spediren.

Expedition, (franz.) 1) eigentlich die Eile, mit welcher man ein Geschäft oder einen Auftrag vollzieht; daher 2) die Erledigung, Abfertigung des Auftrages selbst; 3) die Ausfertigung; 4) Abfertigung; 5) Verschickung, Versendung; 6) der Ort, an welchem dieselbe bewerkstelligt wird; also 7) gleich Bureau, Contor.

Expert, (franz.) der Sachverständige, Sachkundige.

Expertise, (franz.) 1) die Besichtigung durch Sachverständige; 2) die Untersuchung durch dieselben, besonders insofern sich ihr Urtheil auf Versuche gründet, welche mit dem zu untersuchenden Gegenstande vorgenommen werden müssen.

Exportation, (latein.) 1) die Ausführung von Waaren, Ausfuhr als Handlung; 2) (franz. les exports, engl. exports) das Ausgeführte, die Ausfuhr, die Exporten; 3) der Ausfuhrhandel.

Exporten, 1) s. Exportation; 2) Ausfuhrartikel.

Exportiren, 1) von Waaren ausführen, verführen, aus dem Lande führen; daher 2) Ausfuhrhandel treiben.

Extra, (latein.) 1) außergewöhnlich, ungewöhnlich; daher 2) besonders, vorzüglich, namentlich 3) bei Bezeichnung verschiedener Sorten einer Sache in der Bedeutung die beste, also gleich prima.

Extract, (franz. extrait, engl. extract) 1) jeder Auszug aus einer Schrift oder einem Buche; 2) der Auszug aus Handelsbüchern; 3) oft gleich Rechnungsextract; 4) conto corrent; 5) Rechnung überhaupt.

Extradiren, (latein.) 1) ausliefern; 2) überliefern; 3) übergeben.

Extrahiren, 1) einen Auszug aus den Handelsbüchern machen; 2) eine Rechnung oder ein Conto aus denselben ausziehen.

F.

F. als Abkürzung auf Preiszetteln gleich fein; f. f., sehr fein; Fl. Floren, Gulden; *fol.* gleich folio; *fr.* oder *fco.* gleich franco; *fs.* gleich Franken.

Fabriciren, (franz. fabriquer, engl. fabricate) 1) zubereiten; 2) verfertigen; mitunter 3) gleichbedeutend mit produciren, erzeugen.

Fabrik, (franz. fabrique, engl. fabric) 1) der Ort, oder die Werkstätte, wo Waaren im Großen und mit Hilfe von Maschinen oder der Elemente verfertigt werden; 2) oft gleichbedeutend mit Manufactur.

Fabrikant, 1) der Besitzer, Eigenthümer einer Fabrik; 2) der darin beschäftigte Arbeiter, Fabrikarbeiter.

Fabrikat, 1) das Erzeugniß einer Fabrik; daher 2) gleich Fabrikwaare.

Fabrikpreis, 1) der Preis, welcher beim Einkauf im Großen oder Einzelnen für Fabrikwaaren vom Fabrikanten notirt wird; 2) oft gleich Einkaufspreis.

Fabrikwaaren, 1) eigentlich die in einer Fabrik verfertigten Waaren; häufig aber 2) mit dem Nebenbegriffe des Geringen, Schlechten; also leichte Waare; 3) nicht reelle, schlechte Waaren.

Facit, (latein.) 1) das Ergebniß einer Berechnung; 2) die Summe einer Rechnung.

Façon, (franz.) die äußere Form oder Gestalt einer Sache.

Façonniren, 1) eigentlich Façon geben; daher 2) von Waaren sie so formen oder ordnen, daß sie ein gutes Aussehen haben und 3) einen schönen Anblick gewähren; oft auch 4) in dem Sinne von herausputzen, ausputzen.

Façonnirte Waaren, nennt man diejenigen Zeuge, die auf glattem Grunde verschiedene Zeichnungen enthalten.

Faction, (latein.) selten in der Bedeutung, 1) von Partei und 2) Zwist vorkommend.

Factor, 1) in der Regel nur in der Bedeutung von Aufseher und 2) Geschäftsführer, Vorsteher eines Geschäfts, besonders Fabrikgeschäfts gebraucht, der in fixem Gehalte steht und nur unter besondern Umständen außerdem noch Procente bezieht. Indessen ist dieses nicht überall die Bedeutung des Wortes und man versteht 3) auch einen Commissionair darunter, welcher die Geschäfte eines Handlungshauses gegen Commissionsgebühren besorgt. Ferner ist es 4) namentlich in England, gleichbedeutend mit Agent, wird 5) auch in der Bedeutung von Mäkler gebraucht und kommt 6) auch wohl in der von Disponent vor, je nachdem das Verhältniß ist, in welchem er zum Handlungshause steht. Der englische Factor erhält theils Procente, theils Commissionsgebühren von den in Consignation übersendeten Gütern und kann sie, da er gewöhnlich Vorschüsse darauf leistet, in seinem Namen und sogar auf Credit verkaufen, was der Mäkler, ohne besonderen Auftrag dazu, nicht darf.

Factorage, (franz. u. engl.) 1) Commissionsgebühren; 2) Provision; 3) Procente, je nach dem Begriffe, den man mit Factor verbindet, als dessen Vergütigung dieselbe anzunehmen ist; oft auch 3) wohl gleich Brokerage, Mäklergebühren.

Factorei, (engl. factory, franz. factorerie) nennt man 1) die Niederlassung, das Etablissement eines Handelshauses an einem von dem Sitze der Haupthandlung entfernten Platze, dessen Leitung durch einen Factor geschieht; also gleich Nebenhandlung, Commandite; 2) besonders die europäischen, vorzüglich englischen und holländischen Etablissements in Ostindien und China; 3) der Wohnort des Factors; 4) (factorship) das Verhältniß eines Factors, die Factorschaft.

Factoreihandel, 1) die Besorgung der kaufmännischen Geschäfte durch Factoren; 2) gleich Consignationshandel; 3) Commissionshandel.

Factura oder *Fattura*, (italien., engl. invoice oder bill of parcels, franz. facture) ist die Rechnung, welche der Eigenthümer gelieferter größerer Quantitäten von Waaren an den Empfänger einreicht. Sie enthält das specificirte Verzeichniß derselben und ihre Preise, den Namen des Käufers und Verkäufers, die Art der Versendung, die bedungene Fracht und den Termin der Zahlung, und unterscheidet sich dadurch von der einfachen Note; 2) oft auch wohl die Waarensendung selbst.

Facturenbuch, ist in Handlungen dasjenige Hilfsbuch, in welches die Rechnungen über die an den Kaufmann eingehenden Güter in Abschrift eingetragen werden. In England pflegt man häufig die Originale einzukleben.

Facturiren, 1) ungewöhnlich, über verkaufte Waaren Rechnung geben; mitunter 2) den Preis einer Sache bestimmen, ihn ansetzen.

Faden, (engl. fathom) ein Längenmaß von 6 Fuß, dessen man sich bei Bestimmung der Tiefe des Meeres, auch wohl zur Messung großer Tonnen, bedient.

Fällig, 1) von Wechseln gleich abgelaufen, verfallen; 2) zahlbar überhaupt.

Fahrwasser, heißt 1) der Theil des Flusses, welcher für beladene Fahrzeuge hinreichende Tiefe besitzt und der daher durch Baaken oder dergleichen Zeichen angezeigt zu werden pflegt; 2) zur See die Richtung, welche die Schiffe, um nach dem Orte ihrer Bestimmung zu gelangen, einschlagen und verfolgen müssen und welche ihnen die nöthige Wassertiefe sichert; daher 3) gleich Wasserstraße überhaupt.

Fahrzeuge, (franz. vaisseaux, engl. vessel) Benennung der Schiffe überhaupt, mitunter auch der Flußschiffe.

Falliment oder ***Fallissement*** (franz. faillite, engl. failure) nennt man die durch Unglück entstandene, also unverschuldete, Zahlungsunfähigkeit des Kaufmanns, die sich eben dadurch vom Bankerut unterscheidet, obschon man auch diesen gewöhnlich mit dem Namen Falliment belegt. In Frankreich steht der Unterschied zwischen Beiden gesetzlich fest.

Falliren, (engl. fail, become bankrupt, franz. faire faillite) 1) in den Zustand der Zahlungsunfähigkeit gerathen; 2) seine Zahlungsunfähigkeit erklären.

Fallit, (franz. failli, engl. bankrupt) 1) derjenige, der durch unverschuldete Umstände in Zahlungsunfähigkeit versetzt worden ist; 2) der dieses gerichtlich erklärt.

Fallitmasse, gleich Concursmasse.

Falsum, (latein.) 1) Verfälschung; 2) Betrug.

Fanal, 1) jedes Feuerzeichen an der Küste; 2) gleich Leuchtthurm.

Farbige Waare, im Getraidehandel Benennung des sogenannten bunten polnischen Weizens.

Fatal, (franz.) 1) unangenehm; 2) verhaßt; 3) widerwärtig; 4) unglücklich; 5) heftig ergreifend; 6) vernichtend.

Fatalität, eigentlich jedes widrige Ereigniß, das den berechneten Verlauf einer Sache unterbricht; daher nach Umständen 2) gleichbedeutend mit Störung; 3) Widerwärtigkeit; 4) Unglück; 5) Mißgeschick.

Faustpfand, heißt derjenige Gegenstand, welchen man als Unterpfand für ein erhaltenes Darleihen dem Gläubiger in Verwahrung giebt, bis die Rückzahlung erfolgt ist. Nur wirklich in Händen des Darleihers befindliche Unterpfänder werden als Faustpfand betrachtet, nicht aber solche, die ihm bloß als Unterpfand verschrieben, aber nicht übergeben worden sind.

Fautfracht, (engl. dead freight) ist die Vergütigung, die der Schiffer von demjenigen fordert, welcher ihm nicht die versprochene Ladung verschafft, so daß er genöthigt ist, entweder ganz oder zum Theil ohne dieselbe abzufahren.

Feine Mark, s. Mark.

Fertigen, 1) anfertigen; 2) vollenden, fertig machen.

Fest, (franz. fix) 1) unveränderlich, ausdauernd; 2) bestimmt, festgesetzt. Der Ausdruck bedeutet in der Redensart in festen Händen sein, daß Waaren im Besitze solcher Häuser sind, welche nicht durch Mangel an Gelde zu ihrer Veräußerung gezwungen werden, die daher, um sie loszuschlagen, das Steigen der Preise abwarten können. Auf ähnliche Weise spricht man von festem Markte, um anzuzeigen, daß im Verkehr das bisherige Schwanken der Preise aufgehört hat und dieselben nunmehr seit einiger Zeit ohne Veränderung geblieben sind.

Filialbank, nennt man diejenige Bankanstalt, welche von der Hauptbank in entfernteren Handels- oder Hauptplätzen des Landes gegründet ist, um den Verkehr in demselben und in der Gegend zu erleichtern; also Nebenbank, Unterbank, Tochterbank. Sie stehen sämmtlich in Verbindung mit der Hauptanstalt.

Filialhandlung, gleich Nebenhandlung, Commandite, Factorei.

Finanzen, (franz. u. engl. finances) 1) eigentlich die Einkünfte des Staats; 2) das Vermögen des Staats; 3) der Vermögenszustand jeder Privatperson; 4) der Geldvorrath, die Baarschaft.

Fingiren, 1) erdichten; 2) annehmen; 3) vorgeben; also 4) gleich simuliren.

Fingirte Münze, erdichtete, eingebildete Münze nennt man solche Münzen, welche, ohne wirklich ausgeprägt zu sein, als Maßstab bei Rechnungen im Handel und Verkehr dienen und deren Werth jedesmal gesetzlich festgestellt ist. Die sogenannte Bankvaluta, das englische Pfund Sterling u. a. gehören hierher. Ihr Werth selbst ist keiner Veränderung unterworfen, wohl aber ändert sich das Verhältniß des Courantgeldes zu ihr.

Fingirte Rechnung, s. Conto finto.

Firma, nennt man den Namen, unter welchem ein Handlungshaus sein Geschäft führt und im Handelsstande bekannt ist, also Handlungsname. Sie ist nicht immer zugleich die Benennung der Besitzer, indem gewöhnlich nur der Chef der Handlung zur Firma seinen Namen leiht, die übrigen Mitglieder aber gewöhnlich durch die Anhängung der Worte et Compagnie bezeichnet werden. Nur bei zwei Theilnehmern würde der Name der Firma auch meist als Name der Besitzer angesehen werden können, besonders bei neugegründeten Etablissements, indem bei älteren, die an andere Besitzer übergehen, in der Regel die alte bekannte Firma beibehalten wird, um das derselben gewordene Vertrauen auf die neuen Besitzer zu übertragen. Die Firma der Handlung, welche zugleich die Unterschrift in Handelsangelegenheiten bildet, muß der Kaufmannschaft besonders angezeigt werden.

Firman, in Ostindien gleich Handelspatent.

Firmiren, mit der Firma unterzeichnen.

Fiscus, 1) das Staatsvermögen des Regenten, welches ihm durch besondere Rechte zugesichert ist, zu denen das Confiscationsrecht u. a. gehören; 2) die diese Rechte vertretende Behörde; 3) gleichbedeutend mit Fiscal.

Fix, (franz.) 1) fest; 2) bestimmt; 3) festgesetzt; 4) unveränderlich.

Fixe Wechsel, gleich präcise Wechsel.

Fixiren, 1) festsetzen; 2) bestimmen; 3) festhalten.

Fixum, (latein.) 1) eigentlich das Bestimmte, Feste; 2) gleich fester Gehalt, Salair.

Flagge, (franz. pavillon oder bannière, engl. flag) nennt man die an dem Mast der Schiffe aufgesteckte Fahne, durch deren Farbe die Nation bezeichnet wird, welcher das Schiff angehört.

Flaggen, die Flagge aufziehen; der Schiffer nennt es aufhissen, im Gegensatze von streichen, sie herunter lassen.

Flämisch oder vlämisch, fingirte Münzwährung, deren man sich zur Bestimmung des Waaren- und Wechselcours in Holland und Hamburg bedient.

Flau, (engl. flat, franz. faible u. languissant) 1) eigentlich lau; daher 2) kraftlos; 3) schwach. Von Waaren und Wechseln wird es gesagt, wenn sie ohne Nachfrage, schwankend im Preise und diese zum Sinken geneigt sind; im Verkehr selbst nennt man den Zustand so, wenn weder die Verkäufer geneigt sind, zu den gebotenen Preisen zuzuschlagen, noch die Käufer, wegen Mangel an Umsatz, oder wegen einer Handelscrisis, die sie erst abwarten wollen, bessere Gebote abzugeben. Es verräth einen Mangel an Lust zum Kaufen sowohl wie zum Verkaufen und es werden, so lange diese Stimmung dauert, welche sich in der Regel nur auf einzelne Artikel erstreckt, nur die unvermeidlichen Geschäfte gemacht, also nicht auf Speculation gekauft.

Flößen, (franz. faire flotter, engl. to floot) 1) eigentlich schwimmend erhalten; 2) zu Flößen vereinigte Hölzer stromabwärts leiten.

Floß, (engl. float of wood u. float-boat, franz. radeau) im Holzhandel die zum Zwecke des Wassertransports neben einander gelegten und mit einander verbundenen Balken oder Hölzer, die nach Art der Schiffe stromabwärts geleitet werden; 2) oft gleichbedeutend mit Fähre, indem man sich häufig ähnlicher Vorrichtungen zum Uebersetzen von Personen und Gütern bedient.

Flott, (engl. afloat, franz. à flot) heißt Alles, was schwimmt, schwimmen kann, nicht auf dem Grunde des Wassers festsitzt; daher flott machen von Schiffen 1) bewirken, daß sie von der Sandbank oder dem Felsen, auf welchem sie getrieben sind, wieder loskommen und weiter schwimmen, schiffen können; oft auch 2) sie segelfertig, reisefähig, reisefertig machen.

Foliiren, die Blätter eines Buches mit fortlaufenden Nummern bezeichnen; also gleich paginiren, obwohl dieses die Bezeichnung jeder einzelnen Seite anzeigt.

Folium, (latein.) 1) eigentlich die Hälfte des ganzen Bogens; gewöhnlich aber 2) das Blatt; 3) die Blattseite, also gleich Pagina.

Fonds, (franz., engl. funds) 1) das Grund- oder Stammcapital, mit welchem ein gemeinschaftliches Unternehmen in Gang gebracht wird; daher 2) gleich Anlagecapital; 3) das Capital, mit welchem die Geschäfte einer Handlung überhaupt betrieben werden; also 4) gleich Betriebscapital; 5) Handlungsvermögen; 6) gleich öffentliche Fonds, das Staatsvermögen; 7) die für die Verwaltung einzelner Anstalten im Staate bestimmten Capitalien; 8) in England die zur Tilgung der Nationalschuld, zur Einlösung der Schatzkammerscheine u. dgl. bestimmten öffentlichen Abgaben; 9) oft gleichbedeutend mit Staatsobligationen, Staatspapiere.

Formalitäten, Förmlichkeiten, nennt man das, was sich nur auf das Aeußere einer Sache bezieht, aber erforderlich ist, um die Giltigkeit derselben zu begründen. Es gehört Alles hierher, was bei Ausstellung von Wechseln und andern in der Handlung täglich vorkommenden Scheinen und Papieren zu beobachten ist und der Kaufmann ist an Beobachtung dieser Vorschriften streng gebunden, da sie zur Rechtsgiltigkeit der darauf bezüglichen Handlungen wesentlich beitragen, ja diese oft allein darauf beruht.

Formular, (franz. formulair) 1) Vorschrift; 2) Muster; 3) Bezeichnung der vorgeschriebenen Art und Weise, in welcher etwas gethan oder abgefaßt werden soll; 4) die gedruckten, unausgefüllten Exemplare von Wechseln, Preiscouranten, Frachtbriefen u. dgl. selbst.

Forum, (engl. forum, court) nennt man diejenige Gerichtsstelle oder Gerichtsbarkeit, welcher man in streitigen Sachen unterworfen ist und bei welcher allein man gerichtlich belangt werden kann.

Fourniren, (franz. fournir, engl. fournish) 1) herbeischaffen, anschaffen; 2) liefern; 3) vorstrecken, vorschießen.

Fournisseur, (franz., engl. fournisher) der Lieferant.

Fracht, (franz. fret, engl. freight) 1) die auf einem Schiffe oder Wagen zur Versendung verladenen Güter, die Ladung; sie unterscheidet sich in Schiffsfracht oder Seefracht, worunter man die Ladungen der Seeschiffe vorzugsweise begreift; Wasserfracht oder Ladung der Flußschiffe; doch wird auch diese häufig Schiffsfracht genannt, und Landfracht, Ladungen per Achse; 2) der für die Fracht entrichtete Lohn, Frachtlohn.

Frachtbrief, (engl. bill of lading, franz. lettre de voiture) heißt das specielle Verzeichniß der von einem Frachtführer in Ladung genommenen Güter, welches zugleich das Gewicht der einzelnen Collis, die bedungene Fracht, die Lieferungszeit und die Addresse des Empfängers enthält, und vom Versender eigenhändig unterzeichnet ist. Der Ausdruck wird in der Regel nur von der Landfracht gebraucht und bei Schiffsfracht tritt das Connossement an seine Stelle.

Frachtcontract, ist der über die Uebernahme oder Ertheilung von Fracht zwischen dem Befrachter und dem Frachtführer abgeschlossene Vertrag, bei Seefracht die Certepartie. Bei Landfracht beruht derselbe meist auf mündlicher Verabredung und der Frachtbrief vertritt zugleich die Stelle des darüber sonst aufzunehmenden Documents; eben so bei der Wasserfracht das Connossement. Auf Grund dieses Contracts muß der die Fracht Uebernehmende dieselbe im empfangenen Zustande abliefern, weshalb bei offenen Ladungen gewöhnlich versiegelte Proben an den Empfänger eingesendet und gleich dem Frachtführer übergeben werden, welche dann als der Maßstab zu betrachten sind, welcher über die gehörige, probemäßige Lieferung entscheidet. Der Frachtcontract verpflichtet den Frachtführer auch zur Haftung für jeden Schaden, welcher nicht durch unabwendbaren Zufall, äußere Gewalt, oder innere Fehler der verladenen Güter, und fehlerhafte, schlechte Verpackung entstanden ist. Auch muß bei später als angegeben erfolgter Lieferung der Frachtführer nachweisen, daß er den Verzug nicht verschuldete. Nach contractlich geschehener Lieferung bleibt ihm dagegen auf Höhe der Fracht und der gehabten Auslagen ein Pfandrecht an der Ladung.

Frachtfahrer, überhaupt diejenigen, welche Kaufmannsgüter um Lohn von einem Orte zum andern führen; daher 1) (franz. voiturier, engl. carrier) Frachtfuhrmann; 2) Rheder; 3) Kauffahrer; 4) Frachtschiffer; 5) Schiffer.

Frachtgeld, (franz. voiture, engl. freightage) gleich Fracht, Frachtlohn, Frachtgebühr.

Frachtgüter, 1) Güter, welche in Fracht gegeben werden oder sind; daher 2) gleich Fracht, Ladung, verladene Güter.

Frachtmäkler, gleichbedeutend mit Güterbestätiger.

Frachtschiff, Bezeichnung des Schiffes, welches hauptsächlich zur Versendung von Kaufmannsgütern verwendet wird; besonders 2) von Seeschiffen gleich Kauffahrer, im Gegensatze der Kriegsschiffe.

Frachtstück, jedes einzelne in Ladung gegebene, oder zur Verladung bestimmte Stückgut.

Frachtzettel, gleich Frachtbrief, Frachtliste.

Frankiren, die Kosten der Versendung einer Sache entrichten, so daß sie kostenfrei in die Hände des Empfängers kommt, also sie frei machen. Der Ausdruck wird hauptsächlich von so übermachten Sendungen durch die Post gebraucht, und bedeutet hierbei portofrei überschicken.

Franco, (italien.) frei, kostenfrei, portofrei. Auf der Adresse von Briefe zeigt es an, daß der Empfänger sie ohne weitere Kosten entgegen nehmen kann und daß diese durch den Absender berichtigt sind.

Francozwang, heißt die bei den Postanstalten bestehende Vorschrift, Briefe, welche nach gewissen Ländern geschickt werden, ganz oder zum Theil, gewöhnlich, bis zur Grenze frei machen zu müssen.

Frei an Bord, (franz. portée à bord) bezeichnet auf Frachtcontracten, daß der Versender es übernommen hat, die zu verladenden Güter auf seine Kosten bis ins Schiff zu bringen, daß also der Empfänger oder Käufer sie ohne weitere Unkosten auf dem Schiffe in Empfang zu nehmen, aber alle Kosten der Ausladung und des weitern Transportes zu tragen hat.

Freibeuter, 1) gewöhnlich in der Bedeutung von Corsar, Seeräuber; oft aber auch 2) in der von Caper genommen.

Freibrief, 1) gleich Licenz; 2) Patent; 3) Passierschein; 4) Erlaubnißschein; 5) Concession; 6) Privilegium.

Freihafen, (italien. porto franco, franz. port franc, engl. free-port) nennt man denjenigen Hafen, in welchen die Schiffe fremder Nationen entweder ohne öffentliche Abgaben überhaupt, oder doch nur mit sehr geringen belegt, einlaufen und Handel treiben können. Zu diesem Zwecke werden die Güter, so weit sie nicht im Orte verbraucht werden, in einem öffentlichen Entrepot niedergelegt, um erst dann versteuert zu werden, wenn sie nicht zur Wiederausfuhr bestimmt sind, sondern im Lande bleiben.

Freimachen, 1) s. frankiren; 2) von Waaren oft in der Bedeutung, sie zollfrei machen; den Zoll dafür entrichten.

Frist, 1) überhaupt der Zeitraum, innerhalb dessen ein

Geschäft verrichtet oder etwas geleistet werden soll; also gleich Termin; 2) Aufschub, Prolongation.

Fristen, 1) eigentlich Frist gewähren; daher 2) aufschieben; 3) stunden; 4) Nachsicht haben.

Führen, von Handlungsgegenständen sie zum Verkauf haben, verkaufen.

Function, 1) eigentlich die Verrichtung; daher 2) das Geschäft; 3) die Dienstverrichtung; also 4) gleich Engagement.

Fundirte Schuld, 1) Bezeichnung der englischen Staatsschuld, insofern Capital und Zinsen durch Ueberweisung bestimmter Staatseinkünfte auf dieselben gedeckt sind; 2) die auf dergleichen Anleihen ausgefertigten und cursirenden Staatspapiere; also ziemlich gleich mit Consolidirte.

Fungiren, gleichbedeutend mit conditioniren, engagirt sein.

Fustage, (franz., italien. fusti) 1) das Unreine, der Abgang von Waaren; 2) der in Folge desselben an der Factur gemachte Abzug.

Fustirechnung, die Berechnung, wodurch der Betrag des Unreinen selbst so wie der des Werthes davon ermittelt wird.

Fuß, bei Briefen gleichbedeutend mit Schluß, Ende.

G.

G. auf Courszetteln Abkürzung für Geld.

Gabarre, (franz.) 1) ein plattes und breites Fahrzeug, dessen man sich bedient, um Waaren von den Schiffen in die Niederlagen und aus diesen in die Schiffe zu bringen, wenn das Wasser nicht tief genug ist, um mit den Schiffen selbst an jene kommen zu können; doch ist in dieser Beziehung dafür der Ausdruck Lichter, Leichter, gebräuchlicher. 2) oder **Patache**, das vor dem Hafen oder der Mündung des Flusses vor Anker liegende Wacht- und Zollschiff; 3) diejenigen Schiffe, welche den, durch den Bagger aus den Canälen oder dem Fahrwasser heraufgehaltenen, Schlamm verführen.

Gabarrage, (franz.) gleich Lichtergeld, Lichterlohn.

Gabelung, s. Kabelung.

Gage, (franz.) selten und gleichbedeutend mit Gehalt, Salair.

Galanteriehandel, der ausschließliche Verkauf von Galanteriewaaren.

Galanteriewaaren, nennt man diejenigen zierlichen und feinen Waaren, welche fast ausschließlich Gegenstände der Mode, des Putzes und des Luxus sind.

Gant oder Vergantung, jetzt nur noch selten vorkommender Ausdruck 1) für öffentlicher Verkauf beweglicher und unbeweglicher Güter; also Auction und Subhastation; 2) mitunter gleichbedeutend mit Concurs.

Ganthaus, das Local, wo die Versteigerung stattfindet, Auctionslocal.

Gantmann, der Schuldner, besonders der Concursschuldner.

Gantprozeß, gleichbedeutend mit Concursverfahren.

Gantregister, Verzeichniß der zu versteigernden Sachen.

Garant, (franz., engl. guarantee) der Gewährsmann, Bürge.

Garantie, (franz., engl. guaranty) 1) die Gewährschaftsleistung, Bürgschaftsleistung; daher 2) Sicherung, Sicherheit; 3) oft gleich Deckung.

Garantiren, (franz. garanter) 1) Gewähr leisten, bürgen, haften; 2) sichern, decken, gutstehen.

Gazette, (franz., italien. gazetta) die Zeitung.

Geborgen, 1) von Schiffen sicher in den Hafen eingelaufen sein; 2) von Waaren bei Schiffbruch und ähnlicher Seegefahr gerettet, ans Land gebracht sein; daher 3) gesichert sein überhaupt und 4) mitunter gleichbedeutend mit durch Assecuranz für den Verlust gedeckt sein.

Gediegen, (franz. solide) soviel wie rein, ohne Zusatz und unvermischt. Der Ausdruck wird hauptsächlich von edlen Metallen gebraucht.

Gedrückt, 1) vom Preise herabgedrückt, niedrig; 3) von Geschäften erschwert, gehindert, verhindert, matt.

Gefahr, 1) bei der Schifffahrt jede verborgene Klippe, Sandbank u. dgl.; 2) Inbegriff jedes Unfalls, welcher dem Schiffe während der Fahrt begegnen kann.

Gefälle, nennt man alle an den Staat unter verschiedenem Namen zu entrichtenden Abgaben.

Gefragt, von Waaren gleichbedeutend mit begehrt, gefordert, gesucht.

Gegenbuch, s. Contrabuch und Controle.

Gegenforderung, (franz. décompte, engl. counterdemand) 1) jede Forderung, welche man an diejenigen zu machen hat, denen man selbst verschuldet, Gegenrechnung; s. Compensation; 2) Abzug überhaupt.

Gegengewicht, (franz. contrebalance) 1) Gleichgewicht überhaupt; 2) bei Schiffladungen die gleiche Belastung des Schiffes auf beiden Seiten.

Gegenschein, jede Bescheinigung, die einer andern, auf dieselbe Sache sich beziehenden, entgegengesetzt ist.

Gegenwechsel, s. Rückwechsel.

Gehalt, 1) Verhältniß des reinen Metalls zur Beimischung, oder der innere Werth der Gold- oder Silbermünzen; 2) der innere, reelle Werth der Waaren überhaupt in Bezug auf ihre Hauptbestandtheile und Güte; 3) mitunter gleichbedeutend mit Inhalt; 4) das Diensteinkommen, Salair, Gage, Lohn.

Geheimbuch, ist dasjenige Buch, welches der Principal einer Handlung selbst führt; um darin Geschäfte oder überhaupt die Handlung betreffende Notizen aufzuzeichnen, welche er allein zu kennen wünscht.

Gehen, von Waaren gleich Abgang finden.

Geld, (franz. argent, engl. money) ist in seiner eigentlichen kaufmännischen Bedeutung das allgemeine Austausch- und Zahlungsmittel. Es besteht in der Regel nur aus edlen Metallen, und wird, wenn diese in besondere Stücke ausgeprägt sind, Münze genannt. Die besondern Arten des Geldes sind Rechnungsgeld, nach welchem die Kaufleute Buch- und Rechnung führen; Correntgeld oder Courant (s. d.); Banko (s. d.) Wechselgeld (s. d.) und Papiergeld (s. d.). Alle diese Geldarten sind zuletzt immer auf einen bestimmten gleichgeltenden Werth edler Metalle zurückzuführen.

Geldcours, ist der jedesmalige Werth, den eine bestimmte Münze an einem Platze zufolge der Handelsconjuncturen hat; s. Cours.

Geldcrisis, s. Crisis.

Geldmäkler, (franz. courtier oder agent de change, engl. scrivener) heißen diejenigen Personen, welche die Umwechselung der verschiedenen Geldsorten im Handel vermitteln.

Geldmangel, ist die fühlbare Verminderung des in einem Lande vorhandenen geprägten oder baaren Geldes. Außer vielen allgemeinen Ursachen bewirken denselben zu große Baarsendungen an das Ausland.

Geldumlauf, s. Circulation.

Gelten, (franz. valoir, engl. be worth) 1) einen bestimmten Preis haben; 2) im höhern als gewöhnlichen Preise stehen; daher 3) gesucht, begehrt sein.

Gemacht, gebraucht man hauptsächlich in den Bedeutungen von 1) abgemacht, ausgemacht; 2) festgestellt, bestimmt; 3) unveränderlich, fest; 4) verkauft, abgesetzt.

Gemachte Briefe oder **Wechsel**, nennt man diejenigen, die nicht dem Inhaber ausgestellt worden sind und die bereits auf der Rückseite ein oder mehrere Giros enthalten.

Gemeingläubiger, heißen im Concurs die gesammten Gläubiger der Masse, welche gemeinschaftliche Rechte auf das Vermögen des Falliten haben.

Gemeinschuldner, im Concurse gleich Fallit, derjenige, an dessen Vermögen Mehrere gemeinschaftliche Ansprüche und Rechte geltend machen.

Genehm sein, 1) anständig sein, anstehen; 2) genehmigen.

General, (franz.) allgemein, überhaupt.

Generalbilanz, gleich Schluß- oder Hauptbilanz.

Generalconto, 1) das Conto über alle in der Handlung vorkommenden Geldgeschäfte; 2) die Rechnung oder das Conto Mehrerer, mit denen man in Geschäftsverbindung steht; 3) der Inbegriff aller Conten überhaupt; 4) bei Havarie die Rechnung über alle Unkosten, welche in Bezug auf das Schiff und die Ladung entstanden sind.

General-Waarenconto, die Rechnung im Hauptbuch, worauf alle gekauften und verkauften Waaren nebst deren Betrage eingetragen stehen.

Gerant, (franz.) Geschäftsführer, Disponent.

Gerbelur, veraltet für Fustage.

Geschäfte, 1) eigentlich Alles, womit man beschäftigt ist, oder was man treibt; daher 2) in der Handlung der Ein- und Verkauf der Waaren, der Verkehr; 3) mitunter auch der daraus gezogene Gewinn oder Verlust.

Geschirr, (franz. équipage) 1) in der Schifffahrt: Gefäß, Schiff; 2) gleich Equipage, Pferd und Wagen, besonders wenn sie zum Versenden der Güter gebraucht werden.

Geschlossen, 1) beendet, abgemacht; 2) durch Unterschrift anerkannt; 3) verschlossen; 4) vom Preise gleich abgeschlossen, fest.

Gesellschaft, s. Societät.

Gesellschaftscontract, s. Societätscontract.

Gesperrt, sagt man von der See, wenn sie, wegen der Jahreszeit, von den Küsten aus nicht befahren werden kann.

Gesuch, gleich Nachfrage, Begehr, Verlangen, Kauflust.

Gewähr leisten, 1) überhaupt versichern, daß eine Sache die bedungene, und so beschaffen sei, wie man sie verlangt hat; 2) in rechtlicher Beziehung den Käufer einer Sache gegen die Ansprüche eines Dritten schützen; 3) gleich sichern, caviren; 4) decken, assecuriren.

Gewährleistung, 1) die Handlung, vermittelst welcher jene Sicherung gegeben wird; 2) die darüber ausgestellte Urkunde; 3) gleich Police.

Gewandhaus, im Tuch- und Manufacturwaarenhandel an einigen Orten, das während der Messe zum Ausstellen der Waaren eingeräumte Gebäude.

Gewicht, 1) Schwere überhaupt; 2) ein Körper von bestimmter Schwere, um durch ihn die Schwere eines andern zu ermitteln oder zu bestimmen.

Gewichtig, bei Münzen, das volle, gesetzlich bestimmte Gewicht besitzend, vollwichtig.

Gewinn, 1) die bei Handelsunternehmungen sich ergebende Vergrößerung des angelegten Betriebscapitals, die sich durch eine von Zeit zu Zeit aufgestellte Inventur ergiebt; 2) derjenige Betrag, um den der Verkaufspreis einer Sache den Einkaufspreis derselben überwiegt. In beiden Fällen zerfällt er in Brutto- und Nettogewinn (s. d.).

Gewinn u. Verlust-Conto, die, über den aus den verschiedenen Geschäften entstehenden Gewinn oder Verlust, im Hauptbuche angelegte Rechnung.

Gezogener Wechsel, (engl. draft) gleichbedeutend mit Tratte, die vom Wechselgeber für jeden besonderen Fall auf einen Dritten ausgestellt wird, also noch keine Indossamente enthält.

Gilde, 1) gleichbedeutend mit Innung oder Corporation, ein vom Staate anerkannter Verein, mit besonderen Statuten und Gerechtsamen. Hie und da nennt man die Corporation der Kaufleute auch wohl noch Kaufmannsgilde; 2) der Ort, an welchem die zur Corporation gehörenden Mitglieder zusammen zu kommen pflegen; das Gildehaus.

Girant, ist derjenige, welcher, als Inhaber eines Wechsels, denselben an Zahlungsstatt oder sonst an einen Dritten überläßt; also gleich Indossant.

Giriren, (franz. endosser) 1) eigentlich umlaufen; 2)

in Umlauf bringen; 3) veräußern, verkaufen; 4) abtreten, übertragen. Es kommt dieser Ausdruck jedoch hauptsächlich nur bei Wechseln vor und zeigt dann an, daß der Inhaber einer Tratte dieselbe einem Dritten überwiesen habe, der nun in die Rechte des frühern Besitzers tritt; es ist also gleichbedeutend mit indossiren und hat 5) den Nebenbegriff: die geschehene Uebertragung auf der Rückseite des Wechsels bemerken; mitunter, obwohl selten, kommt es 6) auch in der Bedeutung vor, mit Wechseln Handel treiben.

Giro, (italien.) 1) eigentlich der Kreis, Umlauf; 2) die Abtretung oder Uebertragung, besonders der Wechsel, von einem Inhaber auf den andern; 3) die über diese Uebertragung ausgestellte Bescheinigung auf der Rückseite des Wechsels, welche, außer dem Namen des Uebertragenden und Uebernehmers, auch die Zeit der erfolgten Uebertragung, so wie die Angabe der empfangenen Valute enthalten muß. Ueber das Giro in Blanco s. Blanco. Vgl. Indossament.

Girobank, s. Bank.

Giral, heißt derjenige, an den der Inhaber eines Wechsels seine Rechte überträgt; der Uebernehmer, Indossat.

Gläubiger, ist jeder, welcher an einen andern eine Forderung hat.

Goldbarre, (franz. barre d'or) ein Stück zusammengeschmolzenes Gold, im Gegensatze zum ausgeprägten.

Governo, (italien.) 1) eigentlich Anführer, Führer; 2) Regel, Richtschnur.

Gradatim, (latein.) Schritt, vor Schritt, nach und nach, allmälig.

Gratification, (franz.) 1) eigentlich jede außerordentliche Vergütigung; 2) selten gleich Gehalt; 3) gleich Caplaken.

Grobe Waare, im Handel diejenigen gangbaren Artikel, welche vorzüglich ins Gewicht fallen und meist in rohen Producten bestehen.

Grossirer, (franz. grossier, engl. wholesale merchant) Großhändler, der Kaufmann, welcher seine Waaren nur im Ganzen und nicht im Einzelnen, also nicht pfund- oder ellenweise verkauft, auch sie unmittelbar oder aus erster Hand bezieht.

Groß-Avantur-Contract, (franz. contract à la grosse nemlich avanture, engl. bill of bottomry) heißt ein Geldgeschäft, wodurch dem Eigenthümer eines Schiffes, oder gewisser darauf verladener Güter, Geld vorgeschossen wird, unter der Bedingung der Wiedererstattung mit hohen Zinsen, wenn das Schiff wohlbehalten an seinen Bestimmungsort gelangt, wogegen er nichts zu zahlen braucht, wenn das Schiff zu Grunde geht. Es ist also eine Art Versicherung, wobei die Vorausbezahlung der versicherten Summe stattfindet. Die Uebernahme der Gefahr rechtfertigt die höheren Zinsen. Dieser Vertrag bildet einen Bestandtheil des Bodmerei-Contractes im Allgemeinen, wenn er vom Capitain während der Reise abgeschlossen wird; wird jedoch als ein selbstständiges Verhältniß angesehen, wenn es von den Eigenthümern der Waaren oder des Schiffs selbst an Ort und Stelle vor der Reise eingegangen wird. In diesem Falle unterscheidet er sich von der Bodmerei dadurch, daß er von den Eigenthümern nicht bloß über das Schiff, sondern auch über die Ladung oder ihre einzelnen Bestandtheile eingegangen wird, also dem Darleiher kein Pfandrecht an dem Schiffer einräumt. Vergl. übrigens Respondentia.

Groß-Avantur-Handel, treibt der Kaufmann, welcher die vorhin genannten Geldgeschäfte macht.

Großhändler, s. Grossirer.

Grundrecht, heißt das Recht, welches dem Eigenthümer eines Strandes verstattete, von den daselbst aufgelaufenen Schiffen eine gewisse Abgabe zu erheben.

Grundruhr, ist eine andere, doch nur noch selten gebrauchte Benennung des Standrechtes.

Güter, (engl. goods, franz. marchandises) heißen im kaufmännischen Sprachgebrauch 1) alle zur Versendung verpackten Waaren oder Frachtstücke; 2) alle Gegenstände überhaupt, mit welchen eine Handlung Geschäfte macht; 3) der Inbegriff oder die Totalität aller in den Handlungsräumen niedergelegten vorräthigen oder erwarteten Waaren; 4) oft auch alles Besitzthum des Handelshauses, daher 5) gleich Besitz, Eigenthum, Habe, Vermögen. In letzterer Bedeutung wird das Wort hauptsächlich bei eintretendem Concurse aufgefaßt.

Güter abtreten, s. bonis cediren.

Güterabtretung, ist 1) die Ueberlassung der sämmtlichen Activa einer Handlung an ihre Gläubiger, zu deren Befriedigung bei der unverschuldeten Unmöglichkeit sie vollständig befriedigen zu können; 2) der Act, oder die Urkunde, vermöge welcher dieses geschieht. Vergl. Concurs, Banquerut u. dgl.

Güterbeschauer, s. Visitator.

Güterbestätter, auch Güterschaffner heißen diejenigen Personen, welche den Fuhrleuten Fracht auf dem Platze verschaffen, oder für die Versender von Waaren Fracht besorgen, oder auch die Verpackung der Ladungen und deren Fortschaffen veranstalten, wenn ihnen solche zu diesem Zwecke überliefert werden. Sie sind also eine Art Mäkler oder Spediteur und müssen obrigkeitlich bestätigt sein. In der Regel sind es keine Kaufleute und sie unterscheiden sich vom Spediteur dadurch, daß sie ihre Gebühren nicht vom Befrachter, sondern vom Waarenführer oder Fuhrmann beziehen.

Güterversender, s. Spediteur.

Güte, von Waaren gebraucht, bezeichnet 1) deren Beschaffenheit überhaupt; 2) die gute Beschaffenheit, den innern Werth oder Gehalt derselben.

Gutgewicht, nennt man denjenigen Nachlaß an dem Gewicht der Waaren, welcher, jedoch nur im Großhandel, dem Käufer bewilligt wird, um ihn theils für die Ungenauigkeit im Wiegen, theils für den beim Transporte stattfindenden Abgang zu entschädigen. Es ist immer bestimmt und unterscheidet sich dadurch von der nach der Verpackung sich regelnden Tara, mit der es zugleich vom Bruttogewicht in Abzug kommt, um das Netto zu erhalten.

Guthaben, 1) die Forderung, die ein Kaufmann an denjenigen hat, mit welchem er in Geschäftsverbindung steht, das Debet im Hauptbuche; 2) der Ueberschuß des Debet über das Credit, also der Saldo.

Gutsagen, 1) von Waaren für ihre Beschaffenheit einstehen; 2) von Leistungen oder Zahlungen für ihre Erfolgung haften; daher 3) bürgen, garantiren überhaupt.

Gutschreiben, Jemanden eine Summe, die man baar oder in Waaren von ihm empfangen hat, als von ihm erhalten im Buche eintragen; also gleichbedeutend mit creditiren und erkennen.

H.

Habe heißt 1) die Gesammtheit dessen, was man besitzt, überhaupt; daher 2) gleich Eigenthum, Vermögen. Bezieht es sich jedoch lediglich auf die Gesammtheit der zur Handlung gehörenden Waaren, so ist der Ausdruck Güter (s. d.) gebräuchlich.

Haben, (franz. avoir) bedeutet in der Buchführung

1) Alles dasjenige, was der Kaufmann von seinen Geschäftsfreunden für gelieferte Waaren oder auf Credit erhalten hat, und was auf die rechte Seite des Hauptbuches eingetragen wird; also gleich Credit; 2) die Seite selbst, auf welcher es eingetragen steht, Creditseite.

Habilitiren (sich), gleich sich etabliren, welches gebräuchlicher ist.

Hafen (franz. und engl. port) heißt der durch Kunst oder von der Natur gebildete Ort an den Küsten des Meeres oder in größern Flüssen, wo Schiffe sicher vor den Einflüssen der Winde liegen können. Hierdurch unterscheidet er sich eben von der Rhede, welche diese Sicherheit nicht bietet, obwohl sie, wie dieser, hinreichende Tiefe und passenden Ankergrund haben muß.

Hafengeld (engl. keelage, franz. ancrage) heißt die für das Liegen im Hafen von den Schiffen bezahlte Abgabe.

Hafenmeister, 1) derjenige, welcher die Aufsicht über die Ordnung im Hafen führt und den einlaufenden Schiffen ihren Standpunkt anweist; der Hafenaufseher; 2) der Beamte, welcher für gehörige Instandhaltung des Hafens Sorge zu tragen hat; der Hafeninspector; 3) der im Hafen mit Erhebung der Zölle und Abgaben beauftragte Beamte. Die Bedeutung des Wortes ist in verschiedenen Häfen verschieden.

Hafenräumer s. Bagger.

Hafenstraße nennt man das fahrbare Wasser, welches den Hafen mit der eigentlichen Wasserstraße verbindet.

Haferei s. Havarie.

Halle, 1) ein öffentliches geräumiges, mitunter gewölbtes Gebäude, in welchem Kaufmannsgüter unter obrigkeitlicher Aufsicht aufbewahrt zu werden pflegen; also ungefähr das, was jetzt der Packhof ist; 2) mitunter ein gleichartiges, zum Verkauf der Waaren bestimmtes Gebäude, Bazar; und 3) der mit Verkaufsbuden umgebene Markt oder freie Platz in Städten. Alle diese Bedeutungen sind indessen nicht mehr gebräuchlich und nur noch Erinnerungen davon geblieben. (Hamburger Börsenhalle).

Hand. Dieses Wort, das soviel wie selbst, eigenhändig, eigenwillig bedeutet, kommt in mehreren kaufmännischen Redensarten vor, welche hier zusammengestellt werden mögen.

Erste Hand bedeutet 1) bei Waaren der Producent, oder

der Ort, das Land, wo sie gewonnen werden; 2) bei Wechseln der Aussteller derselben. Daher:

Aus erster Hand beziehen, 1) Waaren direct, also vom Producenten, oder dem Orte, wo sie gewonnen werden, verschrieben; 2) Wechsel vom Aussteller selbst, also nicht durch Indossement erhalten.

Freie Hand, 1) freiwillig; 2) unbeschränkt, ungebunden. Daher:

Freie Hand haben, 1) überhaupt unbeschränkt handeln können; 2) besonders aber bei Aufträgen an kein Limitum gebunden sein; 3) nach Einsicht und Gutdünken verfahren und 4) etwas thun oder lassen können.

Aus freier Hand verkaufen, freiwillig und selbst, nicht gezwungen und durch einen Dritten veräußern. Dem Verkauf aus freier Hand steht der nothwendige und gerichtliche Verkauf entgegen.

Auf eigene Hand unternehmen, 1) gewöhnlich gleichbedeutend mit auf eigene Rechnung und Gefahr unternehmen; oft aber auch 2) bloß aus eigenem Antriebe und von Keinem dazu veranlaßt etwas thun, und 3) soviel wie dieses allein, ohne Beihilfe Anderer beginnen und durchführen.

Aus der Hand verkaufen, 1) eigentlich selbst, also ohne Unterhändler, ohne Vermittelung veräußern; daher 2) auf directem Wege verkaufen; oft auch 3) auch en detail verkaufen; 4) gleich bei zufälliger Nachfrage nach einer Sache, oder bei zufälliger Gelegenheit zum Verkauf derselben sie veräußern, ohne daß sie gerade ausdrücklich dazu bestimmt ist. Letztere Bedeutung kommt jedoch im kaufmännischen Sprachgebrauch selten vor.

Nach der Hand kaufen oder verkaufen, 1) nach bloßer ungefährer Schätzung des Maßes oder Gewichtes, sowie 2) des Werthes kaufen; 3) oft in beider Hinsicht zugleich an sich bringen oder veräußern; daher 4) auch gleich mit Kauf oder Verkauf in Bausch und Bogen.

Unter der Hand verkaufen, 1) eine Waare veräußern, ohne anzuzeigen, daß man sie zum Verkauf führe; 2) heimlich, im Stillen, verkaufen; 3) gegen gesetzliche Bestimmungen verkaufen; 4) bei sich bietender Gelegenheit, gelegentlich, veräußern.

Aus oder von der Hand ziehen, einen Wechsel ausstellen; trassiren.

Die Hand bieten, 1) behilflich sein, beistehen; 2) aushelfen, aufhelfen; 3) helfen überhaupt.

Handel (franz. commerce oder negoce, engl. commerce, trade) ist 1) überhaupt der wechselseitige Verkehr mit Producten der Natur oder der Kunst und des Gewerbefleißes; besonders aber 2) die ausschließliche Beschäftigung gewisser Personen damit, welche die betreffenden Gegenstände an sich bringen, um sie mit Gewinn wieder zu veräußern; daher 3) gleichbedeutend mit Ein- und Verkaufsgeschäft, Kaufhandel; 4) s. Handlung. Der Kaufhandel zerfällt in Handel en gros und en détail, in Binnenhandel und auswärtigen Handel, dieser aber wieder in Zwischenhandel oder Speditionshandel und Consumtionshandel.

Handeln, Ein- und Verkaufsgeschäfte treiben, s. Handel.

Handelsagent s. Agent.

Handelsbilanz (franz. balance du commerce, engl. balance of the trade) 1) im Allgemeinen die Zusammenstellung und Vergleichung der Ausfuhr eines Landes oder eines Ortes mit der Einfuhr; 2) das daraus hervorgehende günstige oder ungünstige Resultat; 3) bei einzelnen Handelshäusern gleich Bilanz (s. d.).

Handels-Geographie heißt die Erdbeschreibung, insofern sie die verschiedenen Länder der Erde in ihren commerciellen Beziehungen zu einander, in Betreff ihrer Erzeugnisse der Natur und Kunst und Alles dessen, was dem Kaufmann ausschließlich zu wissen nöthig ist, kennen lehrt.

Handelsgerichte (franz. tribunal de commerce; engl. board of trade) nennt man diejenigen Gerichte, welche nur in streitigen Handelsangelegenheiten entscheiden und aus Juristen und Kaufleuten zusammengesetzt sind. Das Verfahren ist meistentheils mündlich, übrigens schnell so wie die Vollstreckung der von ihnen gesprochenen Urtheile. Sie bestehen nur an einigen größern Handelsstädten und führen mitunter noch den Titel Commerz- oder Admiralitäts-Collegium.

Handelsgeschichte legt, wie die Geschichte die allgemeinen Zustände der Völker, besonders dasjenige dar, was zum Entstehen und Aufblühen oder Verfall ihres Handels beigetragen hat.

Handelsgesellschaft s. Handelssocietät.

Handelsgewächse nennt man die nicht zu unentbehrlichen Nahrungsmitteln gehörenden, sondern als Gewürz, zu medizinischen Zwecken und zum technischen Betriebe benutzten Gewächse und Pflanzen.

Handelsgewicht (franz. poids marchand; engl. avoirdupois) das beim Waarenhandel im Großen vorkommende gröbere Gewicht, im Gegensatze zu dem kleinern im Einzelnhandel üblichen, früher sogenannten Krämergewicht.

Handelskammer oder Handelscollegium nennt man in einigen Ländern eine von der Regierung berufene oder bestätigte Versammlung von Kaufleuten, um über die Handelsangelegenheiten des Landes oder Ortes zu berathen und so als berathende Behörde der Regierung zur Seite zu stehen, insofern es sich um Handelsinteressen handelt.

Handelsmann, 1) eigentlich gleich Kaufmann überhaupt; besonders aber 2) der mit Kleinhandel sich beschäftigende Kaufmann; Kleinhändler, Krämer; 3) wer, ohne Kaufmann zu sein, mit beliebigen, gleichviel ob neuen oder alten Gegenständen, besonders wenn sie außerhalb des kaufmännischen Betriebes liegen, Handel treibt, also Trödler; 4) oft auch gleichbedeutend mit Hausirer.

Handelsplätze nennt man 1) diejenigen größeren Städte, wo ein starker Waarenumsatz und bedeutende Geldgeschäfte, sowohl für gewöhnlich, als auf besondern Märkten und Messen stattfindet; 2) oft gleich Stapelplätze.

Handelspolitik, heißen die Grundsätze der Regierung, welche sie in Betreff des Handelsverkehrs ihrer Unterthanen unter sich und mit dem Auslande befolgt.

Handelsprämien, sind 1) die Belohnungen, welche der Staat für die Ausfuhr gewisser Waaren ertheilt; 2) die für die Einfuhr nöthiger Artikel, besonders in Kriegszeiten, ertheilte Vergütigung oder Belohnung.

Handelsrecht ist der Inbegriff aller Gesetze und Vorschriften, welche sich auf den Handel beziehen.

Handelssocietät oder Handelsverein, 1) ein Verein von mehrern Staaten, in welchem der Handelsstand, in Betreff des Handels, sowohl unter sich als gegenüber dem Auslande, nach gleichen Grundsätzen von Seiten des Staats beurtheilt und belastet wird. Ueber Letzteres siehe Zölle und Zollvereine; 2) oder Handelscompagnie eine Vereinigung von mehrern Handlungshäusern zum gemeinschaftlichen Betriebe eines speciellen Handelszweiges. Ein solcher Verein wäre z. B. eine Actiengesellschaft, welche eine Anzahl von Kaufleuten unter sich bildeten, um mit dem aufgebrachten Capitale irgend eine größere Handelsunternehmung auf gemeinschaftliche, d. h. pro rata zu bestimmende, Rechnung und Gefahr zu entriren. Diese Bedeutung des Wortes kommt jedoch selten vor; 3) s. Handlungssocietät.

Handelsstraßen, 1) im Allgemeinen die Wege, auf welchen Waaren von einem Handelsort zum andern verführt werden; daher 2) gleich Kunststraßen oder Chausseen; 3) bei Wasserstraßen gleich Fahrwasser.

Handelssystem, 1) der Gesichtspunkt nnd die Grundsätze, nach welchen ein Staat den Handel betrachtet und befördert; 2 die Grundsätze, nach welchen einzelne Handelssocietäten ihre Geschäfte leiten.

Handelstractat, 1) heißen die Verträge, welche ein Staat mit andern zum Zwecke der gegenseitigen Gleichstellung der Handelsbefugnisse nnd Handelsabgaben abschließt, Handelsverträge; 2) die darüber aufgenommenen Urkunden und festgesetzten Bestimmungen; 3) s. Handlungstractate

Handelsusanze, auch wohl bloß Usanz, nennt man diejenigen Gewohnheiten, welche durch stillschweigende Ausübung oder ausdrückliche Gestattung derselben, unter dem Handelsstande eines Landes oder Ortes herrschend geworden sind und ihnen wie gesetzliche Bestimmungen gelten. Sie sind nicht nur in verschiedenen Ländern, sondern selbst oft an verschiedenen Handelsplätzen eines Landes verschieden und haben großen Einfluß anf die Handelsgesetzgebung, welche sich darnach richten muß.

Handelswissenschaft (fälschlich mitunter Handlungswissenschaft genannt, welches, streng genommen, nur die Contorwissenschaft sein würde) nennt man den Inbegriff derjenigen wissenschaftlichen Kenntnisse, welche der Kaufmann erworben haben muß, nm sich seinem Berufe mit Erfolge widmen zu können.

Handlung, 1) jedes einzelne Etablissement, welches zum Betriebe eines bestimmten Handelsgeschäfts errichtet ist; also 2) gleichbedeutend mit Firma; 3) das Locale, in welchem der kaufmännische Geschäftsverkehr betrieben wird; daher 4) gleich Contor.

Handlungsbriefe s. Correspondenz.

Handlungsbücher, richtiger als Handelsbücher (franz. livres de négotiant, engl. merchand's ledger), sind diejenigen Bücher, welche eine Handlung über die in ihr vorkommenden Geschäfte führt. Ihre Anzahl hängt von dem Umfange der Handlung und von der Art ihrer Geschäfte ab; indessen sind in jeder Handlung das Journal, die Cladde oder Strazze und das Hauptbuch erforderlich. Außerdem kommen noch vor das Cassabuch, Lagerbuch, Geheimbuch, Copirbuch und Facturenbuch, so wie mehrere andere, welche, wie das Wechselcontro, Commissionsbuch u. dgl., von dem Geschäftsbetriebe bedingt sind. Die jetzt immer häufiger in Anwendung kommende doppelte oder italienische Buchhaltung hat in der Buchführung, so wie in der Benennung der Bücher selbst, eine wesentliche Reform hervorgebracht, doch sind das Journal und Hauptbuch noch immer diejenigen, in denen der Inhalt aller übrigen vereinigt ist. Ohne richtige Buchführung kann der Kaufmann den Zustand seines Geschäfts nicht übersehen, und eben weil man dieselbe deshalb voraussetzen muß, haben die Handlungsbücher der in der Corporation befindlichen Kaufleute Beweiskraft vor Gericht in streitigen Fällen. Meistentheils genügt schon zu diesem Zwecke die Vorlegung des Hauptbuches; indessen kann volle Ueberzeugung nur durch Vorzeigung der zuerst genannten 3 oder 5 Bücher erlangt werden. Bei Processen unter Kaufleuten ist diese Beweiskraft, wenn die Richtigkeit der Führung eidlich versichert ist, eine volle; gegen Nichtkaufleute hat sie nur halbe Giltigkeit und dient zur Unterstützung des sonstigen Beweises; auch verlieren sie nach preußischen Bestimmungen im letztern Falle diese Beweiskraft, wenn ein Jahr nach Abschluß des betreffenden Geschäfts vorüber ist.

Handlungsdiener s. Commis. In größern Handlungshäusern haben sie nach ihren besondern Verrichtungen oft verschiedene Namen, wie Buchhalter, Cassirer, Spediteur, Reisender, Niederlagsdiener u. dgl.

Handlungsgesellschaft s. Handlungssocietät.

Handlungskosten, nennt man die in der Handlung vorkommenden Unkosten, welche, wie Miethe, Porto, Gehalt der Contoristen u. dgl. nicht direct vergütigt oder erstattet werden.

Handlungssocietät nennt man 1) die Vereinigung von zwei oder mehreren Personen zur Errichtung eines kaufmännischen Etablissements unter einer bestimmten Firma und auf gemeinschaftlichen Gewinn und Verlust; also gleichbedeutend mit Societät und Association. Mit Unrecht verwechselt man es 2) mit dem im erweiterten Begriffe zu nehmenden Ausdrucke Handelssocietät; (s. d.) denn es ist nur eine Vereinigung zur Errichtung eines einzelnen Handels-Etablissements (s. Handlung) und zum Betriebe eines theilweisen Handels unter besonderer Firma, nicht aber zum Handelsbetriebe überhaupt.

Handlungstractat, wird oft mit Handelstractat (s. d.) verwechselt, hat aber, wenn man es ja gebrauchen will, 1) die Bedeutung von Societäts-Contract, also der Vertrag, der zwischen zwei oder mehr Personen zur Errichtung einer gemeinschaftlichen Handlung abgeschlossen wird; 2) bedeutet es die über diesen Vertrag aufgenommene Urkunde.

Handlungsunkosten-Conto, 1) das über die Handlungskosten entweder besonders geführte Buch; oder 2) die Rechnung, das Conto, im Hauptbuche, wo dieselben besonders eingetragen werden.

Handlungsvorsteher, 1) s. Chef; 2) heißen an einigen Orten die Vorsteher der Kaufmannschaft, während sie an andern Orten Handlungsälteste, Aelteste der Kaufmannschaft, Kramermeister u. dgl. Benennungen führen. Sie haben über die Börsenordnung zu wachen, die Mäkler zu prüfen und vorzuschlagen und werden in Handelssachen in der Regel als ein Sachverständigen-Collegium betrachtet, und als solches meist von der Regierung bei neuen Handels- und Zoll-Einrichtungen zu Rathe gezogen, so wie sie in streitigen und schwierigen Fragen aus dem Handels- und Wechselrecht oft ihr Parere ertheilen müssen. Jedoch geschieht Beides nur in dem Falle, wenn keine Handelskammer vorhanden ist.

Handlungszeichen, 1) s. Firma; 2) s. Signatur.

Handschein, (engl. promissory-note) heißt 1) das eigenhändig ausgestellte schriftliche Bekenntniß einer Schuld; die einfache Schuldverschreibung, Schuldschein; 2) mitunter auch gleich Anweisung, insofern sie auf den Aussteller lautet und jederzeit effectuirt werden kann.

Handschrift, im Kaufmännischen oft gleich Handschein.

Handverkauf, 1) soviel wie der Verkauf aus der Hand, (s. Hand); 2) der Kleinhandel, der von Hand zu Hand getrieben wird, oder wobei ein gegenseitiges aus der Hand Empfangen, sofortiges Empfangen, stattfindet; 3) oft auch Hausirhandel.

Handwechsel, 1) richtiger wohl Handwechselung heißt das Verwechseln einer Geldsorte gegen eine andere wobei ein sofortiges gegenseitiges Geben und Nehmen stat- findet. Zwar hat man zuvörderst nur an gemünztes Geld zu denken, indessen ist auch Papiergeld nicht ausgeschlossen: denn der Handwechsel steht nur dem Ziehen der Wechsel entgegen; 2) gleich Wechsel von der Hand, gezogener Wechsel.

Handwechsler, 1) eigentlich derjenige, welcher Münzsorten gegen andere austauscht, auswechselt, der Geldumwechsler; 2) gleichbedeutend mit Wechsler, Banquier überhaupt.

Hansa, hieß früher der im 13. Jahrhundert entstandene Bund der norddeutschen Handelsstädte, dessen Haupt Lübeck war, und der die gegenseitige Sicherung des Handels bezweckte. Der Name hat, wie die Sache längst aufgehört; denn Hamburg, Lübeck, Bremen und Frankfurt a. M. haben zwar jetzt noch ihre Selbstständigkeit, indessen ist das ehemalige Verhältniß zu einander längst verschwunden.

Hauptbuch oder *Conto-Corrent*-Buch, ist das entweder von dem Principal selbst oder dem Buchhalter geführte Rechnungsbuch, in welchem das Debet und Credit eines Jeden, mit dem der Kaufmann in Geschäftsverbindung sind, auf ein besonderes Conto oder Folium eingetragen steht, und welches zugleich, wenn darüber nicht besondere Bücher geführt werden, alle anderen in dem Geschäftsbetriebe vorkommenden Rechnungen und Berechnungen, auf dazu bestimmten Blättern enthält. Es ist gleichsam ein Register aller Journal-Einträge, die in möglichster Kürze übertragen werden, so daß die hier aufgeführten Posten fast nur die Ueberschriften der Journal-Eintragungen enthalten. Früher verfuhr man weitläuftiger dabei und erläuterte jeden Posten noch durch Zusätze; doch begnügt man sich jetzt in der Regel mit diesen auf die übrigen Bücher zurückweisenden Ansätzen, besonders in Handlungen, deren Ve kehr bedeutend ist und dem Buchhalter zu solcher Weitläuftigkeit keine Zeit läßt. Bei eintretendem Fallement dient es hauptsächlich zum Beweise, in wieweit die Zahlungsunfähigkeit des Falliten verschuldet ist oder nicht. Früher dafür gebräuchliche Benennungen waren auch Schuldbuch, Schuldenconto, Capitalbuch u. dgl.

Hauptgläubiger, heißen bei eintretendem Fallimente diejenigen, wenn auch der Zahl nach wenigen, Creditoren, welche die größten Summen an die Masse zu fordern haben. Auf ihre Zustimmung kommt es namentlich beim Abschluß eines Accords an; denn wenn sie mit der größten Hälfte der Forderungen in denselben willigen, so kann derselbe unter Umständen, auch wenn die Zahl der übrigen Gläubiger nicht dafür sein sollte, doch zu Stande kommen.

Haupthandlung, 1) nennt man, wenn ein Handlungshaus in mehrern Geschäfts-Branchen Verkehr treibt, diejenige derselben, in welcher dieses mehr als in den übrigen geschieht; daher 2) gleich Hauptgeschäft; 3) Gegensatz von Commandite.

Hauptschuldner, 1) bei verbürgten Schuldbriefen oder Wechseln derjenige, an den man sich wegen Zahlung der Schuld zuerst hält, ehe man den Bürgen zu derselben heranzieht; doch oft auch 2) überhaupt derjenige, welcher die größte Summe schuldet.

Hausiren, von Haus zu Haus gehen, um seine Waaren zu verkaufen, die man nicht in offenen Läden den Kauflustigen zur Schau ausstellt. Dieses ist nur mit gewissen Gegenständen erlaubt, und an polizeiliche Legitimation oder an Lösung eines deshalbigen Gewerbescheins gebunden. Im Preußischen heißt es Gewerbetrieb im Umherziehen, wonach man es also nicht zum Handelsbetriebe zu rechnen scheint.

Hausirer, 1) derjenige, welcher seine Waaren, von Ort zu Ort und von Haus zu Haus umherziehend, abzusetzen sucht; 2) derjenige, welcher seine Waaren im Hause hält und verkauft, also nicht in Niederlagen aufbewahrt und den Verkauf vom Contor aus bewirkt; der Kleinhändler, Krämer; 3) selten gleichbedeutend mit Trödler.

Hausirhandel, 1) der Handel, welcher im Umherziehen betrieben wird; 2) der Kleinhandel, Kramhandel.

Havarie, **Haverey** und **Haferei** (franz. avarie; engl. average), 1) oft gleichbedeutend mit Hafengeld, diejenige Abgabe, welche vom Schiffe, beim Einlaufen in denselben, zur Unterhaltung des Hafens gezahlt werden muß; eben so 2) die Gebühren des Lotsen, welche vom Schiffe für das von diesem bewirkte Einführen in den Hafen entrichtet werden; 3) alle außerordentlichen Unkosten, welche der Schiffer während der Reise hat; 4) der Schaden, welchen das Schiff oder die Güter während der Reise durch Sturm u. dgl. erlitten haben; die Seebeschädigung; 5) die dafür von der Assecuranz und dem Eigenthümer der Waaren zu tragende

Vergütigung; im Allgemeinen und in der weitesten Bedeutung des Wortes aber 6) aller Schaden und alle Unkosten, welche ein Schiff und seine Ladung während der ganzen Reise, von der Einladung bis zur Ausladung der Waaren treffen. Zu den letztern rechnet man auch die Zölle, Ankergelder, Beiträge zur Erhaltung der Tonnen und Baaken, Quarantaine- und Convoykosten u. dgl. Sie werden vom Rheder zu $\frac{1}{3}$ und von den Eigenthümern der Waaren zu $\frac{2}{3}$ getragen, unter letztere aber nach dem Gewicht der Colli vertheilt, und heißen die kleine oder ordinaire Havarie (franz. avarie simple oder particulière; engl. petty oder particular average). Zum Unterschiede davon heißt große Havarie (franz. avarie grosse oder commune; engl. general average) derjenige Schaden, den das Schiff oder die Ladung leidet, wenn zur Rettung des Uebrigen ein Theil derselben über Bord in See geworfen wird, welches jedoch zuerst immer nur die geringsten und schwersten Güter treffen darf, oder den das Schiff durch feindlichen Angriff und Vertheidigung, durch Stranden u. dgl. so wie die Ladung durch Ausladung auf offener See u. dgl. erhält. Ueber jeden Havariefall muß der Schiffer eine genaue Notiz in sein Journal eintragen, im nächsten Hafen dem betreffenden Consul oder Seegerichte darüber Anzeige machen und nebst der Mannschaft die Richtigkeit der Schiffsnotiz am Orte seiner Bestimmung beschwören.

Hazard (franz.), 1) das glückliche Ungefähr; 2) der Zufall; 3) das Wagniß.

Hazardiren (franz.), 1) dem Ungefähr, dem Zufall überlassen; 2) wagen; 3) aufs Spiel setzen, risikiren.

Heben (sich) einen höhern Preis erhalten, im Preise steigen.

Heimzahlen, 1) wieder abzahlen, zurückzahlen; 2) erstatten.

Herabsetzen, 1) vom Preise ermäßigen, erniedrigen; 2) vom Geschäfte einschränken, beschränken.

Herabsetzung, 1) gleich Erniedrigung, Ermäßigung; 2) Einschränkung Beschränkung.

Herunterkommen, 1) vom Preise einer Sache: herabsinken, niedriger werden, fallen; 2) vom Geschäft: im Verfall gerathen, sich verschlechtern.

Heruntersetzen s. Herabsetzen.

Heuer, 1) gleichbedeutend mit Miethung; besonders

2) bei Schiffen oder einzelnen Räumen derselben; 3) der für das Ermiethete zu entrichtende Betrag, der Miethzins; 4) in Süddeutschland häufig Ausdruck für: laufenden Jahres, in diesem Jahr.

Heuerer, auch wohl Heurer, der Miether.

Heuerlohn, heißt besonders der Miethlohn der Schiffsleute, indem dieselben stets nur, wenigstens im Verkehr zur See, für die zu unternehmende Reise angenommen werden.

Heuren, gebräuchlicher als heuern, 1) miethen überhaupt; besonders aber 2) Schiffsgefäße oder einen Raum derselben bedingen.

Hilfsadresse gleich Nothadresse.

Hinterlegen, 1) gleich hinter sich legen, zurücklegen; 2) deponiren.

Hintermänner, heißen auf Wechseln die spätern Indossenten in Beziehung auf die vorangehenden oder frühern.

Hissen, 1) eigentlich vermittelst Kloben und Taue in die Höhe ziehen; besonders aber 2) von Gütern gebraucht, welche aus den Schiffen ans Land gebracht werden; daher 3) gleich löschen, ausladen.

Hochbootsman, auf größern Seeschiffen der zunächst auf den Steuermann folgende Matrose, welcher die übrigen mit beaufsichtigt und dem besonders die Takelage und die Schiffsvorräthe übergeben sind.

Höcker heißt derjenige Händler, welcher auf offener Straße allerlei Lebensmittel aus dem Thier- und Pflanzenreiche im Kleinen zu verkaufen hat.

Höher gehen, 1) vom Preise gleich steigen; 2) bessere Preise bieten; 3) mehr bieten, überbieten.

Höher halten, beim Waarenverkauf höhere Preise fordern, als geboten werden.

Hoffnungskauf, nennt man den Kauf, der über noch nicht wirklich vorhandene, wohl aber verhoffte Gegenstände abgeschlossen wird. Das Empfangen der verhofften Gegenstände ist in der Regel gewiß, nur die Quantitat und Qualität jedesmal unbestimmt, und der Käufer muß sich dann begnügen, Beide seien wie sie wollen.

Holzfloß s. Floß.

Honorar, (franz. honoraire, engl. honorary) im Kaufmännischen selten vorkommend in der Bedeutung von Gage, Gehalt, Salair, Gratification.

Honoriren (franz. honorer, engl. honour), 1) eigentlich ehren; daher 2) gleich erkennen; 3) anerkennen; 4) annehmen, acceptiren; 5) zahlen, bezahlen. Der Ausdruck kommt vorzüglich im Wechselverkehr vor.

Hypothek (griech.), 1) jedes gegen eine dargeliehene Summe verpfändete unbewegliche Eigenthum; also Gegensatz des Faustpfandes, da dessen Benutzung dem Verpfänder ungeschmälert bleibt, so lange er den übernommenen Verbindlichkeiten nachkommt. Der verpfändete Gegenstand haftet sowohl für Capital als für Zinsen und nur wenn das erstere, auf gehörige, in der Schuldverschreibung bestimmte Kündigung, nicht zurückgezahlt wird, kann der verpfändete Gegenstand selbst, jedoch bloß auf gerichtlichem Wege und auf Höhe der Schuld selbst und der etwa rückständigen Zinsen und Kosten, vom Gläubiger angegriffen werden, dadurch, daß er zur Subhastation gestellt wird; 2) die über eine eingegangene Hypothek von der Behörde ausgestellte Bescheinigung; 3) mitunter auch die von Seiten des Schuldners über eine Hypothekschuld ausgestellte Obligation.

Hypothekenbuch, ist das von der Behörde über eingegangene Hypotheken amtlich geführte Verzeichniß. Jede Hypothekschuld erlangt erst durch die Eintragung in dasselbe die ihr durch das Gesetz gesicherten Rechte.

Hypothekgläubiger heißen die Gläubiger, denen für das überlassene Darlehen ein liegendes Eigenthum ganz oder theilweise zum Unterpfande eingesetzt worden ist. Im Concurse bleibt ihnen das Recht, die Rückzahlung der Schuldsumme aus dem Erlös des verpfändeten Grundstücks vorweg zu entnehmen, indem nur der etwaige Ueberschuß der Masse anheimfällt, und den Gläubigern zu Gute kommt.

Hypothekschulden, Schulden, zu deren Deckung ein Grundstück verpfändet worden ist, und welche im Hypothekenbuche eingetragen stehen.

I.

J. als Abkürzung in Briefen, bedeutet Jahr.

Jacht, auch Jachtschiff, heißt ein kleineres, nicht tiefgehendes, schnell segelndes Fahrzeug, dessen man sich im Handel bedient, um bei etwaigen besondern Ereignissen und über besondere Geschäfte, seine entfernten Handelsfreunde, zu denen man nur, oder am Besten, durch die Communication zu Wasser gelangen kann, zu avisiren.

Illata oder **Illaten** (latein.), nennt man dasjenige Vermögen, welches bei der Verheirathung die Frau in die Ehe gebracht hat, das Heirathsgut. Hinsichtlich desselben hat sie im Concurse das Recht der vierten Classe, ja sie kann wegen desselben, unter Umständen, selbst auf Eröffnung des Concurses antragen.

Illimitirt (latein.), 1) unbestimmt, ohne Festsetzung; daher 2) unbeschränkt, unbegrenzt.

Illimitirter Auftrag, derjenige Auftrag, welcher 1) bei Einkäufen keine festen Preise bestimmt, sondern diese den Umständen überläßt. Bei solchen Aufträgen wird in der Regel angenommen, daß der Kauf zum laufenden Preise abgeschlossen werden soll, wenn die Waare nicht für einen niedrigern zu erhalten ist; 2) bei Handlungen das Verfahren, wodurch man den Abschluß eines Geschäfts dem Ermessen und Gutdünken des Beauftragten überläßt.

Illimitirter Credit, heißt der Credit, wenn er sich nicht auf eine bestimmte, namhaft gemachte Summe erstreckt, sondern der zu creditirende Betrag, nach dem Bedürfniß des Creditnehmers, jede beliebige Höhe erreichen kann.

Imaginair (franz.), 1) eigentlich eingebildet, gedacht; daher 2) gehofft, erwartet. Ihm ist reell entgegengesetzt.

Imaginair-Avanzo, bei Versicherungen, derjenige Theil des versicherten Betrages, welcher den kostenden Preis der Waaren übersteigt und der folglich für den, bei dem Verlust der Waaren, zugleich dem Eigenthümer verloren gehenden Gewinn haftet. In der Regel werden 10 %, aber auch mehr, über den kostenden Preis der Ladung versichert und dafür die Prämie mit bezahlt.

Imaginairer Gewinn, nennt man denjenigen baaren Vortheil, welchen der Kaufmann von jeder Geschäftsunternehmung sich im Voraus verspricht. Bei Versicherungen kommt er mit 10 % in Ansatz. Er steht dem wirklichen Gewinn gegenüber.

Immission (latein.), 1) Einweisung in den Besitz überhaupt; 2) besonders die gerichtliche in den Besitz eines Schuldners.

Immobilien (latein.), auch **Immobiliar-Vermögen**, nennt man denjenigen Theil des Vermögens, welcher in liegenden Gründen, Grund und Boden, also in unbeweglichem Besitzthum besteht.

Immobilien-Conto heißt 1) das Conto, welches über

die der Handlung eigenthümlich gehörenden, oder 2) von derselben benutzten Immobilien im Hauptbuche geführt wird.

Impegniren (italien.), 1) verantwortlich sein, sich verpflichten; 2) Bürgschaft leisten, sich verbürgen; 3) verpfänden.

Impegno (itaien.), 1) Verantwortlichkeit; 2) Verpflichtung; 3) Verbürgung, Bürgschaft; 4) Verpfändung.

Impersonale Conten, diejenigen Conten, auf welchen einzelne Geschäftsgegenstände, die jedoch keine Personen betreffen, eingetragen werden.

Impetriren (latein.), 1) eigentlich nachsuchen, darum ersuchen; daher 2) erlangen.

Importation (latein.), 1) die Einführung fremder Waaren in ein Land; daher 2) Einfuhr überhaupt; 3) Einfuhrartikel; 4) die fremden Waaren selbst.

Importen (latein.), gleichbedeutend mit Importation, indessen im Kaufmännischen häufiger gebraucht als jenes.

Importiren (latein.), 1) ausmachen, betragen; 2) Waaren aus dem Auslande einführen.

Impost (franz. impôt), 1) jede Abgabe überhaupt; besonders aber 2) Steuerabgaben; 3) gleich Zoll.

Incasso (italien.), 1) das Einziehen des Betrages eines Wechsels oder einer Schuldforderung; daher 2) Eincassirung; 3) Vereinnahmung; 4) die Einnahme oder das Vereinnahmte selbst.

Inclusive (latein.), einschließlich, einbegriffen, mit Einschuß.

Incomplet (franz.), unvollständig, einzelner Bestandtheile ermangelnd, mangelhaft. Der Ausdruck kommt hauptsächlich im Buchhandel vor.

Incontriren (italien.), 1) eigentlich zusammentreffen; besonders aber 2) Gelegenheit zur Abschließung eines Geschäfts finden; 3) Rechnungen mit einander oder mit den Büchern vergleichen.

Incontro (italien.), 1) das Zusammentreffen; 2) die sich zum Abmachen von Geschäften darbietende Gelegenheit; daher 3) das Mittel, die Vermittelung in Geschäftsangelegenheiten überhaupt.

Indemnisation (latein.) 1) Schadloshaltung; 2) Entschädigung; 3) Sicherheit; 4) Deckung; 5) Bürgschaft.

Indirect (franz.) 1) mittelbar, nicht gerade zu; 2) von Waaren, nicht aus erster Hand.

Indossament (franz. endossement, engl. indorsement) oder *Indosso* (italien.), 1) eigentlich das, was sich auf der Rückseite befindet, die Rückenbemerkung; besonders aber 2) die auf der Rückseite eines Wechsels gemachte schriftliche Bemerkung des Inhabers, daß er seine Rechte an den Aussteller einem Dritten übertrage; also gleichbedeutend mit Giro; 3) die Handlung selbst, wodurch diese Uebertragung bewirkt wird. Der Ausdruck Indossament ist also mehr in Bezug auf die schriftliche Uebertragung aufzufassen, während Giro sich auf den, durch dergleichen Uebertragungen bewirkten Umlauf des Wechsels bezieht. Die Aufforderung des Inhabers an den Bezogenen, Zahlung an denjenigen zu leisten, an welchen die Abtretung erfolgte, geschieht durch die stehende Formel: für mich an die Ordre des Herrn N. N., unter Beifügung des Datum der Abtretung und der Unterschrift des Abtreters. Soll der nunmehrige Inhaber über den Wechsel wie über sein Eigenthum verfügen können, so ist erforderlich, daß er zugleich die Bestimmung der empfangenen Valuta enthalte, weil sonst rechtlich angenommen wird, daß der Inhaber bloß zur Erhebung der Zahlung bevollmächtigt sei, welches indessen, da die Gesetzgebung verschiedener Länder in dieser Hinsicht von einander abweicht, durch den Beisatz „zum Incasso" ausdrücklich angezeigt zu werden pflegt. Der Indossent muß dem Indossaten nicht nur für die Richtigkeit des abgetretenen Wechsels, sondern auch dafür haften, daß er zur Verfallzeit wirklich bezahlt werde und er kann von jedem spätern Inhaber des Wechsels in Anspruch genommen werden, selbst wenn ihm spätere Uebertragungen völlig unbekannt geblieben sind. In einigen Ländern darf dieser Regreß jedoch nur in der Reihenfolge stattfinden, und wenn der dem Inhaber zunächst stehende Indossent keine Zahlung leistet, der diesem zunächst stehende Vordermann angegriffen werden, doch Alles erst, wenn der Wechsel dem, der ihn zahlen sollte, gehörig präsentirt und Protest erhoben ist.

Indossament *per procura* oder zum Incasso, findet bei Wechseln statt, wenn dieselben dem Inhaber nur zur Eincassirung und nicht zum Eigenthume überwiesen sind (s. Indossament). Es hat nur die Wirkung eines Auftrages und der Beauftragte kann, bis zur Zahlung des Wechsels, nur gleichfalls zum Behufe des Incasso darüber verfügen. Das erhobene Geld muß daher dem Indossanten berechnet werden.

Indossant oder **Indossent** (franz. endosseur) s. Girant.

Indossat (franz. endossé) s. Girat.

Indossiren (franz. endosser), seine Rechte an einem Wechsel auf einen Andern übertragen und dieses auf der Rückseite des Wechsels bemerken.

Indossirung s. Indossement.

Indult, 1) die Nachsicht des Gläubigers gegen einen Schuldner; 2) die verlängerte Zahlungsfrist; 3) die Zahlungsfrist überhaupt.

In duplo (latein.), doppelt vorhanden, zweifach.

Industrie (latein.), 1) Fleiß, Betriebsamkeit überhaupt; besonders 2) insofern sie sich in Gewerben, Fabriken und Manufacturen zeigen; daher 3) gleich Gewerbfleiß überhaupt.

Industriös (latein.), 1) eigentlich fleißig, betriebsam; 2) gewerbthätig; 3) erfinderisch. Es ist gleichbedeutend mit dem Ausdrucke speculativ, der vom Handel gilt.

In folle, bei Käufen gleichbedeutend mit in Bausch und Bogen, also ohne nähere Bestimmung der Stückzahl, des Maaßes oder Gewichts.

Information (latein.), 1) Benachrichtigung, Nachricht, Kunde; besonders 2) insofern sich dieselbe auf zu ergreifende Maßregeln bezieht, also gleichbedeutend mit Instruction; 3) Erkundigung; 4) die dadurch erlangte Kenntniß von einer Sache.

Informiren (latein.), 1) Nachricht ertheilen, benachrichtigen; daher 2) unterrichten, anweisen; 3) bestimmen; 4) Erkundigung einziehen.

Inhalt, 1) eigentlich das, was in einer Sache enthalten ist; 2) bei Gefäßen gleich Gehalt, dasjenige, was sie in sich zu fassen vermögen; 3) bei Schiffen gleich Raum, welcher in der Regel nach Tonnengehalt bestimmt wird. Die Bemerkung „Inhalt unbekannt“ auf Frachtbriefen, Connossementen, zeigt an, daß der Frachtfahrer nur für den wohl conditionirten äußeren Zustand der Frachtstücke zu stehen habe.

In loco (latein.) an Ort und Stelle.

In natura (latein.), dieser Ausdruck bedeutet, 1) daß eine Sache selbst, und nicht an deren Stelle eine andere, gleich werthe, der Gegenstand der Auslieferung oder Erstattung sein solle; 2) bei Waaren, daß sie im natürlichen Zustande, nicht verdorben oder verschlechtert, zu liefern sind; 3) daß sie durch gleiche und in gleicher Beschaffenheit und Güte ersetzt werden müssen; 4) mitunter bei Geldzahlungen, daß sie nur in der übergebenen oder bestimmten Münzsorte und in keiner andern geleistet werden sollen; also gleich effectiv.

Innung, selten nur noch in der Bedeutung von Corporation (s. d.) gebräuchlich.

Innungshaus s. Gilde.

Inscription (latein.), 1) die Einzeichnung, Einschreibung; 2) die hypothekarische Eintragung.

Inserat (latein.), 1) dasjenige, was man in öffentliche Blätter einrücken läßt; daher 2) öffentliche Anzeige, Bekanntmachung.

Inseriren (latein.), 1) etwas schriftlich Abgefaßtes in öffentliche Blätter einrücken lassen; daher 2) anzeigen, bekanntmachen; 3) ankündigen.

Insertion (latein.), 1) die Aufnahme in die öffentlichen Blätter; 2) oft gleich Inserat.

Insinuation (latein.) oder Insinuirung, 1) die Handlung, durch welche Jemanden eine Sache zu Händen gebracht, in die Hände geliefert wird, die Einhändigung überhaupt; besonders 2) die Einhändigung gerichtlicher Vorladungen. Sie muß bei Kaufleuten im Contor oder Laden erfolgen und ist, in Abwesenheitsfällen, an Familienglieder oder das Contorpersonale abzugeben. Wird die Annahme verweigert, so ist deren Befestigung an die Stuben- oder Hausthür hinreichend.

Insinuiren, (latein.) 1) Jemanden etwas zu Händen kommen lassen, einhändigen; daher 2) zustellen überhaupt. Der Ausdruck kommt jedoch meist nur bei Einhändigung gerichtlicher Ladungen vor, und gehört mehr dem juristischen als dem kaufmännischen Sprachgebrauche an.

Instruction, (latein.) 1) s. Information überhaupt; besonders aber 2) die Anweisung, die eine Handlung ihren Committenten, Commissionairen, oder Bevollmächtigten ertheilt, um ihr Verhalten im Allgemeinen oder in bestimmten Fällen darnach zu regeln; also Verhaltungsmaßregel; daher 3) gleich Ordre; 4) die darüber schriftlich abgefaßten Bestimmungen.

Instruiren, (latein.) 1) s. informiren; 2) Verhaltungsmaßregeln geben, sowohl schriftlich als mündlich; 3) beordern, beauftragen.

In solidum, (latein.) s. solidarisch.

Insolvent, (latein.) 1) eigentlich zahlungsunfähig; 2) unvermögend seine Creditoren zu befriedigen; daher 2) überschuldet; 3) banquerut.

Insolvenz, (latein., franz. insolvabilité, engl. insolvency) derjenige Zustand, in welchem die Masse der Schulden das Vermögen bedeutend übersteigt, so daß es unmöglich wird, die Gläubiger aus demselben vollständig zu befriedigen; daher 2) gleichbedeutend mit Falliment.

Insolvenz erklären, 1) erklären oder anzeigen, daß das Handlungsvermögen und der Vermögensumstand überhaupt eine völlige Bezahlung aller Gläubiger nicht zulassen; daher 2) gleich falliren; 3) banqueruttiren.

Instruction, (latein.) 1) s. Information; 2) Verhaltungsmaßregel, Verhaltungsbefehl; 3) Ordre; 4) Bevollmächtigung, Vollmacht; 5) dieselbe als Document.

Instruiren, (latein.) 1) s. informiren; 2) überhaupt Verhaltungsvorschriften ertheilen; 3) beordern; 4) ermächtigen, Vollmacht ertheilen.

Instrument, (latein.) 1) eigentlich Werkzeug; 2) gleich Document, jede besonders vor Notar und Zeugen aufgenommene und ausgestellte Urkunde über abgeschlossene Verträge aller Art.

Intelligenzblatt, heißt ein öffentliches Blatt, welches hauptsächlich zur Aufnahme solcher Anzeigen und Bekanntmachungen dient, welche schnell zur allgemeinen Kenntnißnahme gelangen sollen. Es erscheint nur an größern Orten und an bestimmten Tagen; oft auch alltäglich und ist sowohl obrigkeitlichen Bekanntmachungen als Inseraten der Privatpersonen geöffnet.

Interesse, (latein., franz. interêt, engl. interest) 1) eigentlich die Theilnahme an einer Sache; daher 2) Antheil; 3) Nutzen, Vortheil; 4) Gewinn; deshalb 5) der Reiz, die Wichtigkeit einer Sache; 6) oft auch gleich Schaden. Bei Verträgen kommt das Interesse, im Falle der einseitigen Nichterfüllung, nicht bloß insofern in Betracht, als der wirklich entstandene Schaden, sondern auch insofern als der entgangene Vortheil ersetzt werden muß, welcher sich theils aus dem gewöhnlichen Laufe der Dinge und der betreffenden Geschäfte, theils aus besondern, auf Grund des Vertrages, bereits anderweitig getroffenen Anstalten ermessen läßt.

Interessen, (latein., franz. les interêts) 1) gleich Interesse; 2) Zinsen (s. d.).

Interessenconto, franz. compte d'interêt) in der Buchführung dasjenige Conto im Hauptbuche, in welchem nicht nur die empfangenen, sondern auch für Capitalien gezahlte Zinsen aufgeführt werden.

Interessent, (latein., franz. l'interessant, engl. partaker) 1) Betheiligter, Theilhaber, Theilnehmer; 2) Mitglied. Unter den Interessenten einer Handlung versteht man diejenigen, welche einen Theil ihrer Capitalien, oder dieselben ganz, zu den Fonds der Handlung hergegeben haben, um aus dem Ertrage des Geschäfts einen bestimmten oder pro rata zu erhaltenden Gewinn zu ziehen. Im letztern Falle ist der Name gleichbedeutend mit associé en commandite.

Interessiren, (latein.) 1) eigentlich Antheil nehmen; 2) Antheil haben; 3) bei persönlichen Verhältnissen gegen Dritte gleich zugethan, geneigt, gewogen sein; 4) Fürsprache einlegen, sich verwenden.

Interims-Protest, s. notiren lassen.

Interimsschein, (franz. billet de change) 1) ist überhaupt der Schein oder Quittung, welcher nur vorläufig (ad interim) ausgestellt wird, um später gegen den eigentlichen ausgetauscht zu werden; besonders aber 2) im Wechselgeschäft eine Bescheinigung oder ein Bekenntniß, daß die dem Aussteller obliegende Verpflichtung noch nicht ganz oder gar nicht erfüllt sei. Er ist dem Theile, welcher seine Obliegenheit geleistet hat, nicht nur Beweis dafür, sondern schützt ihn auch gegen Ansprüche des Ausstellers, und dient dazu, ihn zur Erfüllung der gegenseitigen Obliegenheit anhalten zu können. Ist diese erfüllt so wird dieser Schein gegen eine vollgiltige Quittung ausgetauscht oder derselbe dadurch annullirt. Wird derselbe vom Wechselnehmer dem Wechselgeber ertheilt, so pflegt in der Regel Valuta noch nicht bezahlt zu sein, und diese Bezahlung erst eintreten zu sollen, wenn der mit dem Accept des Bezogenen versehene Wechsel eingegangen ist. Der Wechselgeber giebt ihn jedoch dem Wechselnehmer in dem Falle, wenn er nicht im Stande ist, die Tratte sogleich auszuliefern.

Interusurium, (latein.) 1) eigentlich Zwischennutzen; daher 2) der Abzug, welcher bei unverzinslichen Capitalien, die erst zu einer bestimmten Zeit fällig sind, für die vor dieser Zeit geschehene Baarauszahlung derselben gemacht wird, und welcher sich in der Regel auf Höhe der für die Zwischenzeit zu berechnenden kaufmännischen Zinsen beläuft; also gleich mit Disconto bei Wechseln; 3) oft gleichbedeutend mit Zins von Zins, oder Zinseszinsen. Dieselben sind gesetzlich unstatthaft.

Intervenient, heißt derjenige, welcher zum Behufe der Intervention (s. d.) als Vermittler auftritt.

Interveniren, (latein.) 1) eigentlich dazwischen kommen, dazwischen treten; daher 2) vermitteln; 3) bestimmen, entscheiden, besonders vom schiedsrichterlichem Verfahren gebräuchlich; 4) von Seiten eines Dritten auf eine Sache, deren Besitz bereits zwischen zwei andern Personen streitig ist, ein theilweises oder ausschließliches Recht behaupten und dies vor Gericht verfolgen; besonders aber 5) einen von dem Bezogenen nicht acceptirten oder bezahlten Wechsel für Rechnung des Ausstellers oder eines der Indossenten acceptiren oder bezahlen.

Intervent, (latein.) 1) ist Benennung desjenigen, gegen welchen Eigenthumsansprüche vor Gericht geltend gemacht werden; 2) s. Honorat.

Intervention, (latein.) 1) eigentlich Dazwischenkunft; daher 2) Vermittelung; 3) schiedsrichterliches Verfahren; 4) schiedsrichterlicher Ausspruch; 5) Eigenthumsanspruch eines Dritten, bei Gegenständen, über deren Eigenthumsrecht bereits zwei Andere im Streit begriffen sind; 6) Acceptation oder Bezahlung eines Wechsels durch einen Dritten, wenn beides durch den Bezogenen verweigert wird. Es geschieht dieses entweder zu Ehren des Bezogenen oder eines der Giranten und hat zum Zweck, den kostspieligen Rückregreß bis zu demjenigen zu vermeiden, zu dessen Ehren die Intervention stattfindet. Es kann der Auftrag dazu vorhanden sein oder nicht. Im erstern Falle kann sie, wenn sie unter den avisirten Bedingungen auch verweigert wird, dennoch angenommen werden, indem der Intervenirende dann gegen den, für welchen, oder zu dessen Ehren, er intervenirt, seinen Regreß nach Wechselrecht nehmen kann, während er dieses nicht könnte, wenn er im Auftrage handelte. Dieses Recht fällt jedoch natürlich fort, wenn ein gleichfalls aus dem Wechsel verpflichteter Vordermann zu Ehren eines seiner Nachmänner intervenirt, und es erstreckt sich daher nur auf solche, welche nicht selbst betheiligt sind. Zahlt der Bezogene nur einen Theil der Summe, so kann die Intervention für den fehlenden Theil stattfinden. Ueber die Weigerung muß Protest aufgenommen worden sein, und dieser dem Intervenirenden ausgehändigt werden. Ist nicht bemerkt, zu wessen Ehren intervenirt worden, so wird angenommen, daß es zu Ehren des Ausstellers geschehen sei. Selbst der Bezogene kann als Intervenient auftreten, weil er sich, sowohl gegen etwaige Giranten, so wie gegen den Trassanten den Regreß nach Wechselrecht sichert, der ihm auf bloße Zahlung nach Inhalt des Wechsels nicht zusteht. Diese Intervention zu Ehren des Trassanten kommt am Häufigsten vor. Es ist also gleichbedeutend mit per honneur acceptiren.

Inventarium, (latein.) 1) überhaupt das Verzeichniß der zum Besitzthume gehörigen Gegenstände; besonders aber 2) das Verzeichniß derjenigen Gegenstände, welche die Gesammtbestandtheile einer Handlung bilden, sie mögen in Waaren, Wechseln oder sonstigen Effecten bestehen; 3) die so aufgezeichneten Gegenstände selbst; 4) oft auch das Verzeichniß bloß derjenigen Gegenstände oder Materialien und Geräthe, welche sich in den verschiedenen Räumen der Handlung befinden, und, ohne selbst zu den Waaren zu gehören, zum Betriebe des Geschäfts erforderlich sind; 5) diese letztgenannten Gegenstände selbst; 6) die Uebersicht des gesammten Handelsvermögens durch Aufstellung der Activa und Passiva; 7) der dadurch gefundene Bestand, Befund desselben; 8) das im Hauptbuche, bei Beginnung des Geschäfts, überhaupt angelegte Verzeichniß derjenigen Effecten, mit welchen die Handlung eröffnet worden ist.

Inventiren, (latein.) ein Inventarium anfertigen, aufnehmen.

Inventur, (latein.) nennt man 1) die Anlegung oder Aufnahme des Inventariums als Handlung betrachtet; oft auch 2) das Inventarium selbst. Sie findet von Zeit zu Zeit statt, obschon nicht immer nach den gesetzlichen Bestimmungen, dient dazu, nicht nur eine Controle über den fortlaufenden Gewinn oder Verlust der Handlung zu haben, so wie die vorhandenen Vorräthe zu übersehen und die Treue des Personals zu prüfen, sondern auch, um im Falle eines Fallements seine Schuldlosigkeit daran zu beweisen, indem, bei Mangel der Inventur seit 3 Jahren, dem Falliten die aus der Güterabtretung herrührenden Rechtswohlthaten nicht zu Theil werden können.

Jobber, (engl.) in England Name derjenigen, welche für eigene Rechnung Speculationen in Staatspapieren treiben.

Journal, (franz.) eigentlich Tagebuch; 2) eins der Hauptbücher einer Handlung, worin alle vorkommenden Geschäfte, wie sie Tag für Tag auf einander folgen, nebst den nöthigen Notizen und nach Debet und Credit geordnet, eingetragen werden. Aus ihm kommen sie ins Hauptbuch; 3) oft, besonders auf Reisen, gleich Notizbuch.

Journalisiren, (franz.) 1) ins Journal eintragen; 2) das Journal führen.

Journalist, heißt derjenige Commis, welchem vorzugsweise die Führung des Journals übertragen worden ist.

Irrthum vorbehalten, (franz. sauf erreur, engl. errors excepted) dieser Ausdruck, der mitunter noch auf Rechnungsauszügen vorkommt, deutet an, daß man sich das Recht vorbehalte, auf etwa sich darin findende Irrungen später zurück zu kommen, wenn sich dieselben ergeben sollten.

Junior, (latein.) der Jüngere.

Justiren, (latein., franz. juster) s. ajustiren.

K.

Kabel, oft auch Kavel, also wohl mit dem holländischen Kaveling verwandt, bedeutet 1) eine unter einander gemischte bunte Masse gleichartiger Waaren von verschiedener Güte, besonders 2) wenn dieselbe in öffentlicher Versteigerung der Art verkauft wird, daß die Ersteher unter sich über das Zufallen der verschiedenen Haufen noch außerdem das Loos ziehen; doch auch 3) jede Partie Waaren, die ohne diese Verlosung zusammen zur Versteigerung kommt; daher 4) gleich Haufe, Menge, Masse; 5) gleich Loos.

Kabeln, oft auch kaveln, 1) im Ganzen und in buntgemischter Reihe verkaufen; 2) durch Verlosung öffentlich verkaufen; 3) durch Verlosung erstehen; 4) verauctioniren, versteigern; 5) in der Versteigerung erstehen. Dieser Ausdruck ist, wie der vorige, nur im Niedersächsischen und am Rhein noch im gewöhnlichern Gebrauch und zeigt immer den Verkauf in Massen und dessen Oeffentlichkeit an, so wie daß dem Ersteher weder für Güte noch für Art der Bestandtheile Gewähr geleistet wird.

Kabelung, Versteigerung, Auction; 2) Verkauf in Kabeln.

Kai, (holländ., franz. Quay u. Quai) nennt man 1) ein Mauerwerk von Steinen, entlang den Ufern eines Flusses oder eines andern Wassers, also Uferdamm; 2) eine entlang dieses Uferdammes oder nur am Ufer aufgeführte Häuserreihe; 3) im Hafen oder am Ufer die zur Ausladung der Schiffe bestimmte Stelle; der Ladungsplatz, Ausladungsplatz.

Kaigeld, (franz. Quaïage) heißt die für das Ab- und Vorladen der Waaren am Kai zu entrichtende Abgabe.

Kaimeister, 1) der Kaiaufseher, Kaibeamte; 2) gleichbedeutend mit Hafenmeister.

Kalfatern, nennt man das Ausstopfen der Fugen und Ritze an Schiffen mit Werg, welches hernach mit Talg, Pech und Theer überstrichen wird, um das Eindringen des Wassers desto besser zu verhindern; also Verdichten, Dichtmachen.

Kanal, 1) oft gleich Meerenge; 2) jede künstlich angelegte Wasserstraße zur Verbindung zweier Gewässer, hauptsächlich zum Behufe der Schifffahrt und zur Abkürzung oder Erleichterung des Transports; mitunter 3) gleich Ursprung, Quelle; 4) Hilfsmittel.

Kanthaken, nennt man den eisernen Haken, welchen die Ablader von Waaren am Gurte führen und dessen sie sich zum Umkanten und Fortbewegen der Waaren bedienen.

Kappen, das Abhauen der Masten und Taue, bei Stürmen oder sonstiger Gefahr, um das Schiff zu retten. Es wird zur großen Havarie gerechnet.

Kauderei, veralteter Ausdruck für Wucher im Kleinen.

Kauderer, ist eine jetzt veraltete Benennung für den, welchen Wucherhandel im Kleinen betreibt.

Käufer, nennt man den, welcher, für Gegenleistung eines gewissen Geldbetrages, eine Sache zum Eigenthume von einem Andern übernimmt.

Kauf, (franz. marché, engl. purchase) 1) das Ueberlassen einer Sache an einen Andern gegen Hinnahme eines bestimmten Betrages an baarem Gelde; 2) oft auch der dafür gezahlte Betrag, der Kaufpreis. Da der Kauf durchaus die Gegenvergütigung durch baares Geld erheischt, diese aber im kaufmännischem Verkehr meistens nicht dadurch, sondern durch Hinnahme von Waaren erfolgt, so dürften dergleichen Käufe als Tausch zu betrachten sein, wenn sie nicht vom

Gesichtspunkte des Kaufs- und Gegenkaufs und der dadurch bewirkten Compensation der gegenseitigen Forderungen beurtheilt werden müßten. Der Kauf ist im Allgemeinen für abgeschlossen zu halten, wenn die Parteien über den Preis der Sache einig sind. Der Verkäufer muß dem Käufer für die gewöhnlichen Eigenschaften der verkauften Sache Gewähr leisten, und dieser ist, namentlich bei Käufen nach Probe, nur an den Kauf gebunden, wenn die Waare probemäßig ist und die gewöhnlichen erforderlichen Eigenschaften besitzt.

Kaufanschlag, 1) die Schätzung des Werthes einer zu verkaufenden oder zu kaufenden Sache; 2) Taxation überhaupt; 3) der abgeschätzte Werth, die Taxe.

Kaufbrief, ist die über den Kauf zwischen den beiden Betheiligten abgeschlossene schriftliche Uebereinkunft; also gleich Kaufcontract. Bei Gegenständen, deren Werth sich über 50 rthlr. beläuft, muß gesetzlich jeder Kauf schriftlich abgeschlossen werden und bei Immobilien vor Gericht oder vor Notar und Zeugen.

Kaufcontract, s. Kaufbrief.

Kauffahrer, nennt man diejenigen Seeschiffe, welche bloß zur Versendung von Kaufmannsgütern verwendet werden; also Handelsschiffe, zum Unterschiede von Kriegsschiffen.

Kaufgeld, 1) Kaufpreis; 2) die für eine als Eigenthum erworbene Sache bezahlte Summe; der Ausdruck kommt am Häufigsten bei Immobilien vor.

Kaufhaus, heißt an einigen Handelsplätzen dasjenige öffentliche Gebäude, in welchem alle eingehenden fremden, oder zu versendenden inländischen Waaren, behufs der Versteuerung, niedergelegt werden; also gleichbedeutend mit Lagerhaus und Packhof.

Kaufmännische Zinsen, nennt man die Zinsen, die der Kaufmann für ausgeliehene Capitalien zu fordern berechtigt ist; sie bestehen in 6%, sind also höher als die landesüblichen.

Kaufmann, (franz. marchant, negotiant, engl. merchant) ist ausschließliche Benennung desjenigen, welcher sich nur mit dem Ein- und Verkaufe von Waaren beschäftigt, und zwar in der Absicht, um von dem daraus fließenden Gewinn zu leben. Dadurch eben unterscheidet er sich vom bloßen Käufer, und in der Regel versteht man unter Kaufmann auch nur denjenigen, welcher derartige Geschäfte im Großen betreibt, indem der bloße Handverkäufer nur zu den

Krämern zu rechnen ist, und es selbst viele Orte giebt, wo man denjenigen Kaufleuten, welche bloß aus dem Laden und nicht auch aus dem Contor verkaufen, nicht den Namen Kaufmann gestatten will.

Kaufmannsbriefe, s. Correspondenz.

Kaufmannsfrau, 1) eigentlich jede an einen Kaufmann verheiratete Dame; 2) besonders aber diejenigen, welche in ihrem eigenen Namen kaufmännische Geschäfte treiben. In diesem Falle sind sie wechselfähig und ihre Handelsbücher haben mit denen des Kaufmanns gleiche Beweiskraft; sie können aber in ihrem Geschäfte auf die den Frauen sonst gerichtlich zukommenden Vorzüge keinen Anspruch machen. Ihre Rechte und Verbindlichkeiten als Kaufmann hören jedoch mit der Einsetzung und gehörigen Bekanntmachung eines Disponenten auf.

Kaufleute, (franz. marchands, engl. merchants) 1) Inbegriff des gesammten Handelsstandes überhaupt; 2) die Gesammtheit der an einem Orte kaufmännische Geschäfte Treibenden; also 3) gleich Kaufmannschaft, kaufmännische Corporation. Man bedient sich jedoch besser des Ausdrucks Kaufmannschaft.

Kaufmannsgut, 1) alle in Fässen, Kisten, Ballen und sonst verpackten, für den Handel bestimmten Waaren, also gleich Stückgut, Güter überhaupt; aber auch 2) Alles was der Kaufmann, zum Behufe des weitern Verkehrs damit, an sich gebracht hat, oder was er versendet, auch wenn es, wie Getreideladungen, nicht in Stückgut besteht.

Kaufplatz, 1) eigentlich der Ort, wo eine Waare erkauft wird, oder woher man sie bezieht; also gleich Stapelplatz; 2) jeder Handelsplatz überhaupt.

Kaufpreis, 1) derjenige Preis, für welchen man die Waaren erkauft hat; also der kostende Preis (unrichtig Kostenpreis) Einkaufspreis; 2) die dafür bezahlte Summe selbst; also gleich Kaufgeld.

Kaufschilling, das Angeld, welches, als ein Theil des Kaufpreises, bei abgeschlossenem Kaufe vom Käufer sofort bezahlt wird.

Kellerwechsel, heißt jede Tratte, welche bloß ausgestellt wird, um sich durch Discontirung oder Verpfändung derselben Geld zu verschaffen. Gewöhnlich ist nur der Name des Bezogenen und der Indossenten ächt, der des Ausstellers und Einsenders aber erdichtet, auch liegt ihr weder Credit noch gegebener Werth zum Grunde und sie muß daher vor dem Verfall wieder eingelöst werden. Die Ausstellung solcher Wechsel ist gesetzwidrig und sie werden zu den falschen Wechseln gerechnet.

Kiel, nennt man bei Schiffen den untersten Hauptbalken, auf welchem das ganze übrige Schiff errichtet ist und ruht.

Kiel holen oder kielen, bedeutet ein Schiff, um es auszubessern, so umlegen, daß der Kiel aus dem Wasser hervorragt.

Kielrecht, nennt man eine in Frankreich übliche Abgabe, welche Schiffe entrichten müssen, wenn sie zum ersten Mal in einen Hafen dieses Landes einlaufen.

Kilogramme, Name des französischen Handelsgewichts, von dem 100 Kilogramme ungefähr 213¾ Pfd. preußisches und 178¾ Pfd. baiersches Gewicht enthalten.

Kippe, mitunter 1) die ein Handelshaus betreffende Crisis, die ein Herabkommen des Geschäfts, eine Verschlechterung seiner Lage mit sich führt, und seine Insolvenz nahe bevorstehend vermuthen läßt; 2) daher gleich Verfall.

Kippen, 1) Münzen durch Abfeilung des Randes an Gewicht und Werth vermindern; 2) überhaupt Münzen von geringerem Gehalte, als der gesetzlich vorgeschriebene ausprägen; daher 3) Falschmünzerei treiben; 4) vom Geschäft, gleich auf der Kippe stehen, herabsinken, verfallen; 5) von Personen herabkommen, in schlechte Lage gerathen; daher 6) insolvent werden.

Kipper, (engl. money-clipper) 1) wer Münzen durch Abfeilung verringert; 2) Falschmünzer; 3) mitunter gleich Wucherer.

Kleckbuch, ungewöhnlich für Cladde.

Kleinhändler, s. Detaillist.

Kleinhandel, gleich Handel en détail, Detailhandel.

Klemme, jede schwierige Lage, von der man nicht weiß, auf welche Art man aus ihr kommen soll oder herausgehen wird; daher 2) Verlegenheit überhaupt.

Klippe, jeder von dem Ufer ins Meer ragende Felsen, besonders insofern derselbe noch von den Wellen verdeckt wird; 2) jeder Felsen im Meere selbst.

Klippkram, veraltet für Galanteriewaaren, Spielwaaren.

Klittenschulden, kleine, geringfügige, unbedeutende Schulden.

Kommen, mitunter bei Preisbestimmungen gleich kosten gelten.

Korn, 1) bei Münzen gleich Feingehalt, innerer Gehalt derselben, Währung; 2) gleich Getreide.

Kornhandel, gleich Getreidehandel überhaupt.

Kornhaus, selten in der Bedeutung von Speicher überhaupt gebraucht; eigentlich Getreideboden, Kornspeicher.

Kornmarkt, gleich Getreidemarkt.

Körperschaft, s. Corporation.

Kosten, 1) überhaupt Ausgaben; 2) Unkosten; 3) Gebühren; 4) Spesen; 5) mitunter in der Bedeutung von Conto.

Kostende Preis oder Kostenpreis, gleich Einkaufspreis. Beim kostenden Preise werden jedoch in der Regel die Spesen mit in Ansatz gebracht.

Krahn, (engl. crane) nennt man einen am Ausladeorte angebrachten Mechanismus, ein Hebezeug, vermittelst dessen große Lasten sowohl in die Schiffe verladen, als aus denselben herausgehoben werden.

Krahngeld, (franz. u. engl. cranage) ist Benennung der für Benutzung eines öffentlichen Krahns entrichteten Abgabe.

Krämer, 1) Kleinhändler, Detaillist; 2) Materialist; 3) Hausirer; 4) Handverkäufer.

Krämergewicht, das Gewicht, nach welchem im Einzelnverkauf gewogen wird, zum Unterschiede vom schweren oder Handelsgewicht; also gleich Leichtgewicht.

Kram, 1) überhaupt geringfügige, wenigen Werth habende Waare; 2) mitunter Waarenvorrath, der von geringer Bedeutung ist, oder aus Sachen besteht, die zwar als Masse ins Auge fallen, aber einen verhältnißmäßig unbedeutenden Werth haben; 3) auch wohl Geschäft, Vorhaben; 4) Sache.

Kramen, 1) Kramhandel treiben; 2) sich mit einer Sache etwas zu thun oder zu schaffen machen.

Kramer, 1) gleich Krämer; 2) in einigen Handelsorten, wie z. B. in Leipzig, gleichbedeutend mit Kaufmann, welcher vorzugsweise, gleich den Niederlägern in Wien, Engroshandel treibt.

Kramerinnung, in Leipzig eine besondere Innung der Engroshändler oder Kramer.

Kramermeister, in Leipzig die Vorsteher der Kramerinnung, also gleich Handelsälteste, Handelsvorsteher.

Krebse, im Buchhandel diejenigen Schriften, welche aus irgend einem Grunde keinen Abgang finden und daher nur als Maculatur zu gebrauchen sind.

Kreisschreiben, s. Circular.

Kreuzen, in der Schifffahrt 1) auf dem Meere in verschiedenen Richtungen hin- und herfahren, herumfahren; besonders 2) um Schleichhändlern und Seeräubern aufzulauern oder sonst irgend etwas abzuwarten; 3) oft auch gleich mit Erlaubniß der Regierung Caperei treiben, und 4) Caperei, Seeräuberei treiben überhaupt.

Kreuzer, 1) Benennung des Schiffes, welches dazu bestimmt ist, auf dem Meere umherzukreuzen; Küstenbewahrer; 2) gleich Caper; 3) Corsar.

Krumpmaaß oder **Krempmaaß**, nennt man im Getreidehandel 1) den Abzug, welcher sich durch das Eintrocknen (Schwinden) auf dem Boden, so wie durch davon fliegende Spreu und Staub beim Umschaufeln oder Nachmessen herausstellt; 2) das wegen dieser Verminderung von von Verkäufern bewilligte Uebermaaß, also Aufmaaß.

Küfer, (engl. cooper) im Weinhandel derjenige, welcher mit dem Versetzen, Verschneiden des Weins und überhaupt mit dessen Behandlung vorzugsweise beschäftigt ist.

Küfergeld, s. Coupage.

Küste, (franz. cote, engl. coast) das Ufer des Meeres, nebst einem Theile des daran liegenden Landes.

Küstenfahrer, 1) (engl. coasting-vessel) das Fahrzeug, welches nur längs den Küsten, von einem Hafen des Landes zum andern fährt, und nicht in die offene See geht; 2) (engl. coaster) der Eigenthümer oder Führer desselben.

Küstenhandel, (franz. cabotage, engl. coasting-trade) ist der Verkehr a) zwischen den Häfen eines Landes sowohl, als b) mehrerer Länder, wenn er durch die Fahrt entlang der Küste, also ohne daß die Schiffe in die hohe, offene See gelangen, betrieben werden kann. Da die meisten Länder ihn nur den eigenen Schiffen gestatten, so ist er in der Regel nur in der erstern Bedeutung zu nehmen.

Kunde, 1) (der) im Kleinhandel überhaupt gleich Käufer, Abnehmer, besonders insofern er seinen Bedarf wiederholt und in längerer Zeit aus einer und derselben Handlung entnimmt; 2) (die) gleich Nachricht, Berichtigung, Kundschaft.

Kundschaft, 1) Inbegriff aller Abnehmer eines Detaillisten; 2) gleich Nachricht, Kunde.

Kurze Sicht, s. Sicht.

Kurze Waaren, (franz. quincaillerie, engl. hardware) nennt man alle aus Metallen verfertigten kleineren Gegenstände; sie sind zum Theil Manufacturwaaren und den Ellenwaaren entgegengesetzt.

Kurz Papier, Benennung der Wechsel, welche auf kurze Sicht gestellt sind.

Kux, (engl. mine-action) 1) Actie über einen Antheil an einem Bergwerk; 2) der aus dem Gewinn des Bergwerks an den Inhaber fallende Antheil.

L.

L., als Abkürzung auf französischen Courszetteln bedeutet lettre, Brief, und zeigt an, daß Wechsel oder Papiere zu dem darunter verzeichneten Cours angeboten werden.

Laden, der, (franz. boutique) heißt das hauptsächlich in Häusern am Markt, doch auch in anderen Häusern, zum Einzelnverkauf von Waaren besonders eingerichtete Local.

Laden, 1) Güter zur Weiterbeförderung übernehmen und sie zu diesem Zwecke ins Schiff oder auf das zum Transport bestimmte Geschirr bringen; daher 2) einladen; 3) aufladen; 4) führen, verführen.

Ladendiener heißt derjenige Handlungscommis, welcher bloß zum Verkauf der Waaren im Laden engagirt ist, was in der Regel nur beim Handel en detail vorkommt.

Ladenhüter, 1) heißen alle die Waaren, die, weil sie nicht mehr gangbar sind, längere Zeit unverkauft im Laden liegen bleiben; also 2) wenig begehrte und 3) verlegene Waaren; 4) Ausschuß, Brack überhaupt.

Ladeschein oder **Ladungsschein** ist bei Landfracht gleichbedeutend mit Frachtbrief, bei Wasserfracht aber gleich Connossement; also Verzeichniß der die Ladung ausmachenden Güter.

Ladung, (franz. cargaison; engl. cargo) 1) die Handlung des Einladens, das Einladen in Schiffe; 2) das Aufladen, Beladen eines Fuhrwerks; 3) dasjenige an Menge oder Gewicht, was ein Schiff oder Geschirr einzunehmen, zu laden vermag; die Tragbarkeit; daher 4) bei Schiffen gleich

Raum, Gehalt, Tonnengehalt, Inhalt, volle Ladung; 5) bei Fuhrwerk gleich Belastung; 6) dasjenige, was ein Fuhrmann oder Schiffer wirklich geladen hat; also 7) gleich Last überhaupt; 8) Vorladung. Das Wort kommt in folgenden Redensarten vor:

a) in Ladung geben, vom Befrachter, gleich verladen, versenden.

b) in Ladung legen, von Schiffen, das Schiff an den zur Beladung desselben bestimmten Ort bringen lassen; einzuladen beginnen.

c) in Ladung liegen, hauptsächlich von Schiffen, gleich im Einladen begriffen sein.

d) in Ladung nehmen, vom Frachtführer, gleich die Versendung, Verführung von Waaren, den Transport derselben, übernehmen.

Ladungsschein s. Ladeschein.

Lage (franz. cahier) 1) im Buchhandel mehrere Bogen eines und desselben Werkes, die zusammengelegt aber noch nicht gebunden sind; 2) gleich Schicht überhaupt.

Lager, 1) eigentlich dasjenige, worauf etwas liegt und 2) der Ort wo etwas liegt oder aufbewahrt wird; 3) die Waaren die aufbewahrt worden sind; daher 4) gleich Vorräthe; 5) Niederlage.

Lagerbuch, 1) dasjenige der Handelsbücher, in welchem die vorräthigen Waaren verzeichnet sind; 2) das Verzeichniß der auf der Niederlage befindlichen Waaren, also gleich Niederlagsbuch.

Lagergeld, heißt diejenige Vergütigung oder Gebühr, welche für das Aufbewahren fremder Waaren an einem dazu bestimmten oder eingerichteten Orte entrichtet wird.

Lagern, 1) auf das Lager bringen; 2) auf dem Lager liegen; daher 3) vorräthig haben.

Landen, 1) von Schiffen, sie ans Land, also ans Ufer führen: daher 2) gleich anlanden, anlegen; 2) von Waaren sie aus dem Schiffe ans Land bringen.

Landesproducte, 1) eigentlich Alles was ein Land hervorbringt; besonders 2) nennt man so im Gegensatze der Colonialwaaren und der Fabrik- und Manufacturwaaren, so wie der ausländischen Producte überhaupt, die im Lande selbst gewonnenen Naturerzeugnisse in ihrem rohen oder veredelten Zustande. Es gehören dazu z. B. Tabak, Wein,

Getreide, Früchte u. dgl. Viele rechnen auch die Erzeugnisse des Bergbaues hinzu.

Landesproductenhandlung, diejenige Handlung, deren hauptsächlichstes Geschäft im Verkehr mit Landesproducten besteht. Sie ist der Colonialwaarenhandlung entgegengesetzt.

Landesübliche Zinsen, nennt man den durch die Gesetze eines jeden Landes bei Darlehen gestatteten Zinsfuß, welcher meist in 5% besteht. Ihm gegenüber stehen die höhern kaufmännischen Zinsen zu 6%. Wer diese zu fordern nicht berechtigt ist, für den sind jene als der höchste Satz anzusehen, und was darüber hinaus gefordert wird, wird als Wucher betrachtet.

Landfracht, nennt man, im Gegensatze zu der Waarenversendung zu Wasser, den Transport derselben zu Lande, also gleich Versendung per Achse.

Landhandel, der Verkehr, welcher, zwischen den Bewohnern verschiedener Länder, vermittelst der Communication zu Lande getrieben wird; er schließt den Flußtransport nicht aus, wohl aber den Seetransport und ist darum dem Seehandel entgegengesetzt.

Landmünze heißt, zum Unterschiede von fremden Geldsorten, die im Lande geprägte und ausschließlich geltende Münze.

Landstraße, 1) diejenige Straße, welche zur Verbindung zweier oder mehrerer Orte dient; 2) gleich Kunststraße, Chaussee.

Lange Sicht, haben Wechsel, wenn ihre Bezahlung erst nach einem Laufe von 2 — 3 Monaten erfolgt.

Lange Waaren, im Gegensatze von kurzen Waaren, alle Manufactur-Artikel, welche nach dem Ellenmaaße verkauft werden.

Lang-Papier, Bezeichnung derjenigen Wechsel, welche bis zur Verfallzeit noch mehrere Monate zu laufen haben.

Last, 1) dasjenige an Gewicht, was ein Gegenstand tragen kann; 2) dasjenige Gewicht, womit er wirklich belastet ist; daher 3) die ganze Ladung eines Schiffes; 4) auch ein bestimmtes, meist nur im Seehandel vorkommendes Handelsgewicht, welches hauptsächlich für schwerere Güter gebräuchlich ist. Man rechnet die Schiffslast zu 2 Tonnen und jede Tonne zu 4000 Pfund; doch ist das Lastgewicht in den verschiedenen Ländern eben so abweichend von einander, als das

Pfundgewicht derselben; ja selbst sogar an einem und demselben Orte ist die Bestimmung von Last für verschiedene Artikel, je nachdem sie größern oder geringern Raum einnehmen, von einander abweichend, namentlich bei Bestimmung des Getreidemaßes darnach. So z. B. beträgt in Hamburg 1 Last Roggen 3 Wispel, Hafer dagegen nur 2 Wispel, und ebenso ist es in Berlin. Bei Schiffen wird die Tragbarkeit derselben nach der zu 4000 angenommenen Schiffslast bestimmt; 5) (Lasten) öffentliche Abgaben, Steuern.

Lastadie ist in einigen Handelsplätzen an der Ostsee die Benennung desjenigen Platzes, an welchem die Schiffe ihre Waaren aus- und einladen, und wo sich gewöhnlich die zur Niederlage dienenden Speicher befinden.

Lastgeld, auch Tonnengeld, heißt eine in mehreren Häfen, von den einlaufenden und ausgehenden Schiffen zu entrichtende Abgabe, welche sich nach der Größe ihres Raumes und der Tragbarkeit derselben an Schiffslasten bestimmt.

Lastigkeit (franz. portée), nennt man 1) die Tragbarkeit eines Schiffes, welche nach Schiffslasten berechnet wird; daher 2) gleichbedeutend mit Raum, insofern nemlich ein bestimmter Raum für 1 Last veranschlagt ist.

Lastschiff, das blos zur Güterversendung bestimmte und benutzte Schiff; der Kauffahrer, das Kauffahrteischiff.

Lauf, von Schiffen 1) gleich Bahn, Weg; daher 2) Richtung.

Laufen, 1) s. circuliren; 2) von Rechnungen gleich fortgeführt werden, weiter gehen, noch nicht abgeschlossen sein; 3) von Wechseln, noch nicht verfallen sein.

Laufende Ausgaben, sind diejenigen Ausgaben, welche nicht zum Einkaufe der Waaren, sondern blos zur Unterhaltung des Geschäfts gemacht werden, wozu also die Miethe der Handlungsräume, Salair u. dgl. gehören.

Laufende Rechnung s. Conto corrent.

Laufende Schulden, heißen die gegenseitigen Forderungen, welche nicht sogleich bezahlt, sondern erst beim Rechnungsabschlusse gegen einander ausgeglichen werden.

Laufende Wechsel, 1) Wechsel, die noch circuliren; also 2) noch nicht verfallen sind.

Lauftage, nennt man bei Wechseln die Zeit, welche zwischen dem Tage der Ausstellung und dem Verfalltage inne liegt, innerhalb welcher Zeit sie sich in Umlauf befinden können, wenn sie auf Ordre gestellt sind.

Laviren, 1) von Schiffen, bei ungünstigem Winde, um vorwärts zu kommen, den Lauf desselben abwechselnd seitwärts richten; 2) von Geschäften, gleich behutsam und bedächtig verfahren; daher 3) zögern, zaudern. Der Kaufmann lavirt, wenn er bei bedenklichen Conjuncturen nicht ohne Weiteres Ein- oder Verkäufe abschließt, sondern erst abwartet, welche Richtung wohl die Verhältnisse nehmen möchten.

Lebensassecuranz oder Lebensversicherung ist der Vertrag, wonach, gegen eine bestimmte zu zahlende Prämie, bei dem Tode des Versicherten an dessen Erben oder sonstige Personen, vom Versicherer entweder eine gewisse Summe oder eine Jahresrente gezahlt wird. Der Versicherer ist in der Regel eine moralische Person, indem die Bürgschaft einzelner physischer Personen, deren Lebensdauer ungewiß und deren Vermögen wandelbar ist, in diesem Falle nicht ausreicht.

Lebhaft, der Ausdruck wird von Geschäften gebraucht und zeigt 1) einen starken Umsatz überhaupt; 2) in einzelnen Artikeln an. Der Kaufmann spricht in dieser Beziehung von lebhaftem Markt. Der Gegensatz ist still.

Leccage (franz.) s. Leckage.

Leck (franz. tire l'eau) nennt man 1) bei Schiffen jede entstandene Oeffnung, durch welche das Wasser eindringen kann; 2) ist es Benennung des dadurch eingetretenen Zustandes des Schiffes selbst.

Leckage, 1) das Ausrinnen oder Auslaufen flüssiger Waaren aus undichten oder schadhaft gewordenen Gefäßen; 2) der durch dieses Auslaufen an der Waare selbst stattfindende Abgang; 3) das Quantum derselben, welches in der Regel der Frachtführer bei dergleichen Waaren in Abzug bringen kann und welches im Frachtbriefe oder Connossemente bestimmt wird.

Legalisiren (franz. legaliser), bestätigen, beglaubigen und zwar schriftlich und von Seiten einer Behörde, besonders des Gerichts.

Legalisation oder Legalisirung, ist die amtliche, besonders gerichtliche Bestätigung einer Urkunde oder eines Documents.

Legat (latein.), nennt man die durch letztwillige Verfügung (Testament) einer Person aus dem Nachlasse vermachte einzelne Summe oder Sache.

Legatar (latein.) heißt derjenige, welchem ein Legat ausgesetzt worden ist.

Legiren, 1) ein Legat aussetzen; 2) (franz. allier) von Gold und Silber gleich beschicken (s. dgl.), mit andern Metallen versetzen. Vergl. Löthig.

Legirung (franz. alliage), nennt man 1) die Versetzung des Goldes und Silbers mit anderen Metallen, behufs der bessern Ausprägung derselben; 2) (franz. aloi) das Verhältniß der so mit einander vermischten Metalle; 3) die Vermischung mehrerer Metalle zu einer Masse.

Legitimation (latein.), 1) eigentlich die Beglaubigung; daher 2) Ausweis; 3) Zeugniß der Aechtheit oder Gesetzmäßigkeit einer Sache.

Legitimiren, 1) sich ausweisen, rechtfertigen; 2) durch Zeugnisse belegen; 3) außer ehelich erzeugten Kindern die Rechte ehelicher beilegen; 4) die Aechtheit einer Sache darthun.

Lehrbrief, ist das schriftliche Zeugniß, welches der Principal einer Handlung, nach beendigter Lehrzeit, dem Handlungslehrling ertheilt.

Lehrling, derjenige, welchen der Kaufmann während einer bestimmten Zeit in sein Geschäft aufnimmt, um ihn die Betreibung desselben kennen zu lehren und zur eigenen Führung eines gleichen oder ähnlichen auszubilden.

Lehrvertrag, ist die zwischen dem Principal einer Handlung und den Angehörigen des Lehrlings geschlossene Uebereinkunft über die Bedingungen, unter welchen der Erstere den Letztern zur Erlernung der Handlung in sein Geschäft aufnehmen will. Derselbe muß schriftlich abgefaßt sein, und nicht nur den Namen und Wohnort des Lehrherrn, des Lehrlings und desjenigen enthalten, welcher für diesen den Contract eingeht, sondern auch die Bedingungen genau angeben, unter welchen die Aufnahme in die Handlung stattfindet, so wie Ort und Tag der Ausstellung bezeichnen und mit der Unterschrift der Contrahenten versehen sein.

Leibrente (engl. annuity) nennt man die Zinsen eines Capitals, welches man Jemanden zu Eigenthume abgetreten hat, unter der Bedingung, diese lebenslänglich zu genießen. Dieselben sind natürlich viel höher, als die landesüblichen und diese Höhe richtet sich nach dem Alter und den Gesundheitsumständen des Kaufenden. Grundstücke und Gerechtigkeiten müssen in diesem Falle nach Gelde geschätzt werden.

Leibrentenvertrag, heißt die über den Kauf einer Leibrente schriftlich geschlossene Uebereinkunft. Ein solcher Vertrag darf niemals zum Nachtheile der Gläubiger geschlossen werden, welche in diesem Falle dagegen protestiren können.

Leichten s. Lichten.

Leichtgeld, 1) die Münzsorten, welche geringhaltiger als der im Lande angenommene Münzfuß sind; 2) Gegensatz zu Bancogeld, Schwergeld überhaupt.

Leichtgewicht, nennt man das an mehreren Orten im Kleinhandel und für den gewöhnlichen Verkehr angenommene Gewicht, welches in der Regel etwas leichter ist, als dasjenige, wonach im Großhandel verkauft wird, welches daher Schwergewicht heißt.

Leihcontract ist 1) diejenige Uebereinkunft, in welcher die Bedingungen festgestellt werden, unter welchen die unentgeltliche Benutzung einer Sache an einen Andern überlassen wird. Eben durch diesen Umstand unterscheidet er sich vom Miethvertrage, so wie vom Darlehn dadurch, daß bei diesem die dargeliehene Sache selbst nicht in natura, sondern nur gleich viel von derselben Gattung, zurückgegeben werden muß; 2) die darüber aufgenommene Urkunde, oder die deshalbige schriftliche Abfassung.

Leihen, 1) überhaupt Jemandem eine Sache zum eigenen Gebrauche auf eine bestimmte Zeit und ohne Vergütigung überlassen; 2) etwas zu diesem Zwecke und unter diesen Bedingungen von Andern entnehmen; 3) gleich borgen, erborgen; 4) verborgen.

Leihhaus, 1) gleich Pfandhaus überhaupt, eine Anstalt, wo gegen Unterpfand und Zinsen Geld ausgeliehen wird; 2) gleich Lombard.

Leuchtthurm, ist ein in der Nähe des Eingangs in den Hafen oder an sonst gefährlichen Stellen errichtetes thurmartiges Gebäude, auf welchem eben zur Nachtzeit ein von Weitem schon zu erblickendes Feuer oder Beleuchtung unterhalten wird, um den Schiffen den Eingang in den Hafen zu zeigen oder als Warnungszeichen bei gefährlichen Stellen zu dienen.

Levante, 1) eigentlich Bezeichnung der Länder der Ostküste des mittelländischen Meeres, besonders der asiatischen Türkei; 2) Kleinasien überhaupt.

Leviren s. eleviren.

Licent (latein.), 1) eine von den zur See ankommenden Schiffen bezahlte Abgabe; 2) gleich Zoll; 3) der Ort, wo sie erhoben wurde; daher 4) gleich Zollhaus. Der Ausdruck ist veraltet.

Licenz (latein.; engl. und franz. licence), 1) eigentlich Erlaubniß, Bewilligung; 2) besonders die von Seiten der Regierung gestattete Einfuhr sonst verbotener Waaren, insofern sie einzelnen Personen erlaubt wird; 3) die über diese Erlaubniß ausgefertigte amtliche Bescheinigung; 4) Vergünstigung überhaupt; daher 5) gleich Freischein, Freibrief.

Lichten (franz. aléger, engl. lighten), 1) eigentlich licht machen; daher 2) lichten Raum verschaffen, im Gegensatze des mit Waaren besetzten; also 3) gleich räumen, entlasten; 4) einen Theil der Ladung aus einem Schiffe nehmen, um durch den so entstandenen leeren (lichten) Raum das Schiff leichter zu machen. Es geschieht dieses hauptsächlich in Gewässern, deren Fahrwasser für große, völlig beladene Schiffe nicht tief genug ist und die daher, namentlich in die Mündungen der Flüsse, nicht mit voller Fracht einlaufen können. Zu diesem Zwecke müssen sie einen Theil der Ladung auf andere Fahrzeuge übertragen; 5) zum Lichte herauf bringen; daher 6) in die Höhe ziehen oder winden, besonders vom Heraufholen des Ankers (engl. weigh) aus dem Grunde des Meeres gebraucht.

Lichter, auch **Lichterschiff** (franz. gabarre; engl. receiving ship, auch lighter) nennt man 1) diejenigen kleineren Fahrzeuge, welche die Bestimmung haben, großen beladenen, namentlich Seeschiffen, ehe sie an ihren Bestimmungsort gelangen, einen Theil ihrer Ladung abzunehmen. Die Benennung rührt von lichten, lichten Raum schaffen, entladen her, während Andere, die sie L e i ch t e r oder L e i ch t e r s ch i f f e nennen, diesen Namen nur mittelbar davon, und wahrscheinlich direct von leicht machen, erleichtern, ableiten. Es sind Fahrzeuge mit plattem Boden, oft auch, namentlich auf Flüssen und wenn sie nur für kürzere Strecken gebraucht werden, ohne Masten und Segel und in sehr vielen, besonders an der Mündung der Flüsse gelegenen, Handelsörtern nothwendig; 2) heißt mitunter auch jedes Fahrzeug so, auf welches während der Reise ein Theil der Ladung eines Schiffes übertragen wird, ohne daß das zu seichte Fahrwasser dazu veranlaßt.

Lichtergeld (franz. gabarrage; engl. lighterage), nennt man 1) den Lohn, welcher für das Lichten (s. d.) größerer Schiffe bezahlt wird; 2) mitunter, obgleich selten, soviel wie Ausladungslohn; 3) der für die Benutzung der Lichterschiffe entrichtete Betrag.

Licitation (latein.), öffentliche Versteigerung, sowohl a) von Sachen als Verkauf an den Meistbietenden; also Auction; wie b) von Leistungen oder Lieferungen als Ueberlassung derselben an den Mindestfordernden; also Submission.

Licitationstermin heißt der zur Versteigerung einer Sache oder zur Abgabe von Geboten und Forderungen oder Preisen anberaumte Termin.

Licitiren (latein.), eine Licitation halten, versteigern.

Lieferant, 1) eigentlich jeder, der eine bestimmte Waare liefert, der Lieferer; besonders 2) derjenige, welcher die Lieferung von Sachen als ein besonderes Geschäft betreibt, insofern er sich verpflichtet, dieselben zu einem im Voraus bestimmten Preise und innerhalb einer gewissen Zeit zu verschaffen.

Lieferung (franz. livraison), 1) im Allgemeinen die Uebergabe einer beweglichen Sache; besonders 2) wenn dieselbe unter bereits früher festgestellten Bedingungen erfolgen muß. Man kauft und verkauft auf Lieferung, wenn die betreffende Sache nicht sofort bei abgeschlossenem Contract, sondern erst nach einem bestimmten Zeitverlauf an den Käufer übergeben zu werden braucht.

Lieferungsvertrag, das schriftlich über eine Lieferung getroffene Uebereinkommen.

Liegenschaften, gleichbedeutend mit Immobilien, liegende Gründe.

Liegenschaften-Conto, heißt im Hauptbuche dasjenige Conto, auf welchem der Kaufmann das zur Handlung gehörende Grundeigenthum, seinem Werthe nach, verzeichnet und die darauf verwendeten Unterhaltungskosten, so wie die für dasselbe bezahlten Abgaben, aufzeichnet.

Liegegeld, der für das, über die bestimmte Frist dauernde Stillliegen dem Schiffer bezahlte Betrag; 2) die in gleichem Falle vom Schiffsführer den Matrosen, außer der Beköstigung, ertheilte Vergütigung.

Lieger ist eine, jetzt jedoch ungewöhnliche Benennung desjenigen Commis, welcher sich an einem andern Handelsplatze beständig aufhält, um für die Handlung seines Principals die hier vorkommenden Waareneinkäufe zu besorgen, oder aber die ihm von diesem zugesendeten Waaren zu verkaufen. Beides übergiebt man jetzt den Commissionairen und daher ist mit dem früheren Verhältniß auch der Name außer Gebrauch gekommen.

Liegetage (franz. jours de planche, engl. running oder working days), nennt man beim Wassertransport diejenige Zeit, welche der Führer des Schiffes verpflichtet ist abzuwarten, bevor ihm die Ladung übergeben wird, so wie beim Löschen die Frist, welche er am Bestimmungsorte aushalten muß, bevor eine Entlassung stattfindet. In beiden Fällen findet eine besondere Vergütigung nicht statt; doch ist diese Frist jedesmal im Connossemente bestimmt und ein nöthiges Ueberschreiten derselben muß nach angemessenen Sätzen, die entweder mit bestimmt sind, oder sich nach Umständen oder Usance richten, besonders bezahlt werden. Ist die Liegezeit nicht ausdrücklich genannt, so richtet sie sich gleichfalls nach der am Bestimmungsorte in gleichen Fällen gewöhnlichen.

Liespfund ist ein bei der Landfracht übliches, eigentlich fingirtes Handelsgewicht, welches im Allgemeinen zwar den 20sten Theil eines Schiffspfundes ausmacht, jedoch wie dieses an verschiedenen Orten von verschiedener Schwere ist. Gewöhnlich setzt man es zu 14 Pfund an, doch bestimmt man jetzt die Frachtangaben in der Regel nicht nach diesem, sondern nach dem Centnergewicht.

Limitiren (latein.), 1) eigentlich Grenzen setzen; daher 2) beschränken; 3) bestimmen, festsetzen; 4) vorschreiben. Es gilt namentlich vom Preise der Waaren bei Aufträgen, indem dem Commissionair mitgetheilt wird, bis zu welcher Höhe desselben er nur sein Gebot abgeben und die Waare erstehen oder veräußern soll. Oft ist es 5) auch gleichbedeutend mit bieten, ein Gebot abgeben, insofern man nemlich ein solches als die Grenze betrachtet, über welche hinaus nicht geschritten werden darf.

Limitum (latein.; italien. limito), 1) die Beschränkung eines Auftrages oder Preises; daher 2) der vorgeschriebene und 3) der höchste oder niedrigste Preis, je nachdem ein Einkaufs- oder Verkaufsgeschäft dem Auftrage zum Grunde liegt; 4) oft auch gleichbedeutend mit Vorschrift überhaupt. Der Commissionair muß sich streng an das Limitum binden und kann die etwaige Ueberschreitung desselben nicht in Anrechnung bringen.

Lippen, im Mäklergeschäft soviel wie ohne Auftrag und auf Speculation kaufen.

Liquid (latein.), 1) eigentlich flüssig; 2) erwiesen; 3) unbestritten, anerkannt, besonders von Forderungen; 4) fällig, verfallen. Ueberhaupt ist eine Forderung nur dann als liquide zu betrachten, wenn gegen ihre Giltigkeit kein Einwand geltend gemacht und sie jederzeit eingefordert werden kann, also, wenn eine solche festgestellt ist, zur Verfallzeit, sonst aber auch zu jeder andern Zeit. Oft begreift man jedoch unter liquiden Forderungen alle ausstehenden Schulden. Eine Compensition der illiquiden gegen die liquiden wird gesetzlich nicht gestattet.

Liquidation (latein.), 1) die Fälligkeit einer anerkannten Forderung; 2) die Eintreibung derselben; 3) die Berechnung; 4) Auseinandersetzung; 5) die Berichtung von Schulden; 6) die gegenseitige Ausgleichung und Berichtigung des Debet und Credit; 7) gleich Rechnung oder Nota.

Liquidiren, 1) eigentlich liquide machen; daher 2) einfordern; 3) die Berechnung der Forderung übergeben; 4) dieselbe abmachen, berichrigen; 5) gegenseitig Schulden und Forddrungen ausgleichen; daher 6) abrechnen; 7) von Geschäften, sie in Gang bringen, ordnen; häufiger jedoch 8) sie abmachen, beendigen.

L'loyds, diesen Namen führt 1) in London eine Gesellschaft von Kauflenten, Mäklern, Assecurateuren, Rhedern u. dgl., welche sich täglich in einem besonderen Theile der Börse versammelt und daselbst ihre Rhedereien besorgt und See-Assecuranzgeschäfte treibt; 2) der Versammlungsort derselben selbst. Früher versammelten sie sich in dem Locale eines Londoner Kaffeehauses, dessen Besitzer L'loyd hieß, wovon sowohl die Gesellschaft als ihr jetziger Versammlungsort die Benennung erhalten haben.

L'loyds-**Liste**, ist das von der vorigen Gesellschaft wöchentlich ausgegebene Verzeichniß der Wechsel-, Geld- und Fondscourse, welches außerdem, in einem besondern Abschnitte, das specielle Verzeichniß der ankommenden und abgehenden Schiffe, der Strandungen, Schiffbrüche und sonstigen Unglücksfälle zur See enthält.

Location (latein.), 1) der Ort, die Stelle oder der Standpunkt, den man unter mehrern Gleichen einnimmt;

2) als Handlung gleich Locirung, die Anweisung dieser Stellung.

Locationsurtel (latein. locatoria) heißt im Concurse der richterliche Ausspruch, wodurch den Gläubigern der Fallitmasse bekannt gemacht wird, in welcher Reihefolge sie aus derselben ihre Befriedigung erhalten sollen.

Lociren (latein., engl. collocate), 1) einen Ort, eine Stelle anweisen; daher 2) placiren, platzen, unterbringen; 3) im Concurse die Reihenfolge der Gläubiger festsetzen.

Locus (latein.), 1) der Ort, die Stelle; 2) bei Wechseln oft gleich Domicil, besonders im gerichtlichen Sprachgebrauch als locus a quo, Wohnort des Wechselausstellers; 3) s. in loco.

Löschen (franz. decharger, engl. discharge), 1) eigentlich auslöschen; daher 2) tilgen, vertilgen, besonders von Schuldforderungen; 3) ausstreichen, und in diesen Fällen 4) gleichbedeutend mit entlasten, quittiren; 5) (franz. debarquer; holländ. lossen, engl. unload) die Güter aus dem Schiffe ans Land bringen; also 6) entlasten, ausladen überhaupt; doch nur von Schiffen gebraucht.

Löschung (franz. dechargement, engl. discharge), 1) die Austragung einer Schuld aus den Büchern; daher 2) die Tilgung derselben; 3) oft gleich Decharge, Quittung; 4) (franz. debarquement, engl. unloading, disembarkation) die Ausladung der Güter aus dem Schiffe.

Löschungsplatz, 1) der Ort, die Stelle, auf welche die Güter aus dem Schiffe geschafft werden; 2) der Hafen, wo ein Schiff die Güterausladung zu besorgen hat; also 3) gleich Bestimmungsort.

Löthig, dieser Ausdruck bezeichnet im Münzwesen den Feingehalt der Silbermasse, welcher nach der Mark von 16 Loth bestimmt wird. Die Beisetzung der Zahl ergiebt, wieviel Loth wirkliches reines Silber eine, 1 Mark betragende Silbermasse, enthält, welche z. B. 12löthig ist, wenn sich darunter 12 Loth Silber und 4 Loth Zusätze befinden.

Lohn, 1) kommt im Kaufmännischen nur in der Bedeutung von Fracht, Frachtlohn vor, und der Ausdruck im Lohne bezeichnet alsdann den Frachtbetrag, und ist gleichbedeutend mit im Betrage von —; außerdem ist es 2) die Vergütigung der in der Handlung beschäftigten Arbeitsleute oder Domestiken.

Lombard (italien.), 1) s. Leihhaus, Pfandhaus; 2) s. Bank.

Lombardscheine (franz. billets lombards), 1) nannte man, wenigstens früher, eine Art Schein, welchen der ein Schiff ausrüstende Kaufmann denjenigen ertheilte, welche zur Ausrüstung Capitalien beigetragen hatten. Sie wurden auf ein Pergament geschrieben, dieses dann von einer Ecke zur andern durchgeschnitten und die eine Hälfte dem Capitalisten überliefert, während der Kaufmann die andere behielt. Nach Ankunft des Schiffes wurde, auf Vorzeigung und Auslieferung der Hälfte, sowohl das Capital als der versprochene Nutzen, Zinsen oder Gewinnantheil, ausgezahlt; 2) gleich Pfandschein überhaupt, insofern derselbe von einer öffentlichen Anstalt ertheilt wird.

Lootse oder **Lootsmann**, (franz. pilote lamaneur, holländ. loods, engl. loadsman) heißen diejenigen Steuerleute oder Matrosen, welche ausschließlich dazu bestimmt sind, die ankommenden und abgehenden Schiffe sicher in den Hafen oder in die offene See zu leiten. Zu diesem Zwecke müssen sie nicht nur die gefährlichen Stellen an den Küsten, sondern auch das zum Hafen führende Fahrwasser genau kennen. Sie dürfen das Schiff erst dann verlassen, wenn sie es in den Hafen oder in die offene See gebracht haben und der Capitain muß ihnen, sobald sie am Bord gekommen sind, die Leitung des Schiffes allein überlassen, weil sie für den entstandenen Schaden stehen und denselben ersetzen müssen. Die Lootsen, welche ein Schiff an den Küsten führen, heißen Küstenlootsen; die, welche es auf dem Strome vom oder in den Hafen leiten, Binnenlootsen. Auch zur Zeit der wirklichen Gefahr, bei Strandung, Schiffbruch u. dgl. sind sie zur Hilfe verpflichtet.

Lootsen-Commandeur, ist die Benennung des Befehlshabers der an der Küste in der Nähe eines Hafens stationirten Lootsen.

Lootsengeld, (franz. droit de lamanage, engl. pilotage) der Betrag, welcher an den Lootsen für die Leitung des Schiffes entrichtet wird.

Losung, 1) eigentlich gleich Lösung, Erlös; daher 2) Einnahme überhaupt; insbesondere aber 3) die aus dem Verkauf im Einzelnen erzielte tägliche Baareinnahme. Baare Losung wird oft gleichbedeutend mit baares Geld, Verkauf gegen Baar gebraucht.

Losungsbuch, 1) dasjenige Buch, in welchem die tägliche Losung eingetragen wird; 2) mitunter, obwohl jetzt selten, ein besonders geführtes Buch, in welchem die Posten aufgezeichnet werden, welche man gegen Zahlung Zug um Zug verkauft hat.

Losungskasse, die aus dem Detailverkauf herrührende tägliche Baareinnahme, Tageseinnahme.

Lucrativ, (latein.) 1) ergiebig, einträglich; daher 2) gewinnbringend.

Lucriren, (latein.) 1) ergiebig, einträglich sein; 2) Gewinn, Vortheil bringen; 3) Gewinn ziehen, gewinnen.

Lübisch, nennt man den zu Lübeck und Hamburg geltenden Münzfuß; er kommt im kaufmännischen Verkehr häufig vor und lübisch Courant erhält gegen anderes Courant ein beträchtliches Agio.

Luxusartikel oder **Luxuswaaren**, gleichbedeutend mit Galanterie-, Putz- und Modewaaren.

Luxuriös, verschwenderisch, verschwelgerisch, großen Aufwand machend.

M.

M. als Abkürzung 1) gleich Monat; daher **v. M.**, vorigen Monats; **l. M.**, laufenden Monats; 2) bei der Bezeichnung der Handlungsbücher gleich Manual, Memorial, Kladde; 3) (*M.*) als Zahl gleich Mille, Tausend; daher *pr. m.* gleich per Mille für das Tausend; 4) als Signatur gleich mittel.

Maatschappy, (holländ.) ist die Benennung einer großen Handelsgesellschaft in Holland, in deren Händen fast aller directer Handel mit den holländischen Colonien sich befindet.

Machtgeber, gleichbedeutend mit Bevollmächtiger, Vollmachtaussteller, Mandant. Vergl. Vollmacht.

Machthaber, diejenige Person, welche mit Vollmacht versehen worden ist, um im Namen eines Dritten vollgiltige Geschäfte abzuschließen, der Bevollmächtigte, Mandatarius. Beide Ausdrücke kommen indessen mehr bei Rechts- als bei kaufmännischen Geschäften vor, bei denen der Machthaber die besondern Benennungen Disponent, Procurist, Factor, Reisender u. dgl. führt.

Mählbrief, heißt der Contract, welcher zwischen dem

Schiffbauer und dem Rheder über die Erbauung eines Schiffes geschlossen wird.

Magazin, (franz. magazin, engl. ware-house) der Ort des Gebäudes, der Raum, an welchem Waaren oder Güter in größerer Menge niedergelegt sind, also gleich Lager, Niederlage, welcher letztere Ausdruck für Stückgut gebräuchlicher ist, während die zur Aufbewahrung von Getreide, Holz u. dgl. dienenden Räume gewöhnlich den Namen Magazine führen, meist unter Vorsetzung desjenigen Gegenstandes, welcher in ihnen verwahrt ist, wie z. B. Getreidemagazin. u. dgl.

Makler, auch Mäkler, (franz. courtier, engl. broker) 1) im kaufmännischen Verkehr diejenigen, mit obrigkeitlicher Befugniß dazu versehenen Personen, deren man sich, als Vermittler zwischen den Käufern einerseits und den Verkäufern andrerseits, bei Abschließung von Geschäften bedient, welche man ihnen auch besonders überträgt. In größern Handelsorten giebt es Makler für jeden vorzüglich in Aufnahme stehenden Handelszweig und man hat daher Waarenmakler, Schiffsmakler, Wechselmakler u. dgl. Sie zerfallen an Handelsplätzen, die, wie z. B. Leipzig, zugleich Meßplätze sind, wieder in ordentliche Makler, d. h. solche, welche am Orte wohnen und jederzeit die Verrichtung obiger Geschäfte besorgen, und in Meßmakler, welche dieses nur während der Messe thun und auswärts ihr Domicil haben. Ausschlußweise versteht man unter Mäkler immer nur einen Waarenmäkler, indem die Benennung Sensal für Mäkler im Geldverkehr an den meisten Orten gebräuchlich ist. Alle Mäkler sind besonders vereidigt, und dienen daher streitigen Falls als Zeuge der Richtigkeit eines abgeschlossenen Geschäftes. 2) Oft wird auch diejenige Person so benannt, welche, ohne obrigkeitliche Befugniß dazu, aber im Auftrage für einzelne Fälle, das Geschäft des Mäklers übernommen hat; daher 3) gleich Vermittler, Unterhändler überhaupt.

Maklerlohn, (franz. courtage, engl brokerage) ist die Gebühr, welche der Makler, besonders der Waarenmakler, von den beiden Parteien erhält, zwischen welchen er ein Geschäft zu Stande gebracht hat. Dieselbe ist verschieden, wechselt zwischen $\frac{1}{2}$ $\frac{0}{0}$, 1 per mille und $\frac{1}{2}$ per mille, und wird eben so oft auch nur einseitig bezahlt.

Makulatur, (latein., franz. maculature) im Buchhandel 1) eigentlich die beim Drucken schadhaft gewordenen oder beschmutzten Bogen; 2) alles gedruckte Papier, welches nicht wie Bücher verkauft werden kann; 3) unverkaufbare, ungangbare Bücher selbst. Vergl. auch **Krebse**.

Manco, (italien.) dasjenige, was 1) an einer Summe Geld und 2) bei Waaren am Maaß oder Gewicht fehlt; also 3) gleich Deficit; 4) Abgang, Verlust überhaupt; 5) bei Flüssigkeiten gleich Leccage. Bei Gütern, welche durch den Transport eine Verringerung ihres Umfanges, Gewichtes und Gehaltes erfahren, wird in der Regel ein vorher bestimmtes oder durch den Gebrauch festgestelltes Manco dem Frachtführer zu Gute gerechnet.

Mandant, (latein.) s. Machtgeber.

Mandat, (latein.) 1) eigentlich jeder Auftrag, der einem Andern ertheilt wird; daher 2) Ermächtigung; 3) Bevollmächtigung, Vollmacht; 4) Anweisung, Assignation (s. d.); 5) Befehl, besonders von Seiten der Obrigkeit.

Mandatar, (latein.) s. Machthaber.

Mangel-Accept und Mangel-Zahlung. Dieser Ausdrücke bedient man sich, um anzuzeigen, daß der Bezogene sich weigert, einen Wechsel bei der Präsentation zu acceptiren oder anzunehmen, oder aber, daß er zur Verfallzeit denselben nicht honorirt habe. In beiden Fällen wird wegen Mangel-Accept oder Zahlung protestirt.

Manifest, (latein.) 1) eigentlich jede öffentliche obrigkeitliche Anzeige oder Verkündigung; 2) im kaufmännischen Verkehr, besonders in England, das von der Obrigkeit, namentlich der Steuerbehörde, bestätigte, specielle Verzeichniß der Güter, welche ein Schiff geladen hat. Es muß den Namen des Absenders, Empfängers, des Löschungsplatzes, die Angabe des Gewichts, der Bezeichnung u. dgl. vollständig enthalten; 3) mitunter auch gleich Certepartie.

Mankiren, (franz. manquer) 1) an einem bestimmten Inhalte oder Gehalte mangeln; daher 2) abgehen, fehlen überhaupt; 3) das Fehlende in Abzug bringen, abziehen. Mankiren bezieht sich nie auf den Abzug, welcher wegen des Manco an dem Frachtlohn gemacht wird (s. Decort), sondern lediglich auf die Abrechnung des fehlenden Gewichtes oder Maaßes von der bezeichneten Gesammtsumme desselben, die entweder dem Frachtführer oder dem Empfänger zu Gute kommt.

Manöver, (franz.) 1) von Schiffen, das Regieren derselben durch Steuer und Segel; 2) die zur Leitung erforderlichen Handarbeiten selbst; 3) im kaufmännischen Verkehr, das, durch geschickte, künstliche Operationen bezweckte Verbergen des eigentlichen, schwankenden Zustandes eines Handlungshauses, welches namentlich im Wechselgeschäft vorkommt; daher 4) gleich tirailliren, Wechselreiterei treiben.

Manövriren, (franz.) 1) ein Schiff bei ungünstigem Winde regieren und leiten; 2) in mißlichen Umständen durch allerlei Operationen seinen Credit und sein Ansehn zu behaupten suchen; daher 3) seine eigentliche Lage verbergen.

Manual, s. Cladde.

Manufactur, (latein., franz. manufacture, engl. manufactory) nennt man 1) diejenige Anstalt, in welcher Waaren im Großen für den Handel, durch Menschenhände oder Maschinenkräfte, bereitet werden. Sie unterscheidet sich dadurch von der Fabrik, daß sie sich nicht, wie diese, der Beihilfe des Feuers und Hammers bedient, obschon diese Unterscheidung im gewöhnlichen Sprachgebrauche, welcher eben so gut Baumwollen- und Bandfabriken, wie Maschinenfabriken kennt, selten festgehalten wird; 2) das Gebäude, in welchem sich diese Anstalt befindet.

Manufacturist, 1) der Inhaber oder Besitzer einer Manufactur; 2) der in derselben beschäftigte Arbeiter.

Manufacturwaaren, (franz. objets manufactures) wären eigentlich diejenigen Waaren, welche in einer Manufactur erzeugt worden sind. Da indessen der Begriff von Manufactur selbst nicht fest steht, so läßt sich auch keine feste Bestimmung für die hierher gehörenden Gegenstände geben. Indessen scheint man ziemlich allgemein dahin übereingekommen zu sein, darunter vorzugsweise nur die sogenannten Schnittwaaren (s. d.) zu verstehen.

Manu propria, (latein.) gleich eigenhändig; wird gewöhnlich abgekürzt m. p. oder m. pr. geschrieben, und zeigt an, daß derjenige, welchem die Unterschrift angehört, auch den übrigen Inhalt einer Schrift selbst niedergeschrieben habe.

Manuscript, (latein.) 1) im Buchhandel die vom Verfasser herrührende schriftliche Ausarbeitung eines für den Druck bestimmten Aufsatzes oder Werkes; daher 2) gleich Original, im Gegensatze der darnach gedruckten Copien; 3) Handschrift überhaupt.

***Marco*-Ducaten**, nennt man diejenigen Ducaten, welche al marco (s. d.) verkauft oder an Zahlungsstatt angenommen werden.

Mareage, (franz.) 1) der Vertrag, welchen der Schiffsführer (Schiffscapitain) mit den Schiffsleuten (Matrosen) für eine bestimmte Reise abschließt; 2) der ihnen auf Grund dieses Vertrages zu zahlende Lohn oder Heuer; also 3) gleich Matrosengeld.

Marine, mitunter gleichbedeutend mit Handelsflotte, insofern man darunter die Gesammtheit der eigenen Schiffe eines Seehandelsplatzes versteht.

Marineliste, heißt ein Theil der Lloydsliste, welcher das specielle Verzeichniß der ankommenden und abgehenden Schiffe und der bekannt gewordenen Seeunglücksfälle enthält.

Mark, (franz. le marc, italien. il marco) nennt man 1) dasjenige Gewicht, dessen man sich zur Verwiegung von Gold und Silber bedient. Sie ist in verschiedenen Ländern verschieden, indessen als Handelsgewicht immer gleich dem halben Pfunde. In Deutschland liegt bei Gold- und Silberwiegungen gewöhnlich die cölnische Mark zum Grunde, welche für die Bestimmung des Feingehalts beim Golde in 24 Karat à 12 Grän und beim Silber in 16 Loth à 18 Grän eingetheilt ist. Sie heißt feine Mark, wenn sie unter diesem Gewicht keinen Zusatz enthält; rauhe Mark dagegen, wenn sich darunter ein Theil anderer Metalle befindet; vergl. löthig: 2) eine fingirte, unter dem Namen Mark Banco bekannte, in Hamburg gebräuchliche Münze, welche nach der reinen cölnischen Mark bestimmt ist, die zu $27\frac{5}{8}$ Mark Banco angenommen wird; 3) eine in verschiedenen Ländern vorhandene Courantmünze von verschiedener Währung. In Hamburg gehen 34 derselben anf eine feine Mark.

Marke, (franz. marque) 1) eigentlich jedes Merkmal, Zeichen, Kennzeichen; 2) im Kaufmännischen gleich Signatur (s. d.); 3) besonders das an Waaren, namentlich Fabrik und Manufacturwaaren befindliche Kenn- und Unterscheidungszeichen; 4) die auf ähnliche Weise an einzelnen Waaren vom Kaufmann gemachte Bemerkung des Ein- und Verkaufspreises in Chiffern.

Markbrief, gleichbedeutend mit Caperbrief.

Markiren, (franz. marquer) 1) eigentlich etwas durch Zeichen kenntlich machen; besonders aber 2) Frachtgüter mit der Nummer des Stückes und der Signatur (s. d.) des Handlungshauses versehen; 3) gleich billetiren.

Markt, (engl. market, franz. marché) 1) der öffentliche, zum Ein- und Verkauf von Waaren überhaupt bestimmte Platz, oft mit dem Beisatze des Namens der auf ihm vorzugsweise zu Kauf gestellten Gegenstände; daher 2) gleich Jahrmarkt, wenn dieser Verkauf nur zu gewissen Zeiten im Jahre geschieht; 3) der Ort, an welchem gewisse Waaren vorzugsweise zu haben sind, und von welchem her sie dann im Engros-Handel bezogen werden; 4) die an solchen Orten vorhandenen Vorräthe und eingehenden Zufuhren; 5) der wechselseitige Ab- und Zugang dieser Waaren; daher 6) gleich Verkehr, Handel, Ein- und Verkaufsgeschäft; 7) oft auch der aus diesem Verkehr hervorgehende Geldumsatz überhaupt; 8) für einzelne Handlungshäuser der erzielte Absatz an Waaren und 9) die daraus herrührende Einnahme; 10) mitunter auch der Inbegriff aller an einem Markt sich einfindenden Käufer und Verkäufer. In letzterer Hinsicht spricht man daher von einem guten oder schlechten Markte, je nachdem der Absatz der Waaren bedeutend oder nicht und die Preise derselben für die Verkäufer günstig waren oder nicht. Natürlich ist ein guter Markt für die Käufer immer ein schlechter für die Verkäufer und umgekehrt.

Marktbericht, 1) die umständliche Auseinandersetzung der während eines Marktes abgeschlossenen Geschäfte mit Angabe der gangbaren Preise und der auf die Gunst oder Ungunst derselben einwirkenden Ursachen; 2) der ausführliche Bericht über die an einem Handelsplatze vorhandenen Waaren sowohl, als über die erwarteten Zufuhren und Aufträge, so wie über den Begehr und das Ausgebot der verschiedenen Artikel, die dafür gezahlten oder geforderten Preise, nebst der Entwickelung der wahrscheinlich in der nächsten Zukunft damit vorgehenden Veränderungen; 3) derselbe, jedoch dahin modificirt, daß er nur bestimmte Handelsartikel, nicht die Gesammtheit der am Platze vorhandenen betrifft. Von Zeit zu Zeit werden dergleichen Marktberichte der verschiedenen Plätze in öffentlichen, hauptsächlich in den dem Handelsinteresse gewidmeten Blättern mitgetheilt; doch gelangen sie auch auf dem Wege der Handelscorrespondenz, vorzüglich wenn sie nur einzelne, bestimmte Artikel betreffen, zur Kenntnißnahme der Committenten, werden auch in besondern Fällen gefordert und zufolge dieses Auftrages ertheilt.

Marktconto, 1) entweder ein, über die während eines Marktes und an demselben abgeschlossenen Geschäfte, nach Debet und Credit besonders geführtes Buch; oder 2) ein zu gleichem Zwecke im Hauptbuche angelegtes Conto. Namentlich wird auf diese Weise ein besonderes Meßconto bei Engros-Geschäften geführt; 3) auf den Frankfurter Messen der Courszettel, der den Stand des Wechselcours während derselben angiebt.

Marktfreiheit, begreift nicht nur die Befugniß und Erlaubniß für fremde Kaufleute, während einer bestimmten Zeit öffentlich Handel zu treiben, sondern umfaßt auch mehrere Rechte und Gerechtsame, die theils ihrer Person, theils ihren Waaren während dieser Zeit zustehen. Hierher gehört nicht nur, daß alle Ausschließungsrechte der Innungen und Zünfte, wo dieselben noch bestehen, für die Dauer des Marktes aufgehoben sind, mithin Jeder unter eigener Firma verkaufen kann, sondern auch, daß in demselben Zeitraume am Marktplatze keine gerichtliche Klage gegen sie eingeleitet oder ihre Güter mit Beschlag belegt werden können. Auch gegen ihre Person darf kein Wechselarrest ausgebracht werden, selbst nicht wegen solcher Wechsel, deren Zahlung aller Orten lautet und fast überall genießen sie auch hinsichtlich ihrer Waaren besondere Zollvergünstigungen. Am umfangreichsten finden sich diese Gerechtsame bei den größern Märkten oder Messen.

Marktgeld, ist 1) diejenige Abgabe, welche an die Stadt, wo der Markt stattfindet, für die Erlaubniß gezahlt wird, daselbst mit seinen Waaren zum öffentlichen Verkauf ausstehen zu dürfen. Da dieselben indessen für die zu diesem Zwecke benutzte Stelle entrichtet wird, so ist es 2) gleichbedeutend mit Standgeld überhaupt; 3) der für die Benutzung der Niederlagsräume während des Marktes gezahlte Miethzins.

Marktgericht, s. Meßgericht.

Marktgut, nennt man die für den Verkauf auf Märkten bestimmten Waaren, wozu man diejenigen wählt, welche auf denselben besonders gesucht werden und Abgang finden.

Markthelfer, mitunter noch Benennung derjenigen Person, deren sich die Kaufleute auf Märkten oder Messen zur Besorgung gewisser Nebengeschäfte und zur Bewachung und Sicherung ihrer Güter bedienen.

Marktmeister, (engl. clerk of the market) ist die obrigkeitliche Person, welche auf Märkten und Messen die Richtigkeit des Maßes und Gewichtes zu beaufsichtigen hat.

Marktpreis, 1) eigentlich der jedesmalige Preis, den

eine Waare am Markte gilt; daher 2) gleich Einkaufspreis, kostender Preis; 3) der Preis einer Waare an einem besonderen Platze; besonders 4) insofern er sich längere Zeit und gegenwärtig noch auf demselben Standpunkte erhalten hat und erhält; daher in diesem Falle gleich laufender Preis.

Marktschiff, (franz. coche d'eau, engl. market-hoy, holländ. veerschuit) nennt man Flußschiffe, welche an bestimmten Tagen, besonders an Markttagen, von einem Orte zum andern fahren und Personen und Waaren mitnehmen.

Markwährung, ist die Ausprägung der Münzen in der Art, daß ihr Werth nach der feinen Mark zu bestimmen ist. Sollen daher Summen nach Markwährung ausgezahlt werden, so wird der nominelle Werth der zur Zahlung verwendeten Münzsorten nicht in Anschlag gebracht, sondern bloß der Feingehalt derselben.

Marque, s. Marke.

Mascopie. Dieses dem holländischen Maatschappy nachgebildete Wort hat 1) gleiche Bedeutung mit demselben; indessen ist es 2) gewöhnlich soviel wie Compagnie, Association und drückt ein Verhältniß aus, in welches zwei oder mehrere Personen in Betreff einer gemeinschaftlichen Unternehmung getreten sind, der Art, daß sie, bei gleicher Capitaleinlage, gleichen Gewinn und Verlust, oder bei ungleicher Capitaleinlage, denselben pro rata des Capitals aus dem Unternehmen davontragen; also 3) gleich Gemeinschaft überhaupt.

Masse, 1) eigentlich jeder rohe Gegenstand von größerem Umfange, insofern seine einzelnen Theile besonders dicht und gedrungen sind; daher 2) gleich Klumpen; 3) gleich Barren; 4) zusammengehäufte, gleichartige oder ungleichartige Gegenstände überhaupt; daher 4) gleich Haufen; 5) Menge; 6) die Bestandtheile, aus welchen eine Waare bereitet worden ist, jedoch hauptsächlich nur, wenn dieselben fest und zusammenhängend sind; daher 7) gleich Material, Stoff; 8) im Concurs Inbegriff alles dessen, worin das noch vorhandene Vermögen des Falliten besteht; 9) die durch öffentliche Veräußerung desselben daraus erhaltene Summe. Der Ein- oder Verkauf in Masse ist also nicht nur, als Verkauf im Ganzen, dem Detailverkauf entgegengesetzt, sondern auch gleichbedeutend mit Gesammtverkauf an einen Käufer oder mehrere, die aber von Seiten des Verkäufers insofern als einer betrachtet werden, als er ihnen das Verkaufte nur insgesammt anweist und sie die Vertheilung unter sich selbst zu besorgen und sich darüber zu vereinigen haben. Oder aber der Ausdruck zeigt an, daß eine bestimmte Menge verschiedenartiger Waaren in größere Abtheilungen gesondert, ohne eine andere Gewährleistung als die der Stückzahl oder des Gewichts verkauft wird.

Massiv, 1) von Waaren, fest, derb; 2) dick; 3) plump, unförmlich; 4) von Gold und Silber, gleich gediegen, rein, ohne Vermischung mit andern Metallen; 5) eine Masse oder Klumpen bildend; 6) unbearbeitet, roh; 7) unausgeprägt. Gewöhnlich versteht man unter massivem Silber und Gold vorzugsweise Silber- und Goldbarren.

Mastgeld, heißt eine Abgabe, die auf manchen Flüssen, z. B. der Weser, nach der Zahl der vorübergehenden Masten erhoben wurde.

Materialhandlung gleich Materialwaarenhandlung, nennt man die Handlung, deren Geschäftsbetrieb ausschluß- oder vorzugsweise im Verkehr mit Materialwaaren besteht; daher 1) gleich Droguериehandlung; 2) Gewürzhandhandlung; 3) oft auch gleich Kramhandlung und 4) Victualienhandlung.

Materialien, 1) eigentlich Benennung aller rohen Stoffe, im Kaufmännischen jedoch besonders 2) im weitesten Begriffe gleich Drogueriewaaren; 3) im engern Sinne Gewürze und einige rohe Apothekerproducte; 4) im engsten Sinne jedoch Gewürze allein; im letzteren kommt es, besonders im Detailhandel, am Häufigsten vor und es pflegen in demselben Farbewaaren und die sogenannten Spezereien, welche mit in den Umfang des Begriffes gehören, besondere Abtheilungen zu bilden; 5) mitunter wohl auch gleich Victualien.

Materialist, 1) gleich Droguist; 2) Gewürzhändler, namentlich in England; 3) Victualienhändler; 4) Krämer.

Matrosen, (franz. matelot) nennt man die zum Regieren und zur Bedienung der Schiffe erforderliche Mannschaft, das Schiffsvolk. Der Ausdruck gilt eigentlich nur von der Mannschaft der Seeschiffe, wird aber auch vielfach von der der Flußschiffe gebraucht, doch jene in diesem Falle durch die besondere Bezeichnung Seematrosen (engl. seaman) von diesen unterscheiden, welche man nur Schiffer (engl. waterman) nennt.

Matrosengeld, s. Mareage.

Matt, bezeichnet im Verkehr, daß nach gewissen Waaren wenig Verlangen vorhanden ist und dabei die Preise sinken, weshalb die Verkäufer ihre Vorräthe nicht zum Verkauf stellen.

Mauth, 1) gleich Accise, Zoll; 2) Steuer; 3) das zur Erhebung derselben bestimmte Gebäude; also Zollhaus, Zollamt, Steueramt.

Mauthbrief, ungewöhnlich, aber gleichbedeutend mit Frachtbrief.

M. C, Abkürzung für mio Conto.

Mechanisch, (franz mechanique) 1) maschinenmäßig; also ohne Verwendung des Nachdenkens; 2) in bestimmter Reihenfolge wiederkehrend; daher 3) gleichbleibend. Besonders nennt man mechanische Verrichtungen solche Geschäfte, welche bloß die Körperkraft beanspruchen oder Gewandtheit der Glieder erfordern.

Mechanismus, (franz. mechanisme) eigentlich 1) die Art und Weise, auf welche eine materielle Ursache ihre Wirkung hervorbringt; 2) besonders die darauf berechnete innere Einrichtung einer Maschine.

Median, mittelgroß; besonders von Papiersorten gebraucht.

Mediangröße, gleich mittlerer Größe, Mittelgröße.

Medio, (latein.) gleich in der Mitte. Man bedient sich des Ausdrucks häufig bei Zeitbestimmungen und sagt z. B. medio August u. dgl.

Melioration, (latein.) die Verbesserung des frühern Zustandes oder der Beschaffenheit einer Sache.

Melioriren, (latein., franz. meliorer) 1) von Sachen sie verbessern; daher 2) vervollkommnen überhaupt; 3) von Geschäften sie ausdehnen, vergrößen; 4) sie in einen blühendern Zustand versetzen, heben.

Meliren, (franz. meler) 1) mischen, vermischen; 2) vermengen.

Melirt, (franz.) 1) vermischt; 2) vermengt; 3) bunt, buntfarbig.

Memorial, 1) gleich Manual, Brouillon; 2) mitunter auch eine besondere Reinschrift desselben.

Mercanitil oder mercantilisch, (franz.) was den Handel anbetrifft, kaufmännisch.

Merzen, selten gebrauchter Ausdruck für absondern, ausscheiden.

Meßbrief, nennt man das von der Obrigkeit auf Grund

der, von einem vereideten Vermesser vorgenommenen Vermessung ertheilte Zeugniß über die Lastigkeit eines Schiffes, welches sich stets am Bord befinden muß, indem in vielen Fällen die Abgaben nach dem Tonnengehalt oder dem Raume entrichtet werden.

Meßconto, gleich Marktconto, nur mit dem Unterschiede, daß es lediglich über die auf Messen abgeschlossenen Geschäfte geführt wird.

Messe, (franz. foire, engl. fair) nennt man denjenigen Markt (s. d.), auf welchem vorzugsweise Engros-Verkäufe stattfinden, der in der Regel eine längere Dauer hat, hauptsächlich von auswärtigen Kaufleuten besucht wird und die größtmögliche Auswahl der Artikel bietet. Sie genießt der Marktfreiheit (s. d.) in weitester Bedeutung dieses Wortes und beruht demnach auf besondern, den Handel schützenden, fördernden und erleichternden Privilegien. In der Regel sind dem Kleinhandel, der nicht ausgeschlossen ist, bestimmte Tage angewiesen, wie dieses z. B. auf der Leipziger Messe der Fall ist.

Meßfreiheit, s. Marktfreiheit.

Meßgehilfe, s. Markthelfer.

Meßgeld, s. Marktgeld.

Meßgericht, nennt man dasjenige Handelsgericht, welches an den Orten, die kein besonderes Handelsgericht haben, während der Messe zusammentritt, um über die unter den Kaufleuten vorkommenden streitigen Fälle, ganz nach Art der Handelsgerichte zu entscheiden. Alle vor diese gehörenden Fälle gehören dann vor das Meßgericht, welches nach vollendeter Messe und Abmachung der vorgefallenen Uneinigkeiten sich wieder auflöst.

Meßgüter, s. Marktgut.

Meßwechsel, heißen solche Wechsel, welche an einem Meßplatze während der Messe zahlbar sind, und auf denen sowohl Ort als Zeit der Bezahlung auf eine bestimmte Messe festgesetzt sind, ohne jedoch den Tag selbst näher zu bestimmen. Dergleichen Wechsel sind von der Verpflichtung, dieselben mit erster Post zum Accept einzusenden, ausgenommen und der Inhaber hat das Recht sie bis zum letzten Meßtage zu präsentiren und dann zugleich wegen Mangel-Accept und Mangel-Zahlung zu protestiren. Indessen haben die meisten Meßplätze für die Präsentation sowohl, wie für die Zahlung, gewisse Tage festgesetzt, welche bei Verlust des Regresses inne gehalten werden müssen. Diese Zeiten sind in Frankfurt a. O. für die Acceptation der dritte und für die Zahlung der vierte Tag der Zahlwoche; für Frankfurt a. M. zur Acceptation der Dienstag in der ersten Meßwoche von früh um 9 Uhr, zur Zahlung der Sonnabend in der Zahlwoche von Nachmittag 2 Uhr bis Sonnenuntergang; für Leipzig Acceptationszeit in der Jubilate- und Michaelismesse am Freitage nach Einläutung derselben von früh um 10 Uhr, in der Neujahrsmesse der 5. oder 6. Januar, wenn ersterer auf einen Sonntag fällt. Zahlungszeit in den Hauptmessen: der Donnerstag in der Zahlwoche, in der Neujahrsmesse der 12. oder 13. Januar; für Naumburg Acceptationszeit in der Sommermesse vom 28. Juni Mittags 1 Uhr bis 2. Juli Mittags 12 Uhr, in der Wintermesse vom 8. Tage nach dem Einläuten Mittags 1, bis zum Ausläuten; Zahlungszeit für erstere der 5. Juli, für letztere der 19. Dezember; für Braunschweig Acceptationszeit der Donnerstag in der Lichtmeß- oder Laurentiuswoche, Zahltag für Juden der Freitag, für Christen der Sonnabend der zweiten Meßwoche.

Metalliques, (franz.) nennt man in verschiedenen Ländern eine Art Staatspapiere, deren Betrag die Staatsgläubiger in baarem Gelde, nicht in Papieren eingezahlt haben, und die daher auch auf Courant lauten. Sie kommen hauptsächlich in solchen Ländern vor, in welchen, wie in Oesterreich, außer dem Courantgelde, noch ein besonderes, minder werthes Papiergeld gangbar ist, und werden von den Kassen nicht in Papiere, sondern in klingendem Courant realisirt. Ihr Verhältniß zum Papiergelde ist verschieden.

Minutirer, (franz. minutier) veralteter, ungewöhnlicher Ausdruck für Detaillist.

Mio conto, s. Conto.

Mißcredit, eigentlich die üble Meinung, die man von Jemandes Rechtlichkeit und Zahlungsfähigkeit hat; daher 2) Mangel an Zutrauen; 3) mitunter Zahlungsunfähigkeit selbst.

Mitrheder, (franz. bourgeois) nennt man, wenn Mehrere Eigenthümer eines Schiffes sind, einen jeden derselben, und bezeichnet dadurch eben das Verhältniß seines Eigenthumsrechtes gegenüber den andern.

Mk., Abkurzung für Mark.

Mobilien oder **Mobiliarvermögen** nennt man überhaupt dasjenige Besitzthum, welches nicht zu den Liegenschaften gehört, also, wie Hausgeräthe, Geld, Papiere, Möbel, Kleidungsstücke u. dgl. von einem Orte zum andern gebracht werden kann; die bewegliche Habe.

Mobilien-Conto, ist im Hauptbuche dasjenige Conto, auf welchem sämmtliche zur Handlung gehörenden Mobilien, insofern sie Geräthschaften in sich begreifen, eingetragen stehen.

Modern, (franz.) 1) eigentlich was und wie es die Mode fordert; daher 2) dem neuesten Geschmacke gemäß; 3) oft gleich neu.

Modewaaren, 1) diejenigen Artikel, welche, theils weil sie neu, theils weil sie aus andern Gründen entweder grade nöthig oder nur beliebt sind, auf einige Zeit besonders gesucht werden und Abnehmer finden; besonders 2) solche Waaren, die zum Damenputz gehören, sowohl Stoffe als auch bereits daraus gefertigter Putz.

Moitié, (franz.) 1) eigentlich die Mitte, Hälfte; daher 2) besonders der gleiche Antheil am Gewinn und Verlust aus einem Geschäft, welches man in Gemeinschaft mit einem Andern übernimmt. Moitié machen ist deshalb gleichbedeutend mit 1) ein Geschäft, eine Sache u. dgl. mit einem Andern theilen, so daß Jeder es zur Hälfte übernimmt; daher 2) theilen; 3) gemeinschaftlich übernehmen, 4) den Gewinn oder Verlust daraus gleichmäßig auf beide Theilnehmer übertragen.

Molo, (italien., holländ. moelje) nennt man einen festen Damm, welcher zur Sicherung des Hafens oder der Einfahrt in denselben gegen Versandungen oder Stürme ins Meer hinein errichtet ist.

Monopol, (griech.) 1) eigentlich der Alleinhandel; besonders 2) die von der Regierung einem Einzelnen oder einer Gesellschaft ertheilte Befugniß, einen besondern Geschäftszweig ausschließlich zu betreiben. Betrifft derselbe den Handel, so pflegt man sich zur bestimmtern Bezeichnung dieser Berechtigung des Ausdrucks Handelsmonopol zu bedienen. Vergl. übrigens Privilegia.

Mora, (latein.) eigentlich Aufenthalt; daher 2) Verzug überhaupt. Derselbe tritt bei der Uebergabe von Sachen ein, wenn diese nicht zu der bestimmten Zeit stattfindet und es hat der Verkäufer, wenn dieses durch seine Schuld geschieht, dem Käufer für den dadurch entgangenen Vortheil zu haften; dagegen befreit ihn gerichtliche Niederlegung von der Verantvortlichkeit, wenn der Käufer die Verzögerung veranlaßt. Bei Zahlungen, die zur bestimmten Zeit geschehen sollen, müssen, wenn sie nicht erfolgen, von diesem Tage an, Verzugszinsen (s. d.) entrichtet werden.

Moralische Person, nennt man mehrere Individuen, die, zu einem gemeinschaftlichen Zwecke verbunden, Anderen gegenüber nur als ein Ganzes, als eine einzige Person dastehen; doch erfordert ein solches Verhältniß Mehrerer zu der übrigen menschlichen Gesellschaft stets eine Anerkennung desselben, welche vom Staate ausgeht und ertheilt wird. Corporationen (s. d.) bilden in der Regel auch zugleich moralische Personen.

Moratorium, (latein.) auch eiserner Brief, Anstandsbrief, Indult, Schutzbrief heißt die einem Schuldner, welcher durch Umstände an der sofortigen Bezahlung seiner Gläubiger verhindert, aber zu dieser Zahlung selbst nicht unvermögend ist, zur Abwehrung seines Ruins ertheilte Nachsicht. Dasselbe findet nur wegen Geldzahlungen, nicht aber wegen anderer Leistungen statt. Je nachdem es gegen einen oder gegen alle Gläubiger gerichtet ist, ist es ein Special-, oder General-Moratorium, welches letztere im kaufmännischen Geschäfte am Gewöhnlichsten vorkommt. Auf die Ertheilung Beider muß bei der competenten Gerichtsbehörde provocirt und nachgewiesen werden, daß das Vermögen zur Befriedigung der Gläubiger wirklich vorhanden sei, daß nur Umstände eingetreten sind, welche diese Zahlung, wodurch sich sonst das Geschäft auflösen müßte, zu leisten verhindern, und daß der Indult nicht nur hinreichend sei, seine Gläubiger zu befriedigen, sondern auch den Nahrungsstand des Geschäftes zu erhalten. Zugleich wird eine Uebersicht des Activ- und Passiv-Vermögens eingereicht, auch später alle Bücher der Handlung vorgelegt. Das Gericht erkennt über die Zulässigkeit des Moratoriums, welches höchstens auf 3 Jahre ertheilt, und wodurch das Concursverfahren, das sonst eintreten würde, intermittirt wird. Nach eingegangenem Gesuche können Executionen nicht verfügt oder vollstreckt werden und nach Bewilligung des Indults bleibt der Kaufmann zwar im Besitze des Handels, darf sich jedoch in keine gewagten Geschäfte einlassen und muß ordnungsmäßig Rechnung führen. Aufhebung der Beschränkungen in der Administration seines Vermögens muß von allen Gläubigern genehmigt werden. Sind Gläubiger verschwiegen, so begründet der Antrag eines Einzigen den Verlust des Moratorium, das auch nicht gegen neue Schulden schützt, sie müßten denn zur Fortsetzung des Geschäftes unumgänglich nöthig gewesen sein. Erst bei Ablauf des Moratorium können die Gläubiger den Schuldner gerichtlich belangen und derselbe muß während desselben die üblichen Zinsen des schuldigen Capitals entrichten. Es erstreckt sich nicht auf Zinsen, Renten, Miethzins, Lohn und Wechsel-Judicate, kommt auch den Erben des Schuldners nicht zu Statten.

Mortification, (latein.) gleichbedeutend mit Amortisation.

Mortificationsschein, ist die Urkunde, welche ein verloren gegangenes Schulddocument für ungiltig erklärt.

Mortificiren, s. Amortisiren.

Münze, (franz. monnoie, engl. money) 1) eigentlich jedes mit einem Gepräge versehene edle Metall, welches im Verkehr überhaupt zu einer bestimmten Geltung als Austauschmittel angenommen wird; geprägtes Geld; daher 2) entgegengesetzt dem Papiergeld, also gleich baar Geld; oft auch 3) Bezeichnung der kleinern Geldsorten von geringerm Werth, im Gegensatz der in größerem Maßstabe und zu einem höhern Werthe ausgeprägten Stücke, des sogenannten Courant; mitunter ferner 4) gleichbedeutend mit Geld überhaupt; 5) die Stätte, an welcher es geprägt wird.

Münzfuß, (franz. titre de monnoie) nennt man die gesetzliche Verordnung über den Gehalt, den innern und äußern Werth der Münzen eines Landes. In Deutschland kommen hauptsächlich der 20. 21. u. 24 Guldenfuß in Betrachtung.

Müßige Capitalien, heißen diejenigen Gelder, welche vorräthig liegen, aber augenblicklich oder einige Zeit hindurch nicht verwendet werden können und deshalb keinen Nutzen abwerfen.

Mundiren, (latein.) einen vorher bloß im Concept verfaßten Schriftsatz ins Reine schreiben.

Muster, 1) eigentlich jeder Abriß, Zeichnung, nach welcher etwas gefertigt wird; 2) mitunter, besonders bei Schnittwaaren, gleichbedeutend mit Probe (s. d.).

Musterkarte, nennt man im Ausschnitthandel eine Karte, auf welche Proben von den geführten Zeugen befestigt sind, und welche namentlich dazu dient, die Uebersicht der vorhandenen Stoffe und die Auswahl den Käufern zu erleichtern. Man bedient sich ihrer vorzüglich bei Tuch, Seide und sonstigen bessern Zeugen.

Musterreiter, jetzt ungebräuchlich gewordene Benennung für denjenigen Handlungsreisenden zu Pferde, welcher nach einer bei sich führenden Musterkarte Aufträge anzunehmen bevollmächtigt ist.

Musterrolle (franz. role d'equipage, engl muster-roll) beim Seeverkehr das Verzeichniß der am Bord des Schiffes befindlichen Mannschaften und Passagiere.

N.

N. oder *No.* oder *Nro.*, als Abkürzung, in Handelsbüchern, Facturen u. dgl. gleich Nummer, *Numero.*

Nach Belieben s. a piacere.

Nach *Dato* s. Dato.

Nachdruck (franz. livre contrefait oder livre copie, engl. counterfaited edition) nennt man im Buchhandel die Vervielfältigung einer bereits gedruckten Schrift durch einen Dritten ohne Erlaubniß des Verfassers und Verlegers. Die Absicht eines daraus zu ziehenden besonderen Gewinnes ist wohl in der Regel zu vermuthen, doch kann das Gegentheil davon durchaus nicht zur Rechtfertigung des Nachdrucks dienen, welcher vielmehr in allen Fällen unerlaubt ist. Erst mit dem Tode des Verfassers erlischt sein Recht und erst dann steht es Jedem frei, eine neue Ausgabe seinen Schriften zu veranstalten, doch muß er sich wegen derselben mit den Kindern des Verfassers abfinden, wenn solche vorhanden sind. Auch darf in diesem Falle keine Buchhandlung vorhanden sein, welche auf die neue Ausgabe ein Verlagsrecht hat. Von selbst versteht sich, daß gleicher Schutz dem Verleger zu Theil wird, so lange eine von ihm besorgte Ausgabe noch nicht vergriffen ist, oder wenn er das Verlagsrecht eines Werkes als Eigenthum besitzt.

Nachdrucker, 1) der Buchhändler, welcher den Nachdruck einer Schrift veranstaltet und denselben verlegt; 2) oft auch der Buchdrucker, welcher den Druck derselben übernimmt.

Nachfrage heißt 1) der Begehr, das Verlangen nach einer bestimmten Waare oder nach Wechseln u. dgl.; daher 2) das Gesuchtsein, der Abgang, Absatz derselben. Es zeigt einen lebhaften Verkehr mit dem betreffenden Artikel an und zugleich, daß derselbe nicht in solchen Quantitäten am Platze vorhanden ist, als gesucht werden. Im Verkehr steht diesem Ausdrucke flau entgegen und ohne Nachfrage sein heißt soviel wie unbegehrt sein, keine Abnehmer finden und zeigt in der Regel zugleich an, daß der betreffende Artikel noch in hinreichender Menge am Platze vorhanden ist und daher keiner Zufuhr bedarf. Das Wort wird hauptsächlich bei Handelsberichten gebraucht.

Nachgebot nennt man 1) das Gebot, das der Kauflustige bei Sachen, die öffentlich versteigert werden, nach beendigter Versteigerung, insofern dieses dann noch zu thun verstattet ist, über das Gebot des zuletzt Bestbietenden abgiebt; daher 2) höheres Gebot überhaupt. In der Regel wird es nur bei Licitationen angenommen.

Nachlaß (franz. remise), ist 1) derjenige Theil einer Schuld, welchen der Gläubiger dem Schuldner überhaupt erläßt; besonders aber 2) in der Absicht von der Forderung streicht, um den Rest derselben sofort zu empfangen; daher 3) gleich Erlaß überhaupt; 4) unter Umständen auch gleich Rabat; 5) (franz. accord) s. Accord.

Nachmänner gleichbedeutend mit Hintermänner.

Nachnahme, heißt derjenige Betrag, welchen der Versender einer Waare sich vom Frachtführer sofort bezahlen läßt, und welcher diesem vom Empfänger derselben wieder ersetzt wird. Er erwächst aus den verschiedenen kleinen Auslagen, die der Versender dabei gehabt hat, und muß jedesmal auf dem Frachtbriefe besonders bemerkt sein.

Nachnehmen, 1) eigentlich an sich nehmen; 2) sich vom Fuhrmann bei der Versendung von Waaren die gehabten Auslagen auszahlen lassen.

Nachrechnen (franz. recompter), 1) dasjenige, was bereits gerechnet ist, nochmals rechnen, um etwaige Fehler zu entdecken; 2) überrechnen; 3) berechnen, zusammenrechnen.

Nachricht s. Avis.

Nachschrift s. Postscript.

Nachschuß, 1) gleich Zuschuß; 2) die Zahlung des Restes einer Summe, deren anderer Theil bereits früher ausgezahlt worden ist; 3) im Buchhandel der unveränderte Abdruck eines Werkes in einer bestimmten Anzahl von Exemplaren, wenn die Auflage selbst nicht hinreichend ist, die Bestellungen darauf zu befriedigen.

Nach Sicht s. Sicht.

Nachtage gleich Respecttage.

Natura s. in natura.

Naturalien (franz. produits naturels, engl. natural productions), hierunter versteht der kaufmännische Sprachgebrauch alle Gegenstände, welche aus dem Thier-, Pflanzen- und Mineralreich in den Handel kommen, ohne jedoch durch Menschenhände und Kunst wesentliche Veränderungen erlitten zu haben; also alle rohen Stoffe, Naturproducte.

Naturalienhandlung gleich Productenhandlung.

Naturell (franz. naturel) 1) eigentlich wie es die Natur giebt, natürlich; daher 2) in natürlichem Zustande, unbearbeitet, roh.

Navigationsacte ist in England das Gesetz, welches fremden Schiffen gestattet, nur die Erzeugnisse ihres Landes in England einzuführen, dagegen die Einfuhr solcher Producte durch fremde Schiffe verbietet, welche nicht in dem Lande erzeugt worden sind, welchem das Schiff angehört, das auch aus England selbst keine englischen Waaren ausführen darf, die nur auf englischen Schiffen zu verladen gestattet wird. Es wurde 1651 erlassen und später bestätigt.

Nebenadresse gleichbedeutend mit Nothadresse.

Nebenbücher heißen die außer dem Journal und dem Hauptbuch in der Handlung geführten Bücher.

Nebenhandel, 1) der Verkehr mit solchen Producten, welche nicht in den eigentlichen Geschäftskreis einer Handlung gehören; gewöhnlicher jedoch 2) im Gegensatze von Haupthandel, alle neben diesem betriebenen Geschäftsbranchen. In ersterer Bedeutung wurde der Nebenhandel früher häufig einem Commis, oft als ein Theil des Salairs, oft aber auch deshalb gestattet, um ihn für längere Dauer an das Geschäft seines Principals zu fesseln.

Nebenhandlung, 1) Gegensatz von Haupthandlung; 2) gleichbedeutend mit Commandite.

Nebenrechnung, in den kaufmännischen Büchern die Rechnung über solche Posten, welche aus besonderen Gründen nicht auf das gewöhnliche Conto des Geschäftsfreundes zu stehen kommen und daher ein eigenes Conto erhalten.

Negotiant, 1) eigentlich jeder Kaufmann; insbesondere aber 2) insofern er Geldgeschäfte treibt; daher 3) gleich Wechsler, Banquier; 4) früher häufig gleich Engroist.

Negotiation (latein.), 1) eigentlich jede Unterhandlung in Betreff eines abzuschließenden Geschäftes; besonders 2) bei Geld- und Wechselgeschäften; daher 3) oft gleichbedeutend mit Wechselveräußerung, Begebung eines Wechsels; doch pflegt man gewöhnlich in diesem Falle, um sie von andern Geldnegotiationen zu unterscheiden, sich des Ausdrucks Wechselnegotiation zu bedienen.

Negotiiren, 1) über ein Geschäft unterhandeln; 2 Geld- und Wechselverkehr treiben; 3) mitunter auch von Geschäften sie übernehmen, ausführen; daher 4) Handel treiben, handeln überhaupt.

Nehmer, 1) gleich Abnehmer, Käufer überhaupt; besonders 2) derjenige, zu dessen Gunsten, auf dessen Ordre, ein Wechsel ausgestellt ist: also der Remittent; oft auch 3) der Inhaber; 4) der Käufer eines Wechsels.

Nennwerth s. Nominalwerth.

Netto (italien.; franz. und engl. net), 1) genau, rein; 2) ohne Abzug; also 3) abgesondert von Allem, was nicht zu den Bestandtheilen einer Sache gehört; 4) gleich Nettobetrag. Es ist dem Brutto entgegengesetzt und kommt hauptsächlich in folgenden Zusammensetzungen vor.

Netto-Betrag, 1) derjenige Betrag einer Rechnung, welcher übrig bleibt, nachdem Alles in Abzug gestellt worden ist, was eines Abzuges gewärtig sein konnte; 2) mitunter gleich ungefährer Betrag; 3) runde Summe, die weiter keinen Abzug erleiden kann.

Netto-Ertrag, 1) der aus einem Geschäft hervorgehende Ueberschuß nach Abzug aller darauf verwendeten Kosten und Auslagen.

Netto-Gewicht, das Gewicht einer Waare im unverpackten Zustande, also bei Stückgütern das Gewicht derselben nach Abrechnung desjenigen Antheils davon, welcher auf die Verpackung (Emballage), sei es in Kisten, Säcken, Gefäßen u. dgl., kommt, die zu diesem Behufe für sich, meist einzeln gewogen und als Tara von dem Gesammtgewicht des Stückguts, dem Bruttogewicht, abgezogen werden.

Netto-Gewinn ist der aus einem Geschäft hervorgehende reine Ueberschuß, der nach Ablauf einer bestimmten Periode aus den Büchern der Handlung ermittelt wird. Er unterscheidet sich vom Netto-Ertrage dadurch, daß er nicht aus einem einzelnen Geschäfte, wie dieser, berechnet werden kann, indem, um den Netto-Gewinn aus einem Geschäfte zu bestimmen, sämmtliche Handlungsunkosten wie Salair, Miethe u. dgl. von dem Gesammtertrage desselben in Abzug gestellt werden müssen, während beim Netto-Ertrage blos der kostende Preis der Waare und die darauf verwendeten Spesen und Auslagen in Abrechnung kommen, da die übrigen Handlungsunkosten nicht füglich auf jedes einzelne Geschäft vertheilt werden können.

Netto-Preis, der Preis einer Waare nach Abzug des Rabatts.

Netto procedido (italien.; franz. net provenu) heißt bei Commissionsverkäufen der Betrag, welcher nach berechneten Unkosten u. dgl. an baaren Gelde von der Verkaufssumme übrig bleibt, und worüber dem Eigenthümer die Disposition zusteht, oder welcher ihm gut geschrieben wird.

Netto-Product, gleichbedeutend mit Netto-Ertrag.

Netto-Summe, jede reine, runde Summe, ohne Bruchtheile oder eine bestimmte Anzahl untergeordneter geringerer Münzsorten, als die Einheit der angegebenen Währung besagt. Man sagt daher 100 Thlr. Netto, wenn keine Groschen und Pfennige dabei sind.

Neue Invention, 1) eigentlich jede neue Erfindung; besonders 2) jedes noch nicht dagewesene Muster von Zeugen, Stoffen, Tüchern u. dgl.

Neue Waare, oft gleichbedeutend mit frische Waare.

Neutral (latein.), 1) keiner Partei ergeben, parteilos; 2) mitunter auch gleich passiv; selten jedoch 3) in der Bedeutung von unparteiisch gebraucht.

Neutraler Hafen, heißt in Kriegeszeiten und bei politischen Zerwürfnissen derjenige Hafen, welcher an den feindlichen Zwistigkeiten keinen Antheil hat und sich nicht zu der einen oder der andern Partei schlägt, sondern die Schiffe aller Mächte ungehindert ein- und auslaufen läßt.

Niederläger oder **Niederlagsverwandter** ist in Wien besondere Benennung einer Classe von Kaufleuten, welche sich nur mit dem Engroshandel beschäftigen und, gleich der Kramer-Innung in Leipzig, ihre besondern Aeltesten haben.

Niederlage (franz. magazin, engl. ware-house, storehouse), 1) der verschlossene Raum, in welchem der Kaufmann seine Waarenvorräthe aufbewahrt; daher 2) gleich Packkammer; 3) gleich Speicher und zwar wenn ganze Gebäude zu diesem Zwecke ausschließlich bestimmt sind; mitunter, obschon selten 4) gleich Magazin, welcher Ausdruck aus dem kaufmännischen Sprachgebrauche immer mehr und mehr zu verschwinden scheint; 5) (franz. depot; engl. waarehouse) das gemeinschaftliche öffentliche Gebäude, welches zum gleichartigen Zweck für die gesammte Kaufmannschaft eines Ortes vorhanden ist; also 6) gleich Lagerhaus, Packhof, welche Benennung für diese Bedeutung gewöhnlicher ist; 7) oft auch der vorhandene Vorrath von Waaren überhaupt und 8) von bestimmten Artikeln, vorzüglich Commissionsartikeln, insbesondere.

Niederlagsdiener, besondere Benennung desjenigen Handlungsgehilfen, welchem in größeren Handlungen die vorzugsweise Besorgung der auf der Niederlage vorkommenden Geschäfte übergeben ist.

Niederlagsgeld (franz. magasinage, engl. warehouserent), 1) die für die Benutzung des Packhofes bezahlte Abgabe; 2) der für die Niederlegung in Privat-Räumen entrichtete Betrag; 3) mitunter auch die für Privatniederlagen bezahlte Miethe; 4) an einigen Orten eine bei Weinkäufen zu entrichtende besondere Gebühr.

Niederlagssystem (engl. waarehouse-system), heißt das Verfahren der Regierung, wonach solche Handelsgegenstände, welche aus dem Auslande bezogen werden, bis zum einheimischen Verbrauche unverzollt in öffentlichen Niederlagen untergebracht werden können. Erst beim Beziehen zum Verbrauche wird der Eingangszoll, bei der Wiederausfuhr jedoch gar kein Zoll, in beiden Fällen aber ein billiges Niederlagsgeld entrichtet.

Niederlegen, 1) anfbewahren überhaupt; 2) s. deponiren; 3) s. lagern; 4) selten anch gleich in Commission geben.

Niederschlagen, 1) unterdrücken; 2) dahin gestellt, abgemacht, abgethan und 3) berichtigt sein lassen.

Niedriger gehen, von Preisen häufig in der Bedeutung von sinken, fallen gebraucht.

Nominal (latein.), 1) eigentlich dem Namen nach; daher 2) überhaupt dem Reellen, Wirklichen entgegengesetzt.

Nominalwerth, Gegensatz von Realwerth, oder reellem Werth, ist derjenige Preis von Waaren oder Effecten, zu welchem sie angeboten werden und zu haben sind. Er übersteigt in der Regel mehr oder minder den wirklichen Werth und kommt nur in seltenen Fällen unter denselben zu stehen. Von Münzen oder Papieren ist daher der Ausdruck gleich Cours.

Normal (latein.), 1) regelmäßig; 2) vorschriftsgemäß; 3) probemäßig. Der Ausdruck wird selten gebraucht.

Normalmaaß und **Gewicht** heißt dasjenige Gewicht oder Maaß, welches in dem öffentlichen Verkehr nur verwendet werden darf, und welches auf Grund besonderer Berechnungen, denen beim Gewicht meistens das französische Kilogramm als Einheit zum Grunde liegt, obrigkeitlich festgesetzt worden ist.

Nota (latein.), 1) eigentlich Anmerkung durch besondere Zeichen; daher 2) gleich Bemerkung, Notiz; 3) selten gleich Bemerkung überhaupt, ohne Rücksicht auf deren Niederschreibung, also mündliche Bemerkung; besonders aber 3) eine Rechnung über kleine, im Einzelnen verkaufte Waarenposten, im Gegensatze der Factur.

Nota nehmen, 1) gleich notiren; 2) bemerken, berücksichtigen.

Nothadresse. Diese kommt auf Wechseln vor und zwar in dem Falle, wenn der Aussteller oder auch einer der Giranten, nicht ganz sicher ist, daß der Bezogene die Tratte zur Verfallzeit honoriren werde. Sie besteht in der auf der Vorderseite gemachten Bemerkung: im Nothfalle bei Herrn N. N. (au besoin, oder à défaut, chez N. N.), und hat die Wirkung, daß der Adressat dadurch angewiesen wird, bei nicht erfolgender Zahlung von Seiten des Trassaten, den Wechsel für den Aussteller einzulösen, also berufenermaßen zu Ehren desselben zu interveniren. Die Verpflichtung zu einer Nothadresse ist nicht vorhanden, wo sie aber, unter Umständen und seltner vom Aussteller des Wechsels als von einem Giranten, gegeben ist, muß der Wechselinhaber gegen dieselbe Alles beobachten, was gegen den Bezogenen selbst. Bei mehrern Nothadressen wird, zur möglichsten Ersparung des Regresses, die der Zeit nach frühere, zuerst ausgestellte, Adresse beansprucht. Vergl. Adresse, Honoriren, Interveniren.

Nothhafen, derjenige Hafen, in welchen ein Schiff auf seiner Reise, wegen Beschädigung, um feindliche Angriffe oder um die Gefahren des Sturmes zu vermeiden u. dgl. einzulaufen genöthigt ist.

Nothwendige Waaren umfassen a) Victualien, b) Kleidungsstücke; indessen kommen beide für den Handel nur im rohen Zustande in Betracht und letztere bilden den sogenannten Ausschnitt- oder Schnittwaarenhandel.

Nothwurf, Seewurf, veraltet Nothauswurf, dieser tritt bei Seegefahren ein, wenn der Führer des Schiffes freiwillig einen Theil der Ladung über Bord werfen läßt, um das Uebrige zu retten und wird zur großen Havarie gerechnet.

Notification oder Notificationsschreiben, jede schriftliche Mittheilung über das Handelsinteresse berührende Gegenstände, also gleich Correspondenz.

Notificiren, 1) wissen lassen, kund thun; 2) bekannt machen, anzeigen; 3) bemerken. Es ist fast synonym mit communiciren, dürfte aber, streng genommen, den Nebenbegriff der Anzeige zu dem Zweck in sich schließen, um in Folge derselben bestimmte Maaßregeln ergreifen zu können und daher auch mit avisiren, avertiren übereinstimmen.

Notirbuch s. Notizbuch.

Notiren, 1) eigentlich eine Note machen; daher 2) anmerken, bemerken; 3) verzeichnen, niederschreiben; 4) bei Preisen sowohl der Waaren als der Papiere gleich bestimmen, ansetzen; 5) oft gleich notiren lassen.

Notiren lassen, im Wechselgeschäft 1) bei Meßwechseln, wenn deren Bezahlung entweder augenblicklich verweigert oder nur zum Theil geleistet, jedoch Zahlung des Ganzen oder des Rückstandes bis zur nächsten Post versprochen wird, dieses Versprechen vor einem Notar protocollarisch aufnehmen lassen, um seine Rechte einstweilen zu wahren. Dadurch bleibt der sonst eintretende förmliche Protest bis zu dem neu angesetzten Zahlungstage ausgesetzt, tritt aber dann, im Fall der Nichtzahlung, unter den gewöhnlichen rechtlichen Wirkungen ein, welche ohne diese Notirung verscherzt worden wären; 2) gleich einen Interimsprotest aufnehmen lassen. Dieser selten vorkommende Fall tritt bei gewöhnlichen Wechseln als eine Begünstigung des Bezogenen ein, wenn zwischen der Erhebung des Protestes und dem Abgange der nächsten Post an das Domicil des Vordermannes noch einige Zeit in der Mitte liegt. Der Protest wird zwar aufgenommen, indessen erst dann ausgefertigt, wenn auch in der letzten Frist Accept oder Zahlung verweigert wird.

Notirt, auf Courszettel vom Preise einer Sache gleich angesetzt, gefordert, verlangt.

Notiz, (franz. notice) 1) gleich Nota, also Anmerkung, Bemerkung, 2) Nachricht, Benachrichtigung, Avertissement; daher 3) gleich Kenntniß, Kunde; 4) unter Umständen, obschon selten, auch wohl gleich Avis; 5) im Mäklergeschäft gleich Schlußzettel, besonders jedoch von Geldgeschäften gebraucht.

Notizbuch, 1) (engl. petty-journal) ist unter den Handlungsbüchern dasjenige Hilfsbuch, in welches alle gelegentlich vorkommenden außerordentlichen Geschäfte oder Ereignisse, welche in keinem der andern Bücher Platz finden können, eingetragen werden; 2) gleich Tagebuch, Memorial, Reisetagebuch, Agenda.

Novation, (franz.) 1) eigentlich Erneuerung überhaupt; besonders 2) Benennung einer dem Inhalte nach geänderten oder von Neuem ausgestellten Schuldverschreibung.

Nova, (latein.) im Buchhandel 1) die erst erschienenen Verlagswerke der einzelnen Handlungen; 2) alle neu erschienenen Bücher überhaupt. Gewöhnlicher bedient man sich jedoch des Ausdrucks Novitäten.

Novitäten, s. Nova.

Nummer, 1) Signatur; 2) gleich Sorte.

Nummeriren, 1) gleich signiren, insofern es die Bezeichnung mit der laufenden Nummer der Collis betrifft; 2) sortiren.

O.

Oct. oder **Okt.**, Abkürzung für October; ord., gleich ordinär; O., gleich Ordre.

Oblatorium, (latein.) veralteter Ausdruck für Circulär, Rundschreiben, Umlaufschreiben; er wurde früher hauptsächlich für die den Correspondenten gemachte Anzeige der Gründung eines Etablissements oder einer Firma gebraucht.

Obligation, s. Schuldverschreibung.

Obligirt, (franz. obligé) verbindlich, verpflichtet überhaupt; besonders 2) in Bezug auf zu leistende Zahlungen, vorzüglich Wechselzahlungen; daher 3) Bezeichnung von einer auch als Bürge eingegangenen Verbindlichkeit.

Obligo, (italien.) 1) Verbindlichkeit, Verpflichtung überhaupt; 2) Bürgschaft, Gewähr; 3) mitunter auch gleichbedeutend mit Acceptation oder Intervention per honneur.

Obmann, (franz. arbitre) 1) gleich Schiedsrichter überhaupt; besonders aber 2) der, im Falle der Nichtvereinigung von zwei bereits gewählten Schiedsrichtern, durch sie selbst ernannte Dritte, dessen Ausspruch dann entscheidend ist.

Observanz, (latein.) 1) Herkommen, Gebrauch, insofern dieser in rechtliche Wirkungen übergegangen ist 2) gleich Gewohnheitsrecht; doch bezieht sich der Ausdruck, der mehr dem juristischen als kaufmännischen Sprachgebrauche eigen ist und im letzterm auch im Allgemeinen durch Usance, Uso, vertreten wird, nicht auf die im Wechselverkehr eingebürgerten Gebräuche, die man vorzugsweise durch Usance bezeichnet.

Observiren, (latein.) 1) beobachten; 2) bemerken; 3) Notiz von einer Sache nehmen, doch ohne etwas schriftlich zu bemerken.

Octroy oder ***Octroi***, 1) eigentlich Benennung eines von der Regierung eines Landes einer größern Handelsgesellschaft ertheilten Rechts zur ausschließlichen Betreibung eines bestimmten Handelszweiges oder Geschäftes; daher 2) gleich Privilegium und, in gewisser Hinsicht, Monopol, also Berechtigung überhaupt; 3) in Frankreich Benennung der auf Lebensmittel gelegten Abgabe, 4) mitunter auch sonst gleichbedeutend mit Accise.

Offen, (franz. ouvert, engl. open) eigentlich nicht verschlossen; 2) Gegensatz von geschlossen, abgeschlossen; 3) nicht ausgefüllt, nicht angegeben. In letzterer Bedeutung spricht man von offenen Policen, d. h. solchen, wo der Werth der versicherten Gegenstände nicht angegeben ist und der Ersatz nach dem Facturenwerth oder sonstigen Bestimmungen stattfindet. Der Ausdruck kommt vorzüglich in folgenden Verbindungen vor.

a) offene Casse haben, gleich zu jeder beliebigen Zeit baaren Credit erhalten können.

b) offenes Conto (franz. compte ouvert) haben, gleich stets Waaren auf Rechnung beziehen können. Offenes Conto überhaupt ist in den Handlungsbüchern 1) jede angelegte noch nicht abgeschlossene Rechnung, die also noch durch Zusatz neuer Posten vermehrt werden kann; 2) mitunter auch jedes noch nicht ausgeglichene und berichtigte Conto.

c) offen halten, in der Buchführung 1) Conten nicht abschließen, nicht saldiren; 2) mitunter auch wohl gleich dieselben eröffnen, anlegen.

d) offener Credit, 1) gleich unbestimmter, unbeschränkter Credit; 2) im Verkehr mit der Bank, die Befugniß, in Anweisungen auf sie sein Guthaben überschreiten zu können. Es findet jedoch meist nur bei Privatbanken statt und der geleistete Vorschuß wird mit 5% verzinset; 3) gleich offene Rechnung (engl. cash account).

e) offene Rhede (franz. rade foraine) nennt man diejenigen Stellen am Ufer des Meeres, wo die Schiffe 1) überhaupt mit Sicherheit, besonders aber 2) ohne Gefahr der Beschädigung durch die Kanonen einer Citadelle, vor Anker liegen können; im Gegentheil heißt sie beschlossen (franz. rade formée).

f) offener Wechsel, 1) gleich Creditbrief.

Oeffnen, s. Eröffnen.

Offeriren, (franz. offrir) 1) in Vorschlag bringen; 2) anbieten, zum Verkaufe anbieten.

Offerte, (latein.) 1) Anerbieten, Vorschlag überhaupt; 2) insbesondere aber sofern derselbe den Abschluß eines Geschäftes betrifft; 3) das Angebotene selbst.

Omission, (latein.) 1) Auslassung, Fortlassung, Weglassung; daher 2) Irrthum, Irrung, Versehen, besonders insofern es aus Vergessenheit bei Conten oder Rechnungen geschieht.

Omnium, (latein.) in England, namentlich im Verkehr der Stockbörse, Bezeichnung des Gesammtwerthes der Stocks oder Staatspapiere, welche die Regierung im Voraus bei Negociirung eines Anleihens bewilligt und welche gewöhnlich auf 100 Pfund Sterling berechnet sind.

Operation, (latein.) 1) Geschäft, Unternehmen überhaupt; mitunter 2) gleich Maneuvre.

Operiren, 1) ein Geschäft auf eine Weise, die man für vortheilhaft hält, zu Stande zu bringen suchen, und darnach sein Verfahren einrichten; 2) handeln, verfahren.

Ordinair, (franz.) 1) von Waaren gering, gewöhnlich, gemein; 2) vom Preise, gewöhnlich, so wie er am Platze üblich ist oder gegenwärtig steht; daher ordinairer Preis gleich Marktpreis.

Ordre, (franz., engl. order) 1) jeder Auftrag, Commission; 2) Befehl; 3) besonders auf Wechseln der Auftrag, die Bewilligung, Vollmacht, die der Aussteller dem Inhaber ertheilt, seine Rechte an ihn anderweitig abtreten oder den Wechsel verkaufen zu dürfen. Es geschieht dieses im Wechsel selbst durch den Zusatz oder Ordre zu dem Namen des

Wechselnehmers, oder durch die Formel an Ordre von N. N. Commissionstratten können vom Trassanten auch an eigene Ordre gestellt werden, und eben so werden oft Connossemente an Ordre gestellt, wodurch sie dieselbe Berechtigung, wie in diesem Falle die Wechsel, dem Inhaber ertheilen. Seltener bedient man sich statt Ordre des Ausdrucks Verordnung oder Verfügung.

Original, (latein.) 1) eigentlich ursprünglich; daher 2) unverfälscht, ächt; 3) als Hauptwort, bei Schriften oder Sachen Gegensatz von Copie, also Muster, Vorbild, nach welchem etwas Gleiches oder in der Hauptsache Aehnliches nachgebildet wurde oder werden soll.

Original-Ausgabe, im Buchhandel Gegensatz von Nachdruck, die vom rechtmäßigen Verleger veranstaltete Ausgabe einer Schrift.

Ostindienfahrer, Benennung der Schiffe, welche bloß zum Behufe des Handels mit Ostindien ausgerüstet werden; sie zeichnen sich durch ihre Größe vor allen übrigen Handelsschiffen aus.

Ostindische Compagnie, ursprünglich ein Verein von Kaufleuten in England, welche das ausschließliche Recht erlangt hatten, nach Ostindien Handel zu treiben; jetzt Herren eines großen Theiles dieses Landes.

P.

P. als Abkürzung bedeutet per oder pro.

Paccotille, nennt man im Seehandel diejenigen Waaren, welcher der Schiffscapitain oder die Schiffsleute auf eigene Rechnung mitnehmen dürfen, um sie am Bestimmungsorte für sich abzusetzen. Die Quantität derselben ist im Contracte namhaft gemacht.

Paccotillhandel, der Handel und Verkehr mit den vorhin bezeichneten Waaren.

Pacht u. Pachtgeld, mitunter, aber selten, gleichbedeutend mit Miethung und Miethzins, indem jede Vermiethung als eine Zeitpacht betrachtet werden kann.

Packboot, s. Packetboot.

Packen, gleich einpacken, verpacken, emballiren.

Packer, gleich Verpacker, der Arbeiter, welcher sich ausschließlich mit dem Verpacken von Waaren beschäftigt.

Packet, 1) eigentlich jede mit einer Hülle von Matten,

Leinen u. dgl. versehene, durch Stricke, Bänder, Reifen u. dgl. zusammengehaltene kleinere Quantität Waaren; größere auf gleiche Weise umhüllte Quantitäten führen den Namen Ballen; 2) gleich Poststück, insofern gewöhnlich die Versendung mit der Post bei demselben eintritt.

Packetboot, nennt man ein schnellseegelndes, zwischen zwei Seeplätzen zu bestimmten Zeiten fahrendes, zur Beförderung von Briefen, Packeten und Personen dienendes Schiff; also Postschiff. Es wird auf Staatskosten gebaut und unterhalten.

Packgeräth, ungewöhnlich, aber gleichbedeutend mit Bagage.

Packhof, 1) jede gemeinschaftliche Niederlage, Lagerhaus des Handelsstandes eines Ortes; 2) selten gleichbedeutend mit Niederlage; 3) besonders aber die zur Niederlegung von Waaren, vorzüglich der aus dem Auslande eingeführten, bestimmten öffentlichen Gebäude. Die Niederlegung findet in der Regel unter Beaufsichtigung von Steuerofficianten, zum Behufe der Bestimmung der zu erlegenden Eingangsabgaben statt, und in dieser Hinsicht heißt derselbe an verschiedenen Orten auch Mauthhaus, Zollhaus, Douane. Im Preußischen haben mehrere Orte, an denen sich Haupt-Zoll- oder Steuerämter befinden, die Packhofsgerechtigkeit.

Packraum, in der Niederlage, oder dem Packhofe, ein im unterm Stockwerke zum Verpacken der Waaren ausschließlich bestimmter Raum.

Packkammer, gleich Lager, Niederlage.

Pagina, (latein.) 1) die Seite eines Blattes; 2) mitunter gleich Folium

Paginiren, die Seiten eines Buches mit laufenden Zahlen versehen.

Pamphlet, im Buchhandel 1) gleich Brochure, jede kleine Schrift; besonders 2) wenn sie politische Gegenstände betrifft; 3) gleich fliegendes Blatt, Flugschrift.

Papiere, synonym mit 1) Staatspapiere, Staatsschuldscheine; 2) Actien; 3) Wechsel; 4) Anweisungen, so wie überhaupt Bezeichnung für alle schriftlichen Documente, welche dem öffentlichen und Privatcredit angehören. Der Banquier wie der Kaufmann versteht zwar vorzugsweise die zinsentragenden öffentlichen Documente darunter, schließt indessen, sofern sie als Gegenstand des Verkehrs aufgefaßt werden, auch derartige Privatdocumente, wie Wechsel, Obligationen u. dgl.

nicht vom Begriffe aus, obschon sie nicht, wie jene, verzinslich, wohl aber durch ihren Cours gewinnbringend sind, oder werden können; 5) gleich Effecten, 6) gleich Atteste, Zeugnisse; 7) alle zum Beweise oder Belege dienenden schriftlich abgefaßten Urkunden.

Papiergeld, (engl. papermoney) nennt man die vom Staate ausgegebenen unverzinslichen Obligationen, welche statt des baaren Geldes circuliren, und nicht nur von öffentlichen Cassen, sondern auch im Verkehr statt desselben angenommen werden und gelten. Dasselbe hat in den verschiedenen Ländern, wo es existirt, verschiedene Benennungen und steht in der Regel al pari, jedoch unter Umständen, die die Handlungsweise des Staats selbst bedingt, je nachdem er es stets und ohne allen Abzug gegen Metallgeld umsetzt oder nicht, auch wohl unter oder über pari. Der Begriff Papiere umfaßt nicht auch das Papiergeld. Banknoten können auch nur dann als solches gelten, wenn sie an allen öffentlichen Cassen als gesetzliches Zahlungsmittel angenommen werden müssen.

Parere, 1) Bennung der von den Handlungsältesten oder Vorstehern in Handelsstreitigkeiten, auf Ersuchen der Parteien oder der Behörden, abgefaßten Gutachten; 2) mitunter auch gleich schiedsrichterlicher Ausspruch, insofern nemlich die Schlichtung einer Streitigkeit davon abhängig ist. In Rechtsfällen dienen dieselben als Urtheile sachverständiger Zeugen und sie sind hauptsächlich dann erforderlich, wenn besondere Usancen, die dem Richter nicht immer bekannt sein können, für die Entscheidung der Sache von Einfluß sind. Mitunter werden sie auch bloß von besonders dazu in Vorschlag gebrachten Mitgliedern des Handesstandes abgefaßt. Die Abfassung geschieht entweder collegialisch oder durch Circular.

Parfümerieen oder Parfümerie-Waaren, nennt man alle wohlriechenden, sowohl trockenen, als flüssigen Substanzen, doch nicht als rohe Stoffe. Als solche machen sie einen Theil der Droguen aus.

Pari, (italien.) 1) eigentlich gleich; daher 2) gleichgeltend, gleich an Werth. Der Ausdruck kommt im Geld- und Wechselverkehr vor und bezeichnet 1) bei Staatspapieren, daß der gegenwärtige Cours mit dem nominellen Werthe desselben übereinstimmend sei. Es steht also ein Brief oder Staatsschuldschein, welcher auf 100 rthlr. lautet, pari oder al pari, wenn der Cours nicht mehr oder nicht weniger beträgt; 2) bei Münzen, wenn verschiedene Sorten derselben, ohne Vergütigung von Agio, ihrem gesetzlich bestimmten Feingehalte nach, gegen einander ausgewechselt werden können. Sind z. B. 100 rthlr. preuß. gleich $95\frac{1}{8}$ rthlr. Cour. Geld, so stehen beide al pari, wenn, um einen Betrag zu erhalten, nicht mehr, als angegeben, von der andern Geldsorte gezahlt werden muß; 3) Wechsel stehen al pari a) wenn für eine genannte Summe, an einem andern Handelsorte innerhalb des Landes und nach demselben Münzfuße, nicht mehr oder weniger gezahlt werden muß; wenn also ein 1000 Franken Wechsel auf Bordeaux in Paris nicht mit weniger oder mehr bezahlt werden muß, und so umgekehrt; b) wenn der Cours verschiedener Länder und verschiedener Währung sich so verhält, wie er den gesetzlichen Bestimmungen zufolge, nach dem Feingehalte der Münzen angenommen worden ist; wenn also z. B. in London ein Wechsel von 2520 Franken auf Paris für 100 Pfund zu haben wäre, da das Pfund Sterling gesetzlich zu 25 Franken 20 Centimen angenommen ist. Im entgegengesetzten Falle steht der Cours über oder unter pari. Das pari bestimmt sich nicht nach dem Nennwerthe, sondern nach dem Reingehalte, Feingehalte der Münzen, und heißt in diesem Falle reelles, wirkliches pari, im Gegensatze des unter Umständen, wie z. B. äußern zufälligen Verhältnissen, eintretenden äußern pari, welches daher nicht, wie jenes, unveränderlich ist.

Pari-Rechnung, die Berechnung, durch welche der innere Werth der verschiedenen Geldsorten, oder das Verhältniß der Wechselpreise verschiedener Handelsplätze zu einander untersucht wird.

Pariren, gleichbedeutend mit wetten.

Part, (franz.) 1) Theil, Antheil; 2) Interesse.

Partial-Obligationen, auch Partial-Loose, nennt man, bei Anleihen des Staates, die dem Unternehmer, außer der Hauptverschreibung über die ganze Summe, ausgestellten einzelnen Schuldverschreibungen, welche als Gegenstand des Verkehrs in Umlauf gesetzt werden.

Participant, (latein.) 1) gleich Theilhaber, Theilnehmer; 2) Mitglied; 3) nur selten noch gleich Associé oder Compagnon gebraucht.

Participation, (latein.) 1) die Theilnehmung, Theilhaberschaft; 2) Mitgliedschaft; 3) Gemeinschaft.

Participationsgeschäfte, (latein.) nennt man die Geschäfte oder Unternehmungen, zu welchen sich mehrere Mitglieder vereinigen, um sie gemeinschaftlich, also pro rata des Verlustes und Gewinnes, auszuführen. Nach Beendigung derselben hört die geschlossene Verbindung auf.

Particulär-Accept, bei Wechseln Acceptation zur Zahlung eines Theiles der namhaft gemachten Summe. Der zu zahlende Theil muß angeführt, dabei aber wegen Nichtzahlung des Ganzen protestirt werden.

Particulär-Conto, veraltet für Capitalconto.

Partie, (franz.) 1) eigentlich ein gewisser Theil vom Ganzen; daher 2) jede zusammengehörende Quantität gleichartiger Gegenstände oder Waaren; also 3) gleich Menge; 4) Post oder Posten.

Partiren, gleichbedeutend mit defraudiren, schmuggeln, einschwärzen.

Partirer, 1) gleich Schmuggler; 2) jetzt ungewöhnliche Benennung derjenigen Händler, welche ihre Waaren, die sie in kleineren Partieen von den Kaufleuten entnehmen, nicht in Gewölben oder Laden, sondern in Buden verkaufen. Man nannte sie auch Part- oder Sonnenkrämer.

Paschen, synonym mit schmuggeln.

Passage, (franz.) 1) gleich Straße; 2) Weg; 3) Communicationsweg; besonders 4) einzelne Stellen desselben, vorzüglich insofern sie Uebergangspunkte bilden oder sich durch Schwierigkeiten des Terrains auszeichnen, also gleich Paß.

Passagier, (franz., engl. passanger) 1) Reisender überhaupt; besonders 2) die, außer der Mannschaft, auf den Schiffen befindlichen Personen, welche gegen eine gewisse Vergütigung die Reise mitmachen.

Passato, (italien.) verflossen, vergangen. Es wird in Briefen gebraucht und zeigt nach Umständen den zunächst verflossenen Monat, oder das vorangegangene Jahr an. Abgekürzt wird es durch pto.; es ist übrigens gleichbedeutend mit dem Worte praeteriti, abgekürzt pr., welches jedoch im Kaufmännischen immer weniger gebraucht wird, wo die Formel „des Vorigen,“ abgekürzt d. V., auch jenes zum Theil verdrängt hat.

Passavant, (franz.) s. Passirzettel.

Passiren, (franz. passer) 1) eigentlich an etwas vorübergehen; daher 2) von Schiffen vorüber, vorbei segeln, und 3) eine Meerenge oder einen Canal durchschiffen; 4) von Waaren ungehindert weiter gehen, hauptsächlich in Bezug auf ihre Besteuerung; 5) vom Gewicht das gesetzliche oder angegebene beinahe erreichen; 6) von Münzen gleich gelten, werth sein; 7) von Sachen und Waaren ziemlich, aber nicht ganz, die bedungene Qualität haben.

Passirgewicht, nennt man bei Geldmünzen ein um eine Kleinigkeit leichteres Gewicht, als dasjenige, welches sie gesetzlich haben müssen. Sie werden im Handel, wenn sie nicht unter das Passirgewicht sinken, für voll genommen.

Passirzettel, (franz. passavant, engl. bill of sight) 1) gleich Zollschein überhaupt; 2) Begleitschein; 3) Freischein.

Passiva, (latein.) Gegensatz von Activa; daher 1) das, was an Andere gezahlt werden soll, die Schuld überhaupt; 2) im Concurse gleich Passivmasse, der Inbegriff alles dessen, was der Fallit zu zahlen hat.

Passivhandel, 1) überhaupt der Handel, wobei der Kaufmann nicht mit eigenen Schiffen den Bedarf seiner Producte holt und die Producte des Landes dagegen ausführt, sondern Beides dem Auslande überläßt; 2) die Einfuhr fremder Producte, sei es auf eigenen oder fremden Schiffen; 3) der Verkehr mit dem Auslande zu Gunsten desselben, insofern die Einfuhr die Ausfuhr übersteigt.

Passivschulden, s. Passiva.

Patent, 1) (franz. brèvet, oder brêvet d'invention, engl. patent) heißt allgemein eine Art Privilegium, welches dem Erfinder einer Sache von der Regierung des Landes ertheilt und wodurch er gegen Nachahmung derselben durch Andere auf einen gewissen Zeitraum geschützt wird. Nach Ablauf der Frist, welche, je nach den Umständen und in verschiedenen Ländern, verschieden ist, hört der aus dem Patente herrührende Vorzug auf, auch erlischt dasselbe, wenn binnen 1 Jahr die Ausführung der Erfindung nicht nachgewiesen wird. Die aus dem Patente herrührenden Rechte können vom Inhaber an Andere übertragen werden; 2) mitunter auch die obrigkeitliche Erlaubniß zur Betreibung eines bestimmten Geschäftes, also gleich Concession; 3) die in beiden Fällen ausgefertigte Urkunde.

Patentwaaren, Waaren, für deren Anfertigung der Erfinder ein Patent besitzt.

Patron, veraltet für Chef, Principal.

Pecuniär, (franz.) 1) Geld betreffend; 2) in Geld bestehend.

Pecuniäre Verhältnisse, gleich Vermögenszustand.

Pegel, nennt man das, an Schleusen und Brücken befindliche, den Stand oder die Höhe des Wassers anzeigende Merkzeichen. Es beginnt mit Nummer 0, als dem beobachteten, niedrigsten Standpunkte, und ist von da fußweise bis zu dem beobachteten höchsten abgetheilt.

Penny-Post, (engl.) wörtlich Pfennigpost, Benennung der Londoner Stadtpost für Briefe und kleine Pakete bis zur Schwere von 1 Pfd.

Per, (latein.) in der Regel gleich für, z. B. per mille, für Tausend. Abweichend ist es jedoch in den Redensarten: per Cassa zahlen, was gleichbedeutend mit: Baarzahlung ertheilen, ist; per Saldo, als Ueberschuß; per netto appoint, als grader Betrag; Accept per honor, zu Ehren u. dgl. In der Buchführung ist es die Bezeichnung derjenigen Posten, welche vom Committenten an das Handlungshaus eingegangen sind, also Bezeichnung der verschiedenen Creditposten und entgegengesetzt dem im Soll (Debet) gebräuchlichen an.

Peremtorisch, dieser Ausdruck wird gebraucht a) bei Fristen und bedeutet 1) daß dieselben als die letzten zu betrachten sind, welche in der Sache gestattet werden; 2) daß, wenn nur ein Termin angesetzt war, dieser über die Sache entscheidet; b) bei Abgebung von Geboten in der Bedeutung 3) daß nach Abgabe derselben keine weiteren Gebote zugelassen werden; also 4) gleich Meistgebot, Bestgebot. Der Ausdruck gehört vorzüglich der Gerichtssprache an.

Permißgeld, (franz. argent de permission) in einigen Ländern noch Benennung desjenigen Geldes, welches, durch Gebrauch oder Gesetz, bei Wechselzahlungen eingeführt ist. Es steht meistens höher als eine gleiche Summe Courantgeld.

Permission, (latein.) 1) Erlaubniß, Bewilligung; 2) mitunter auch gleich Concession.

Perquisitions-Protest, ist diejenige Art des Protestes, welche erhoben wird, wenn der Bezogene am Zahlungsorte nicht bekannt und nicht aufzufinden ist.

Personal-Arrest, ist die persönliche Haftung für die Erfüllung übernommener Verpflichtungen. Vergl. Arrest und Wechselarrest.

Personal-Conti, im Hauptbuche die, bestimmten Personen, eröffneten Rechnungen, im Gegensatze der Impersonal- oder Sachen-Conti.

Personal=Credit, ist der Credit, den man einer Person ohne andere Sicherheit und Deckung, als das Zutrauen in ihre Rechtlichkeit gewährt.

Peso, (italien) 1) Gewicht überhaupt. Es zerfällt in peso grosso, Schwergewicht, und peso sottile, Leichtgewicht. Vergl. al peso; 2) Benennung eines bestimmten Gewichts in Italien, jedoch in verschiedenen Ländern verschieden.

Pfand, 1) dasjenige, was ein Schuldner seinem Gläubiger, um die Zahlung sicher zu stellen, so lange übergiebt, bis dieselbe erfolgt ist; daher 2) gleich Sicherheit, Deckung überhaupt; 3) bei Verschreibungen gleich Schuldschein; 4) Hypothek; 5) Bürgschaft.

Pfandgeschäft, nennt man das Leihen von Geld gegen Faustpfand und bestimmte Zinsvergütigung. Für den kaufmännischen Zweck sind derartige Anstalten in der Regel mit der Bank (s. d.) verbunden.

Pfandgläubiger, nennt man diejenigen Gläubiger, welche nicht bloß Verschreibungen auf Höhe ihrer Forderungen, sondern zu größerer Sicherheit noch ein besonderes Unterpfand in Händen haben. Sie genießen im Concurse das Vorrecht, daß sie Befriedigung zunächst aus dem in ihren Händen befindlichen Pfande verlangen können.

Pfandhaus, s. Leihbank, Leihhaus, Lombard.

Pfandleiher, nennt man diejenigen, welche das Ertheilen von Vorschüssen gegen Unterpfand als Geschäft betreiben. Sie müssen in diesem Falle mit obrigkeitlicher Concession versehen sein und haben das Recht, wenn in der bestimmten Zeit die Auslösung des Pfandes und Zahlung der Zinsen nicht erfolgt, dasselbe öffentlich zu verkaufen. Durch den Verkauf des Unterpfandes wird der Schuldner von der Schuld liberirt, selbst wenn der Erlös nicht die dargeliehene Summe erreicht. Nur bei Hypotheken und Schuldverschreibungen bleibt der Pfandgeber auch für den dadurch erlittenen Ausfall verhaftet. Hinsichtlich der Zinsen treten die nach den Localverhältnissen von Obrigkeit wegen bestimmten Sätze ein.

Pfandrecht, ist die Berechtigung des Gläubigers, sich durch Veräußerung des ihm übergebenen Unterpfandes bezahlt zu machen, wenn Befriedigung nicht zur festgesetzten Zeit oder gar nicht erfolgt; doch muß bei Privatverpfändungen stets eine Anzeige des zu bewerkstelligenden Verkaufes vorausgehen, damit dem Schuldner gestattet ist, es bis zu demselben noch einzulösen.

Pfandschein, heißt 1) die über die Empfangnahme eines Unterpfandes vom Pfandleiher ertheilte Bescheinigung. Sie muß genaue Bezeichnung des Unterpfandes, Benennung des darauf vorgeschossenen Betrages, der Zinsen und Bezeichnung der Frist enthalten, bis zu welcher das Pfand verfallen ist; 2) s. Lombardschein.

Pfandzettel, gleichbedeutend mit Pfandschein.

Pflanzer, (franz. habitans oder colons, engl. planters) Benennung der Ackerbau und Viehzucht treibenden Einwanderer in den Colonieen; also gleich Colonist im engern Sinne des Wortes.

Pfund, (franz. livre, engl. pound, holländ. pond, italien. libbra) nennt man 1) die in den meisten civilisirten Ländern angenommene Gewichtseinheit; sie steht in verschiedenen Ländern in verschiedenem Verhältnisse zu einander; 2) eine fingirte Rechnungsmünze von gleichfalls verschiedenem Werthe. Am häufigsten bedient man sich ihrer in England, wo sie den Zahlungen der Bank zum Grunde liegt, was auch anderwärts meistens der Fall ist; 3) mitunter auch ein Handelsgewicht im Betrage von 3 Centnern.

Pilot, (griech.) oft gleich Lootse.

Placage, (franz.) 1) gleich Standgeld überhaupt; besonders 2) die auf Messen und Märkten für den Stand entrichtete Abgabe.

Placat, ungewöhnlich für öffentlicher Anschlag, Bekanntmachung, Affiche.

Placiren, (franz.) 1) von Waaren gleich unterbringen, verwahren, niederlegen; 2) sie verkaufen; 3) von Personen sie anstellen, sie beschäftigen; 4) von Capitalien sie anlegen, anbringen, ausleihen; 5) von Wechseln sie absetzen, verkaufen.

Plombage, (franz.) 1) die Handlung des Plombirens; 2) das angelegte Bleisiegel selbst; 3) mitunter noch gleich Emballage.

Plombiren, 1) eigentlich mit Bleizeichen versehen; daher 2) besonders Manufactur- oder Schnittwaaren, durch Anhängung eines mit obrigkeitlichem Stempel versehenen Bleies, als ächt und gut bezeichnen; 3) Waaren und Frachtstücke von Seiten der Zollämter durch Anlegung von Bleisiegeln verschließen. Es geschieht dieses bei Transitogütern, damit dieselben nicht, ohne den gesetzlichen Zoll zu entrichten, im Lande verkauft werden können, und zwar beim Betreten der Landesgrenze.

Plus (latein.), 1) das Mehr, der Mehrbetrag; 2) Ueberschuß, Saldo.

Police (franz.; engl. policy), 1) eigentlich jedes Versprechen; 2) Versicherung überhaupt; 3) „besonderer Name des über die stattgefundene Versicherung, sei es von Assecuranzgesellschaften oder einzelnen Personen (Privatversicherung) ausgestellte Urkunde. Sie enthält die dem Vertrage zu Grunde liegenden Bedingungen, den Betrag des versicherten Gegenstandes, die Firma der Versicherer, die Bestimmung der Dauer der Versicherung und der dafür zu entrichtenden Prämie. Bei Versicherung gegen Seegefahr ist in der Police oft nur die Versicherungssumme und nicht zugleich der Werth des versicherten Gutes angegeben, welcher dann nach der Factur ermittelt wird. Diese Policen selbst benennt man gewöhnlich mit dem Namen Assecuranz-Police (franz. police d'assurance, engl. policy of insurance) zum Unterschiede der Admiralitäts-Police (police d'Admiraute). Veraltete Bedeutungen des Worts sind ferner 4) Wechsel, Wechselbriefe, Briefe (franz. police de change; italien. polizza di cambio); 5) gleich Connossement oder Certepartie (police de chargement).

Portage (franz.) gleichbedeutend mit Paccotille.

Porto (franz. port de lettres; engl. postage) Benennung der für die Absendung von Briefen und Packeten und deren Beförderung durch die Post zu entrichtenden Gebühren; also Postgeld. Es bestimmt sich nach der Entfernung des Ortes, und dem Gewichte der Briefe oder Packete; bei Geldsendungen jedoch auch nach der Summe derselben.

Positiv (latein.), 1) bestimmt, festgesetzt; daher 2) unbedingt.

Postbericht, das Verzeichniß der ankommenden und abgehenden Posten eines Ortes.

Postdatiren, bei Briefen, Documenten u. dgl. ein späteres Datum setzen als das, an dem sie ausgestellt wurden, also vorausdatiren. Es ist dem Antedatiren entgegengesetzt.

Posten, 1) von Waaren gleich Quantität, Menge, Partie; 2) von Geld gleich Summe, Betrag; 3) in der Buchführung jeder eingetragene oder einzutragende Satz; also

13 *

4) jeder notirte Geschäftsvorfall, gleichviel ob Kauf, Verkauf, Empfang oder Versendung.

Postschein, 1) die bei Beförderung von Briefen, auf Verlangen, und Geldern mit der Post von dieser ertheilte amtliche Bescheinigung der Empfangnahme; 2) die Bescheinigung des Adressaten über die Empfangnahme der für ihn durch die Post angekommenen Gelder; 3) der den mit der Post Reisenden als Reiselegitimation und Quittung über bezahltes Personengeld gegebene Schein.

Postschiff s. Packetboot.

Postscriptum (latein.) nennt man den Zusatz, den man zu einem bereits beendigten und unterzeichneten Briefe nachträglich macht; also Nachschrift, Nachbemerkung.

Post restante, auf der Post bleibend. Auf der Adresse von Briefen und Packeten bedeutet es, daß dieselben vom Adressaten selbst abgeholt werden, und deshalb bis zur Abholung auf der Post am Bestimmungsorte liegen bleiben sollen.

Praecise (franz.), bestimmt, genau. Es wird nur von der Zeit gebraucht und unterscheidet sich dadurch von Netto, welches dieselbe Bedeutung hat.

Präcise-Wechsel, auch fixe Wechsel, nennt man solche Wechsel, deren Zahlung ganz pünktlich an dem auf ihnen angegebenen Tage stattfinden muß. Sie genießen daher keine Respecttage.

Präclusion (latein.), 1) eigentlich Ausschließung, Ausschluß überhaupt; besonders 2) im Concurse die gerichtliche Ausschließung der Ansprüche und Rechte solcher Gläubiger an die Masse, welche sich in der Präclusiv-Frist nicht gemeldet haben.

Präclusiv-Bescheid (latein. praeclusoria) im Concurse das richterliche Urtel, durch welches diejenigen Gläubiger vom Concurse ausgeschlossen werden, welche ihre Ansprüche bisher nicht geltend gemacht haben.

Präclusiv-Frist, im Concurse der vom Gericht festgestellte Termin, bis zu welchem sich die Gläubiger des Falliten mit ihren Forderungen melden müssen, wenn sie nicht von der Masse ausgeschlossen werden wollen.

Präjudicirt heißen Wechsel, welche nicht zur gehörigen Zeit und unter Beobachtung der vorgeschriebenen Formen zur Acceptation oder Zahlung präsentirt worden sind.

Präjudiz (latein.), 1) Nachtheil; 2) Vernachlässigung,

Versäumniß; 3) in Briefen bedeutet es, daß man nicht für die gegebene Nachricht haften wolle, also gleich Verantwortlichkeit, Verantwortung; 4) bei Wechsel gleichbedeutend dem Gegensatze von Diligence, also Unterlassung der Sorgfalt und Vorsichtsmaßregeln, insofern sich dieselben auf die gehörige Einsendung der Tratte zur Acceptation und Zahlung erstreckten. Wer sich derselben schuldig macht, verliert das ihm zuständige Recht des Regresses an seinen Vordermann, wenigstens aber den Regreß nach Wechselrecht. Der Acceptant ist jedoch verpflichtet, den Wechsel in diesem Falle noch zu bezahlen, wenn er innerhalb der etwa üblichen Respecttage präsentirt wird.

Prämie (latein.), 1) eigentlich Lohn, Belohnung; daher 2) (franz. prime, engl. premium) Vergütigung, im Assecuranzwesen der für die Versicherung gezahlte Betrag; 3) s. Handelsprämie; 4) gleich Rückzoll; 5) s. Prämienscheine; 6) die im Prämienhandel gezahlte Entschädigung.

Prämienhandel nennt man eine Art des Verkehrs, wonach sich Jemand verbindlich macht, einem Dritten zu einer bestimmten Zeit und zu festgesetztem Preise eine Quantität Waaren zu liefern, unter der Bedingung, daß der Käufer befugt sei, entweder, wenn er zur Lieferungszeit dadurch gewinnt, die Lieferung zu verlangen, oder aber, im entgegengesetzten Falle, die Waaren dem Verkäufer zu lassen, und ihm eine beim Abschluß des Handels verabredete, oder sich aus dem Unterschiede des damaligen und jetzigen Werthes ergebende Vergütigung (Prämie) zu entrichten. Hinsichtlich des derartigen Handels mit Papieren s Actienspiel.

Prämienscheine, heißen eine Art unverzinslicher preußischer Staatsschuldscheine, welche von der Seehandlung im Jahre 1832 ausgegeben worden sind und durch Verlosung eingelöst werden. Außer dem Nominalwerthe erhalten diese Loose dann eine Prämie, welche wenigstens in 4% Zinsen, bis zum Tage der Ziehung, besteht, was ihren wirklichen, effectiven Werth stets vergrößert.

Pränumeration (latein.), die Vorausbezahlung, Anticipation.

Praenumerando (latein.), durch Vorausbezahlung.

Pränumeriren, vorausbezahlen, antecipiren.

Präscription (latein.) gerichtliche Bezeichnung der Verjährung.

Präpariren (latein.), 1) vorbereiten; 2) zubereiten, bereiten, anrichten.

Präsentant, im Wechselverkehr 1) Jeder, welcher den Wechsel dem Bezogenen zur Acceptation oder Zahlung vorlegt; 2) der Inhaber des Wechsels zur Verfallzeit, insofern er sich durch Indossement legitimirt; 3) Vorzeiger überhaupt.

Präsentation (latein.), 1) von Personen Vorstellung, persönliche Darstellung; 2) von Sachen Vorlegung, Vorzeigung, Ueberbringung. Der Ausdruck kommt bei Wechseln vor und bezeichnet die Vorlegung derselben bei dem Bezogenen zur Acceptation oder zur Zahlung beim Verfall. Existirt ein Wechsel in mehrern Exemplaren, so muß bei Verfall auch das mit dem Accept versehene mit vorgelegt werden, indem sonst Zahlungsverbindlichkeit des Trassaten nicht eintritt. Die Präsentation geschieht im Handelslocale (Contor) des Bezogenen, oder des Ausstellers, wenn es eigene Wechsel sind, wo möglich an den Verpflichteten selbst oder dessen Procuristen. Bei verweigerter Zahlung erfolgt sofort Protest. Nur Wechsel, für welche die Acceptation durchaus abgeschlagen ist, bedürfen beim Verfall keiner neuen Präsentation, welche viele Wechselgesetze auch noch für nicht acceptirte Wechsel beim Verfall vorschreiben. Zur Acceptation muß der Wechsel durch den Remittenten mit der nächsten Post an den Ort des Bezogenen gesendet und diesem durch einen Dritten, der dabei weiter nicht betheiligt zu sein braucht, vorgelegt werden. Der acceptirte Wechsel wird nur zurückgeschickt, wenn er das einzige oder girirte Exemplar ist, sonst wird auf dem circulirenden Exemplare nur bemerkt, in wessen Händen sich das acceptirte Exemplar befindet, um beim Verfall mit präsentirt werden zu können.

Präsentationszeit, die Zeit, binnen welcher ein Wechsel zur Acceptation oder Zahlung vorgezeigt werden muß.

Präsentiren, 1) eigentlich vergegenwärtigen; daher 2) vorstellen, darstellen; 3) vorlegen, vorweisen, vorzeigen; 4) überbringen.

Prävaliren, 1) eigentlich seine Ansprüche vor denen Anderer geltend machen, sein Vorzugsrecht behaupten; 2) (sich) sich für eine Forderung bezahlt machen; 3) sein Guthaben trassiren; 4) seinen Regreß für Vorschüsse nehmen; 5) sich erholen.

Precair (franz.), 1) zweifelhaft; daher 2) ungewiß, schwankend; 3) unsicher.

Precarie- oder Precareihandel, nennt man denjenigen Seehandel oder Handel überhaupt, welchen zwei mit einander im Kriege begriffene Mächte durch Vermittelung einer neutralen dritten Macht treiben. So handelt England im Kriege mit Spanien gewöhnlich durch Vermittelung Portugals, wenn dieses nemlich neutral ist.

Preis (f anz. prix; engl. price ist das Verhältniß einer Waare zu dem als Austauschmittel angenommenen Gelde; daher 2) gleichbedeutend mit Werth, wenigstens mit seltenen Ausnahmen. Man spricht von steigenden Preisen, wenn mehr Geld dafür gegeben wird als die Waare werth ist oder gekostet hat, von fallenden oder sinkenden Preisen, wenn weniger dafür zu lösen ist; jedoch erstreckt sich dieser Sprachgebrauch oft auch auf den steigenden und fallenden Werth, da Preis und Werth immer in Beziehung zu einander stehen, obwohl man in diesem Falle nur von hohen und niedern Preisen redet.

Preis-Courant (franz. prix-courant; engl. price-current), 1) nennt man die Liste oder das Verzeichniß der an einem Handelsplatze überhaupt zum Verkaufe ausgebotenen Waaren mit Bemerkung der Preise, zu welchen sie zu beziehen sind; 2) die von Mäklern ausgegebenen derartigen Verzeichnisse, welche in der Regel noch die Angabe der üblichen Spesen, Zölle und Unkosten enthalten; 3) die von einzelnen Handlungshäusern ausgegebenen Verzeichnisse ihrer Handelsartikel nebst der Bemerkung ihrer Preise. Die erstern erscheinen an größern Handelsplätzen periodisch; letztere werden von den betreffenden Handlungshäusern ihren Committenten, um darnach Aufträge entgegen zu nehmen, zugesendet; 4) von Papieren gleich Coursbericht, Courszettel.

Preishaltend, 1) gleich in dem frühern Preise ausdauernd; 2) zum currenten Preise zu haben.

Preiswürdig, 1) heißt die Waare, wenn sie den dafür geforderten oder bezahlten Preis werth ist; 2) überhaupt ist es daher Bezeichnung guter, vorzüglicher Waare und der Ausdruck gleichbedeutend mit der Empfehlung würdig.

Prima s. Prima-Wechsel.

Prima-Note, gleichbedeutend mit Cladde, Strazze.

Prima-Qualität, auch Prima-Sorte, Prima Waare, gleich erste, beste, vorzüglichste, extrafeine Waare.

Prima-Wechsel heißt, wenn ein Tratte in mehrern Exemplaren ausgestellt wird, das eine oder erste derselben, welches gewöhnlich zur Acceptation eingesendet, während das andere in Umlauf gesetzt wird, wobei natürlich auf demselben zu vermerken ist, in wessen Händen sich die Prima befindet. Sind auf der Prima bereits Indossamente vorhanden, so werden diese in Abschrift auf die Secunda übertragen, mit dem ausdrücklichen Bemerken, wie weit die Copie sich erstrecke. Es geschieht durch den Zusatz zu dem letzten copirtem Giro: bis hieher Copie. Nur gegen Auslieferung der acceptirten Prima ist der Bezogene beim Verfall an den Inhaber der Secunda, der sich, durch Vorzeigung derselben, zur Empfangnahme der verwahrten Prima legitimirt, Zahlung zu leisten verpflichtet, und kann es sonst nur dann, wenn vom Präsentanten Caution geleistet wird, indem er dem Remittenten, sobald sich dieser die acceptirte Prima zu verschaffen weiß, gleichfalls Zahlung leisten müßte. Hat Remittent von seinem Indossanten nicht Valuta oder Deckung erhalten, so kann er dem Depositar des acceptirten Wechsels Ordre ertheilen (contremandiren), ihn nicht zu verabfolgen. Auch kann nur gegen den Bezogenen vom letzten Inhaber Protest erhoben werden, wenn er im Besitze der acceptirten Prima ist, sonst nur gegen den Depositar wegen Nichtauslieferung. Bei nicht acceptirten Wechseln ist es gleich, auf welches Exemplar die Zahlung erfolgt, doch pflegt man dann meist die Bemerkung zuzufügen: Prima oder Secunda unbezahlt. Der Prima-Wechsel muß die ausdrückliche Bezeichnung als solcher führen.

Primgeld s. Capplacken.

Principal (franz.), 1) Benennung des Besitzers, Inhabers einer Handlung in Betreff seines Verhältnisses zu dem im Contore arbeitenden Personale; 2) selten nur gleichbedeutend mit Chef.

Principal-Creditor und **Principalgläubiger**, gleich Hauptgläubiger.

Principal-Debitor und **Prinzipalschuldner**, s. Hauptschuldner.

Principalhandlung, jetzt ungewöhnlich für Haupthandlung.

Priorität (latein.), 1) gleich Vorzug, Vorrang; 2) im Concurse das Recht der Gläubiger, im Verhältniß zu andern Mitgläubigern, aus der Masse früher und vollständiger befriedigt zu werden. Die Priorität richtet sich nach der Art der Forderungen. So werden z. B. Hypothekgläubiger vor den Wechselgläubigern und diese vor den Buchgläubigern befriedigt.

Prise (franz.), 1) das von einem Caper genommene Schiff; 2) das im Kriege durch feindliche Schiffe aufgebrachte und 3) das aus Feindeshand durch Wegnahme befreite Fahrzeug. Ein Schiff auf diese Weise nehmen und in einen Hafen führen, heißt eine Prise aufbringen; in allen Fällen aber entscheidet erst ein besonderes Gericht (Prisengericht), ob die Prise gut, d. h. rechtmäßig sei, in welchem Falle sie entweder gegen ein bestimmtes Lösegeld den Eigenthümern zurückgegeben oder zum Vortheil derer, welche sie aufbrachten, verwendet wird; 4) oft auch jede Beute zur See.

Prisengeld heißt die Lösung, welche 1) für die aus Feindeshand befreiten oder 2) als Prisen aufgebrachten Schiffe, im Falle ihrer Freilassung, entrichtet wird. Es ist in ersterer Bedeutung gleich mit Bergelohn, wird auch wohl in letzterer so genommen und beträgt in der Regel den 6ten oder 8ten Theil des Werths von Schiff und Ladung. Das Prisengeld gehört zu den Vergütigungen, welche wegen großer Havarie stattfinden.

Prisengericht s. Prise.

Prisengut nennt man die Ladung eines als Prise aufgebrachten Schiffes.

Privilegiren, 1) eigentlich mit einem Privilegium versehen; daher 2) bevorzugen; 3) begünstigen; 4) auch gleichbedeutend mit concessioniren.

Privilegirte Gläubiger, 1) gleich Hypothekgläubiger; 2) Wechselgläubiger; 3) im Concurse alle Gläubiger, denen für alle Fälle und für immer gesetzlich der Anspruch auf Priorität im Verhältniß zu andern Gläubigern zusteht; also 4) bevorzugte Gläubiger überhaupt.

Privilegium (latein.), heißt dasjenige Vorrecht, welches einem Einzelnen oder einer Gesellschaft vom Staate zum ausschließlichen Betriebe eines Geschäfts oder einer Unternehmung ertheilt wird und welches im ersten Falle mit dem Tode des damit Versehenen, im andern aber nur mit dem Aufhören der Sache selbst aufhört. Das dem Einzelnen ertheilte Privilegium unterscheidet sich von der Concession dadurch, daß deren Gebrauch nicht, wie jenes, einem Dritten für bestimmte Zeit überlassen werden kann, vom Patente aber darin, daß dieses nur auf bestimmte Zeitdauer lautet. Bei gleichen Privilegien genießt das ältere den Vorzug.

Pro (latein.) für, also gleichbedeutend mit per.

Probe wird von flüssigen Dingen, rohen Producten, festen Körpern u. dgl. ganz in der Bedeutung gebraucht, wie bei Schnittwaaren Muster; doch spricht man auch von Tuch- und Zeugprobe und der Unterschied beider Ausdrücke scheint hauptsächlich darauf hinaus zu gehen, daß man Probe bei Beurtheilung des Gehalts, der Qualität, Muster dagegen bei Bezeichnung der Form und der Oberfläche sagt.

Proben, 1) den Gehalt untersuchen; 2) untersuchen überhaupt; 3) versuchen, auf die Probe stellen, erproben, von Personen sowohl wie von Sachen; 4) auf Probe entnehmen; 5) gewöhnlicher jedoch probiren, bei edlen Metallen und Münzen den Feingehalt erforschen.

Probiren s. Proben.

Probirgewicht (franz. poids de l'essaïeur) das Gewicht, nach welchem der Feingehalt des Goldes und Silbers bestimmt wird.

Procent oder *pro Cent* (latein.), abgekürpt p. C. oder %, 1) auf das Hundert, für das Hundert; 2) gleich Nutzen, Vortheil, Gewinn; 3) gleich Rabatt.

Proclamation (latein.), jede obrigkeitliche öffentliche Bekanntmachung, besonders der von Gerichten erfolgende Aufruf.

Proclamator (latein.), seltener Ausdruck für Auctionator.

Proclamiren, 1) öffentlich bekannt machen; 2) öffentlich auffordern; 3) versteigern.

Procura (latein.), im kaufmännischen Sprachgebrauche diejenige Vollmacht, durch welche der Chef eines Handelshauses einen Andern, gewöhnlich einen im Geschäfte fungirenden Commis, ermächtigt, in seinem oder der Firma Namen, alle Briefe, Wechsel und sonstigen Urkunden zu unterzeichnen, Gelder zu erheben, Zahlungen zu leisten und Geschäfte abzumachen. Die Vollmachtsertheilung muß dem Handelsgericht, der Börse, den Committenten und unter Umständen auch den auswärtigen Kaufleuten mitgetheilt werden, eben so deren Zurücknahme. Die Unterzeichnung geschieht durch die Benennung der Handlungsfirma, welcher der Unterzeichnende seinen Namen mit dem Beisatze per procura (abgekürzt p. pa.) beifügt.

Procurist, auch wohl, obschon seltener, Procuraträger, 1) der mit der Procura beauftragte Contorist; 2) oft gleich Disponent (s. d.); 3) gleich Factor, besonders in England.

Producent, 1) der Erzeuger, Hervorbringer einer Sache überhaupt; daher 2) Fabrikant; 3) Manufacturist; 4) bei Gewächsen und Früchten gleich Pflanzer, Anbauer, Cultu-rant.

Produciren (latein.), 1) hervorbringen, erzeugen; 2) schaffen, bereiten; 3) fabriciren. Es wird sowohl vom Schaffen durch tellurische und physische Kräfte als durch Menschenhände gebraucht und ist dem Consumiren entgegengesetzt.

Product, 1) jedes Erzeugniß der Natur, Industrie und Kunst; daher 2) Ertrag; 3) Ergebniß, Resultat; 4) Erlös; 5) Einnahme.

Production, 1) die Hervorbringung, Erzeugung; 2) Verfertigung, Anfertigung, Fabrikation.

Prohibiren (latein.), 1) eigentlich abhalten, zurückhalten; daher 2) verhindern; 3) absperren; 4) verbieten.

Prohibitiv-System, 1) eigentlich die von der Regierung eines Landes getroffenen Maßregeln, wodurch der freie Verkehr desselben mit dem Auslande erschwert und gehindert wird, was sowohl durch directe Einfuhrverbote und hohe Zölle als durch Beschränkung der Ausfuhr geschieht. Daher 2) gleich Continentalsystem; also 3) Einfuhrbeschränkung, Einfuhrverbote; 4) Handelssperre.

Project, 1) Anschlag, Entwurf, Plan; 2) Absicht, Beabsichtigung, Vorsatz; 3) Vorhaben, Beginnen; mitunter auch wohl 4) gleich Speculation.

Projectiren, 1) einen Anschlag machen, entwerfen; 2) beabsichtigen; 3) vornehmen; 4) mitunter gleich ersinnen, erdenken, speculiren.

Prolongiren (latein.), 1) eigentlich verlängern; daher 2) von Geschäften und Fristen ihre Dauer weiter hinaus rücken, sie aufschieben; 3) sie erneuern.

Prolongation (latein.), 1) Verlängerung; 2) Aufschub; 3) Erneuerung. Der Ausdruck wird hauptsächlich bei Zahlungsfristen gebraucht, welche weiter als der erste ursprüngliche Termin bestimmte, in die Zukunft hinaus verlegt werden; 4) s. Prolongationgeschäfte.

Prolongationsgeschäfte, auch Prolongationen.

Dieses Geschäft besteht darin, daß, wenn man Contract auf Lieferung in Staatspapieren geschlossen hat, und statt derselben, weil man einen höhern Cours erwartet, in Baar zahlen will, das erforderliche Quantum aber nicht vorräthig hat, man diese Papiere bei einem Rentier oder Bankier zum Tagescours gegen Baar und Ueberlassung des Zinsengenusses auf eine bestimmte Zeit, und unter der Bedingung des Rückkaufs nach Ablauf derselben, niederlegt.

Prolongirte Wechsel, sind solche Wechsel, deren Zahlungszeit beim Verfall noch auf einen weitern Termin verschoben worden ist. Dieser Fall kann jedoch nur bei eigenen und nicht an Ordre gestellten Wechseln eintreten und es muß der prolongirte Termin auf denselben besonders bemerkt werden. Sollen Tratten, besonders girirte, prolongirt werden, so ist der Consens aller Interessenten nöthig, indem sonst die Regreßansprüche verloren gehen.

Promesse, 1) eigentlich jede schriftliche Versprechung einer zu leistenden Verbindlichkeit; besonders 2) eine Bescheinigung, daß man einer namhaft gemachten Person zu einer bestimmten Zeit eine gleichfalls bestimmte Summe, mit oder ohne Zinsen auszahlen werde; also 3) einfache Schuldverschreibung, Schuldschein überhaupt.

Prompt (franz.), 1) sofort;t 2) per contant; 3) zur gehörigen, bestimmten Zeit.

Proponiren, 1) vorschlagen; 2) anrathen; 3) mitunter gleich offeriren.

Proposta (italien.), ungewöhnlich für Offerte.

Proprehandel, gleichbedeutend mit Eigenhandel.

Pro rata (latein.), dem Antheil gemäß; seiner Theilnahme zufolge.

Prorogiren (latein.), veraltet für prolongiren.

Prospect (latein.), 1) im Buchhandel die vorläufige Anzeige, öffentliche Ankündigung über das Erscheinen einer Schrift; 2) das Verzeichniß, die Uebersicht des Inhalts derselben; 3) mitunter auch die Anzeige und Mittheilung des Plans einer zu errichtenden Anstalt oder eines zu entrirenden Unternehmens.

Protest, 1) eigentlich Abkürzung von und gleichbedeutend mit Protestation; 2) nennt man so im Wechselverkehr eine Urkunde, welche aufgenommen werden muß, so oft eine an einem Wechsel betheiligte Person, gegen den Inhaber des Wechsels dasjenige zu thun unterläßt, wozu sie nach dem

Inhalte des Wechsels oder durch das Gesetz verpflichtet ist. Sie wird von einem Notar aufgenommen, bezeugt durch Inhalt nnd Form, daß der Inhaber den Verpflichteten nicht zur Erfüllung der Obliegenheit habe vermögen können und sichert ihm seinen Regreß an die vorherigen Inhaber oder Vordermänner. Die Aufnahme der Urkunde muß in der Regel im Contor geschehen und der Bezogene wo möglich persönlich über den Fall vernommen werden, doch genügt, wenn dieses nicht stattfinden kann, die Auskunft des Procuristen, Commis, der Ehefrau oder einer sonst geeigneten Person, ja selbst, wenn keine dieser Personen anwesend ist, die Erklärung aus dem Munde des Inhabers. Die Ausfertigung, welche im Bureau des Notars erfolgt, muß mit der nächsten Post an den Vordermann abgehen. Der Protest wegen Mangel an Zahlung wird am Verfalltage, oder wo diese üblich sind, am letzten Respecttage erhoben. Bei Nichtannahme zum Accept wird sowohl bei der unbedingten, wie bei der bedingten Weigerung, ferner wegen Mangel der gesetzlichen Erfordernisse desselben, auch wenn der Procurist keine gehörige Procura vorzeigen kann, oder am Präsentationstage Niemand zu finden ist, u. d. mehr Protest erhoben. Besondere Arten des Protestes sind noch folgende. Der Contra-Protest, Sicherheits-Protest, Perquisitions-Protest und Interventions-Protest. Außerdem wird Protest aufgenommen wegen nicht vorgefundener oder nicht ausgelieferter Prime, bei Intervention des Bezogenen zu Ehren eines der Indossanten, von Seiten des Acceptanten aber wegen Nichtabholung der Zahlung am Zahltage, doch ist es in diesem Fälle nicht nöthig, wenn der Betrag des Wechsels gerichtlich deponirt wird.

Protestation (latein.), 1) Einsprache; 2) überhaupt jede Erklärung, die man zu dem Zwecke abgiebt, daß man gewisse Handlungen nicht genehmigen, ihre Folgen nicht über sich nehmen könne und sich seine Rechte wahren wolle; 3) die Handlung, vermittelst welcher diese Erklärung abgegeben wird; daher 4) die Aufnahme oder Erhebung des Protestes. Eine dergleichen Handlung sichert die Beweiskraft der kaufmännischen Bücher für längere, als die gesetzlich bestimmte Zeit, wenn sie vor dem Notar oder gerichtlich, unter Vorlegung der Bücher und der eidlichen Versicherung, daß bei Anwendung aller Mühe der Wohnort des darin verzeichneten Schuldners nicht habe in Erfahrung gebracht werden können, abgegeben und aufgenommen wird.

Protest in den Wind, nennt man den Protest, welcher erhoben wird, wenn der aus einem Wechsel Verpflichtete gar nicht aufzufinden ist, ihm also die Ansprüche nicht mitgetheilt werden konnten.

Protestiren, 1) Einsprüche machen; 2) seine Rechte wahren; 3) oft auch für Protest erheben gebraucht.

Protestspesen nennt man die Kosten, welche durch die Aufnahme eines Wechsel-Protestes entstanden sind.

Proviant (franz. provisions; engl. stores), bei Seereisen die Vorräthe, welche zur Unterhaltung der Mannschaft an Bord genommen werden; also Mundvorräthe.

Proviantschein (engl. bill of store), die über die Einschiffung des Proviants von der Zollbehörde ertheilte Bescheinigung.

Provision, 1) gleich Proviant; 2) mitunter auch gleich Waarenvorrath überhaupt; 3) gleich Deckung, hauptsächlich in Frankreich; 4) Gratification, Vergütigung überhaupt; besonders 5) Benennung der Gebühren, welche ein Kaufmann für Ausrichtung eines Auftrages, sei es Ein- oder Verkauf, erhält, also gleich Commission. Beide Ausdrücke pflegt man in der Regel nicht weiter zu unterscheiden und sich in gleichen Fällen bald des einen oder des anderen zu bedienen; indessen wurde Provision, früher wenigstens, meist von Geld-, Commission aber von Waarengeschäften gebraucht. Die Provision ist verschieden und steigt bis zu 2%.

Provisionsreisender, nennt man denjenigen Handlungsreisenden, welcher, gegen eine contractlich festgestellte Provision, für ein, gewöhnlich aber für mehrere Häuser, reist und Geschäfte macht.

Provisor, in den Apotheken das, was in Handlungshäusern der Factor ist.

Publiciren (latein.), veröffentlichen, öffentlich bekannt machen, in öffentliche Blätter einrücken, inseriren lassen.

Punctation (latein.), ist der dem Contract vorausgehende Entwurf der Bedingungen, unter welchen Immobilien vom Verkäufer überlassen und vom Käufer übernommen werden sollen. Ist sie von beiden Parteien und Zeugen durch Unterschrift vollzogen, so kann, auf Grund derselben, auf Abschluß des Contracts geklagt werden. In andern

Fällen, als beim Verkauf von Immobilien, kommt sie selten vor.

Punktiren, bei Vergleichung zweier Conten die geschehene Vergleichung und Uebereinstimmung derselben durch Beifügung eines Punktes bemerken.

Pure (latein.), 1) rein, unvermischt; 2) unverfälscht; 3) gut; 4) oft auch ohne Vorbehalt.

Q.

Quai s. Kai.

Qualificiren, 1) die zu einer Sache erforderlichen Eigenschaften oder Kenntnisse besitzen; daher 2) sich eignen, passen; 3) fähig, taugbar sein.

Qualität (latein.), 1) überhaupt die Beschaffenheit; daher 2) Eigenschaft; 3) Güte; 4) gleich Sorte. Man bedient sich dabei der nähern Bezeichnung durch gut oder schlecht und sagt auch prima Qualität u. dgl.

Quantität (latein.), 1) die Anzahl; 2) die Menge, Masse; 3) gleich Partie; 4) mitunter auch gleich Summe, Posten.

Quarantaine (franz.) 1) die 40tägige Liegezeit, so wie überhaupt die Zeit, welche Schiffe, Personen und Waaren, die aus Gegenden, namentlich aus dem Oriente, kommen, wo Pest oder ähnliche ansteckende Krankheiten herrschen, in einer, von aller Gemeinschaft mit den Bewohnern ausgeschlossenen Gegend zubringen müssen, ehe sie in den Hafen einlaufen können. Die Dauer derselben richtet sich nach der Beschaffenheit des Gesundheitspasses; 2) gleich Contumaz (italien. lazaretto), die Anstalt selbst, in welcher diese Absonderung stattfindet.

Quincaillerie oder Quincaillerie-Waaren (franz. quincaillerie; engl. hardware) 1) gleich kurze Waaren; 2) gleich Galanterie-Waaren.

Quittiren, 1) eigentlich den Empfang eines Betrages, einer Summe schriftlich bescheinigen; 2) mitunter gleich löschen, auslöschen.

Quittung (franz. quittance; engl. receipt), 1) das schriftliche Bekenntniß eines Gläubigers, daß ein Schuldner sich seiner Verpflichtung ganz oder zum Theil entledigt habe; also 2) gleich Empfangsbescheinigung, Empfangschein. Die Quittung muß den Namen des Zahlenden, die Bezeichnung dessen, wofür der Betrag entrichtet wird, den Betrag selbst, Ort und Datum der Ausstellung und die Unterschrift des Empfängers enthalten. Jeder im Verkaufslocale angestellte Commis, welcher Zahlungen in Empfang nimmt, kann auch rechtsgiltige Quittung ertheilen.

Quote, der verhältnißmäßig zu leistende Antheil, Beitrag zu einer Sache oder Unternehmung; 2) der Antheil aus dem Ertrage einer Sache, auf welche man, nach Verhältniß seiner Theilnahme daran, Anspruch zu machen hat; 3) gleichbedeutend mit Dividende.

R.

Rabatt (franz. rabat, rabatage, rabais; italien. rabatto; engl. abatement), 1) ursprünglich der für Baarzahlung an dem Betrage der Factur gestattete Nachlaß überhaupt; daher 2) gleich Abzug; 3) gleich Disconto; 4) Procent; 5) Gutgewicht; mitunter 6) wohl auch in der Bedeutung von Tara genommen. Es bezeichnet überhaupt einen Vortheil für den Abnehmer und der Ausdruck hat seine Selbstständigkeit noch am Meisten im Buchhandel bewahrt Er richtet sich in der Regel nach dem Uso der Handelsplätze und ist daher sehr verschieden, beruht jedoch mitunter auf besonderem Uebereinkommen.

Rabattiren, 1) den Rabatt berechnen; 2) denselben in Abzug stellen; 3) abziehen; 4) mitunter auch wohl in der Bedeutung den Preis erniedrigen, herabsetzen. Die Berechnung findet nach Procenten statt.

Radical, 1) eigentlich von der Wurzel aus; daher 2) durchaus, durchweg, gänzlich. Es wird fast nur mit Ausdrücken verbunden gebraucht, welche keine gute Bedeutung haben, kommt jedoch seltener vor als das gleichbedeutende total.

Radiren oder Rasiren, 1) eigentlich abschaben; daher 2) entfernen, fortbringen, vernichten. Es wird von der Beseitigung von Flecken auf Papier oder unrichtiger Schriftzüge durch das Messer gebraucht.

Rafinement (franz.), 1) Verbesserung, Verfeinerung; 2) Speculation; 3) Umsicht; 4) Erfahrung; 5) Schlauheit, List; 6) Verschlagenheit.

Rafiniren, unrichtiger raffiniren (franz. rafiner) 1) reinigen, läutern; 2) verfeinern, verbessern; 3) mitunter auch in der Bedeutung von projectiren und speculiren, nur mit dem Unterschiede, daß es sich in der Regel dann auf etwas bereits Vorhandenes und dessen Verbesserung bezieht.

Rafinirt, 1) von Sachen verbessert, verfeinert, gereinigt; 2) von Personen umsichtig, erfahren, vorsichtig; jedoch 3) oft auch mit einem schlimmen Nebenbegriffe, also gleich schlau, verschlagen, durchtrieben.

Ragione, (italien.) veraltet und ungebräuchlich 1) für Societätshandlung; 2) für Firma.

Rangiren, 1) eigentlich die Ordnung, den Rang einer Sache bestimmen; daher 2) ordnen, einrichten; 3) mitunter auch gleich arrangiren.

Rangschiff, s. Beurtschiff.

Rata, 1) bei gemeinschaftlichen Zahlungen die Zahlung jedes Einzelnen; 2) die so gezahlte Summe; daher 3) der Beitrag; 4) das Verhältniß, in welchem Jemand an einer gemeinschaftlichen Sache Theil hat; also 5) der Antheil, die Quote; 6) oft auch der Abschlag, die Abschlagssumme.

Ratenzahlung, gleich Terminzahlung, Fristenzahlung, Abschlagszahlung.

Ratificiren, 1) gutheißen, billigen; 2) genehmigen, insofern beides durch schriftliches Anerkenntniß oder Unterschrift geschieht.

Ratihabitation, ist die nachträgliche Genehmigung eines schon errichteten, aber noch nicht oder unvollkommen giltigen Geschäftes. Sie hat in der Regel rückwirkende Kraft

Raubschiff, nennt man ein solches Schiff, welches ohne Caperbrief Seeräuberei treibt. Hierdurch unterscheidet es sich vom Caper.

Rauchwaaren, (franz. peleteries, fourrures, engl. furs) 1) gleich Pelzwaaren; 2) in Riga begreift man auch Hanf und Flachs darunter.

Rauhe Mark, s. Mark.

Raum, 1) (franz. rum, cale oder fond de cale, engl. room) bei Schiffen das zur Einladung der Güter bestimmte Gelaß, der Schiffsraum; 2) der Tonnengehalt, die Lastigkeit derselben; 3) besonders der zur Aufbewahrung der Mundvorräthe bestimmte Ort; 4) gleich Niederlage.

Real, (latein.) in der That, wirklich; es ist dem nominell entgegengesetzt.

Realisiren, 1) eigentlich verwirklichen; 2) von Waaren

sie in Geld umsetzen; daher 3) veräußern, verkaufen; 3) von Papieren, sie in Baar verwandeln; also 4) gleich effectuiren.

Realitäten, gleichbedeutend mit Immobilien, liegende Gründe, Grundeigenthum.

Realwerth, 1) der innere, wirkliche Werth einer Sache, im Gegensatze des Nennwerthes, oder des dafür geforderten Preises; 2) bei Münzen gleich Währung, Gehalt.

Reassecuranz, die Wiederversicherung. Sie findet statt, wenn dem Versicherer der versicherte Gegenstand durch einen Dritten wiederum versichert wird.

Rebut, (franz.) Ausschuß.

Recapitulation, (latein.) 1) die Wiederholung; 2) Zusammenstellung.

Recepisse (latein., engl. receipt) (das) der Empfangschein, sowohl über Waaren als Geld. Es unterscheidet sich von der Quittung, daß es sich nicht, wie diese, auf Tilgung einer Schuld bezieht, sondern bloß die Entgegennehmung einer überlieferten Sache bescheinigt.

Receptiren, veraltet für honoriren.

Receptur, (latein.) 1) eigentlich die Annehmung, Erhebung, besonders von Geldern; 2) der Ort, wo dieselbe stattfindet; also 3) gleich Casse. Der Ausdruck kommt nur noch selten vor, z. B. in Steuer-Receptur.

Receß, (latein.) 1) der Rückstand nicht gezahlter Gelder; 2) überhaupt die vertragsmäßig nicht geleistete Zahlung; 3) jede schuldige Summe, Schuldforderung.

Rechnung, s. Conto, Factura u. Nota.

Rechnungsabschluß, 1) s. Bilance; 2) die Zeit, in welcher und 3) das Verfahren, durch welches dieselbe festgestellt wird.

Rechnungsauszug, s. Conto corrent.

Rechte, die, gleichbedeutend mit Zoll, aber selten vorkommend.

Recipient, (latein.) der Empfänger, Adressat; der Ausdruck ist im Kaufmännischen selten.

Reciprocität, (latein.) Wechselseitigkeit, Gegenseitigkeit.

Reciprocitäts-System, heißt im Handel das Verfahren der Regierung, wenn sie dem ausländischen Handel im Inlande alle die Erleichterungen zusichert und gewährt, welche der inländische Handelsstand bei seinem Verkehr mit dem Auslande daselbst genießt.

Reclamation, (latein.) 1) eigentlich Zurückrufung; daher 2) Zurückforderung; 3) Beanspruchung, Anspruch.

Reclamiren, 1) zurückrufen, zurückfordern; 2) Ansprüche erheben und geltend machen. Es wird von Rechten, Personen und Sachen gebraucht und ist meist gleichbedeutend mit dem ungewöhnlichern Ausdrucke regressiren, wird aber mitunter auch mit requiriren verwechselt.

Recognition, (latein.) die Anerkennung einer Sache, die durch Vorlegung und Besichtigung erfolgt; daher 2) Anerkennung, Bestätigung und 3) Besichtigung überhaupt; 4) gleich Visum, Vidimation; also 5) schriftliche Anerkennung, Bescheinigung einer Sache oder eines Verhältnisses durch Unterschrift; daher 6) gleich Attestation, Zeugniß; 7) die dafür entrichteten Gebühren.

Recognitionsgebühren, s. Recognition.

Recognitionsschein, 1) gleich Anerkennungsschein; 2) selten auch wohl in der Bedeutung von Interimsschein.

Recognosciren, 1) besichtigen, in Augenschein nehmen; daher 2) bestätigen, anerkennen; 3) die Anerkennung und Bestätigung vermerken; daher 4) bescheinigen, attestiren, vidimiren.

Recommandation, (latein.) 1) Empfehlung, Anempfehlung überhaupt; 2) Empfehlungsschreiben.

Recommandiren, 1) empfehlen, anempfehlen; 2) von Briefen sich durch die Post deren Empfang und die Abgabe an ihre Adresse bescheinigen lassen.

Rectificiren, (latein.) 1) gleich corrigiren; 2) berichtigen, verbessern.

Recurs, 1) s. Regreß; 2) im gerichtlichen Verfahren, in solchen Processen, wo keine Appellation stattfindet, so wie in Polizeisachen, die über die Entscheidung an die vorgesetzte Behörde gestattete Beschwerde.

Redressiren, 1) einen eingeschlichenen Irrthum verbessern; also 2) gleich storniren; 3) mitunter auch gleich corrigiren; 4) von Verhältnissen sie in den frühern Zustand zurückführen; also 5) sie beseitigen; 6) sie ausgleichen; also 7) wieder gut machen überhaupt.

Reduciren, 1) von verschiedenen Münzsorten den Cours derselben mit einander vergleichen und eine bestimmte Summe der einen Sorte auf ihren Werth in einer andern zurückführen; 2) eben so Maaß und Gewicht verschiedener Länder gegen einander ausgleichen, dadurch daß man ihr gegenseitiges Verhältniß feststellt; 3) Münzen, deren Nennwerth nicht dem reellen Werth entspricht, in ihrer Geltung auf diesen zurückbringen, also 4) sie herabsetzen, sie heruntersetzen; 5) (sich), sich einschränken, beschränken; 6) reducirt werden gleich herabsinken, herabkommen.

Reduction, 1) die Vergleichung von Münzen, Maaß und Gewicht der verschiedenen Länder und Feststellung ihres gegenseitigen Verhältnisses; also 2) gleich Umsetzung, Uebertragung; 3) bei Münzen Herabsetzung, Münzerniedrigung, Wertherniedrigung.

Reductionstabellen, nennt man Verzeichnisse, in welchen Münzen, Gewicht oder Maaß verschiedener Länder in ihren gegenseitigen Verhältnissen zu einander berechnet sind.

Reell, 1) gleich real; daher 2) zuverlässig; 3) glaubwürdig; 4) rechtlich; 5) solide.

Reeller Werth, gleich Realwerth.

Reelles Haus, nennt man eine Handlung, welche stets den eingegangenen Verbindlichkeiten nachgekommen ist und von dem bei einem Einlaß im Geschäfte nicht nur reelle Behandlung, sondern auch überhaupt keine Gefährdung zu erwarten steht. Der Ausdruck wird oft gleich solides Haus gebraucht, obschon, genau genommen, ein Unterschied zwischen beiden Bezeichnungen obwaltet.

Refactie, 1) eigentlich der Zahlungsabzug wegen beschädigt gelieferter Waare; mitunter, besonders in England 2) gleich Rabatt; auch wohl 3) mit Fusti verwechselt.

Referiren, ungebräuchlich und nur noch im Canzleistyl vorkommend 1) gleich avertiren; 2) berichten, benachrichtigen.

Reflectiren, 1) etwas in Erwägung ziehen, erwägen bedenken; 2) auf etwas Rücksicht nehmen, berücksichtigen; 3) auf etwas bedacht sein, etwas beabsichtigen; 4) oft gleich projectiren.

Reform, 1) Umgestaltung; daher 2) Aenderung, 3) Erneuerung, Renovation.

Regie, 1) eigentlich Verwaltung; 2) dem die Verwaltung obliegt. Der Ausdruck ist in mehrern Ländern noch bei der Steuerverwaltung üblich.

Register, 1) eigentlich alphabetisch geordnetes Verzeichniß des Inhalts der Bücher, zur Erleichterung der Auffindung gesuchter Nachrichten oder Conten; 2) oder Schiffsregister heißt das amtliche geführte Verzeichniß über die

Zahl und den Tonnengehalt der im Staate vorhandenen Schiffe; 3) gleich L'loyds-Liste, welche auch L'loyds-Register heißt.

Registerschein, die obrigkeitliche, über die Eintragung ins Register dem Eigner des Schiffes ertheilte Bescheinigung. Sie gehört zu den Schiffspapieren und dient dazu, demselben die Vortheile zu sichern, welche den Schiffen der Nation, zu der es gehört, zugestanden sind, oder dazu, sich vorkommenden Falles als neutral legitimiren zu können.

Registerschiff, Benennung des in die öffentlichen Register eingetragenen und mit einem Registerschein versehenen Schiffes.

Registriren, 1) ins Register eintragen; mitunter 2) gleich ordnen.

Regreß, 1) eigentlich der Rückanspruch, die Rückforderung; daher 2) Schadloshaltung, Entschädigung; 3) die Handlung, durch welche man dieselbe begründet, also gleich Recurs überhaupt; besonders aber 4) im Wechselverkehr das Recht des Wechselinhabers den Betrag und die Kosten eines nicht bezahlten und protestirten Wechsels von seinem Cedenten (Vordermann) zu fordern. Durch dieses Recht werden alle Giranten dem letzten Inhaber solidarisch verpflichtet der Art, daß es ihm freisteht, nach Belieben entweder den einen oder den andern Indossenten, oder auch sofort den Aussteller des Wechsels anzugreifen. Jedoch schreiben die Wechselgesetze mancher Länder ein Angreifen der Vordermänner nach der Reihenfolge vor. Jeder Vormann erhält bei der Zahlung auch den Wechsel selbst ausgehändigt, um seinen Regreß an die ihm Verpflichteten nehmen zu können. Im Falle er jedoch Zahlung verweigert, muß vom Inhaber Contraprotest erhoben werden. Nur gegen diejenigen Giranten fällt der Regreß fort, welche im Indossement ausdrücklich den Beisatz „ohne Gewähr', (Obligo) gemacht haben. Gewöhnlich muß dann Zahlung innerhalb 24 Stunden am Orte, oder auswärts mit umgehender Post erfolgen. Der Regreß selbst besteht nun entweder in Belastung des Debitanten, oder in Zahlung eines Rückwechsels, oder im gerichtlichen Wechselverfahren. Nur wenn dem Inhaber ein Präjudiz entgegengestellt werden kann, oder er ausdrücklich darauf verzichtet hat, fällt der Regreß fort und nur der Aussteller bleibt zur Herausgabe der Valuta verpflichtet.

Reguliren, (latein.) 1) etwas bereits Vorhandenes in Ordnung bringen, ordnen; 2) festsetzen, bestimmen.

Regulirter Wechsel, veraltet für Meßwechsel.

Rehabilitation, (latein.) gleichbedeutend mit dem gerichtlichen Ausdrucke restitutio in integrum oder Restitution, bezeichnet die Wiedereinsetzung in den vorigen Stand, welche nach Fallimenten dann eintritt, wenn die Gläubiger später volle Befriedigung erhalten haben. Sie erfolgt gerichtlich.

Rehabilitiren, 1) in den frühern Stand, in frühere Rechte wieder einsetzen; 2) (sich) ein früher aufgehobenes Geschäft von Neuem aufnehmen.

Reine Bilanz, gleich Schlußbilanz.

Reinertrag, gleich Netto-Ertrag, Netto-Product.

Reißen, im Schnittwaarenhandel gleich schneiden, abschneiden, ausschneiden.

Relativ, (latein.) 1) beziehungsweise; daher 2) unbestimmt; 3) in Frage stehend, fraglich.

Rembours, (franz. remboursement) 1) Erstattung, Ersatz; 2) Wiederbezahlung; 3) besonders bei Wechseln die, vermittelst Retourrechnung, durch den letzten Wechselinhaber von seinem Vordermann bei protestirten Wechseln beanspruchte Bezahlung; 4) die als Ersatz beanspruchte Summe selbst.

Remboursiren, (franz. rembourser) 1) wiederbezahlen; 2) erstatten; 3) ersetzen; 4) sich erholen; 5) decken.

Remesse, s. *Rimesse*.

Remiß, (franz. remis) 1) der ganze oder theilweise Erlaß einer Schuld; 2) der erlassene Betrag selbst; 3) oft auch Verlängerung der Zahlungsfrist; daher 4) Aufschub; 5) Nachsicht.

Remission, (franz. remission) 1) eigentlich Loslassung, Erlassung; 2) gleich Remiß.

Remittenden, (latein.) im Buchhandel diejenigen Bücher, welche bei der Abrechnung mit dem Verleger demselben als unverkauft übermacht worden.

Remittent, (latein.) nennt man 1) denjenigen, an den, oder dessen Order eine Tratte lautet, oder ein eigener Wechsel ausgestellt ist, also gleich Wechselnehmer; 2) mitunter auch den Wechselinhaber, Einsender, Besitzer des Wechsels überhaupt, obschon die Benennung Remittent nur vorzugsweise den ersten Besitzer anzeigt und die folgenden durch Girat, Indossat bezeichnet werden.

Remittiren, (latein.) 1) eigentlich zurücksenden, zurückschicken; daher 2) übermachen, zustellen überhaupt; 3) besonders von Wechseln und Baarzahlungen sowohl in der Bedeutung übersenden, als auch von zurücksenden, erstatten, anschaffen.

Renten, (franz. rente, engl. annuity) 1) überhaupt jedes Einkommen, welches aus der Unterbringung von Capitalien erwächst; daher 2) gleich Zinsen; 3) Leibrenten; 4) in mehrern Ländern, wie in England und Spanien, eine Art Staatsschulden; 5) die darüber ausgestellten Schuldverschreibungen.

Rentier, 1) der, dessen Einkommen in Renten besteht; 2) jeder von den Zinsen seiner Capitalien lebende Privatmann.

Rentiren, auch wohl rendiren, 1) Zinsen tragen; 2) Vortheil bringen; 3) Gewinn abwerfen.

Reparatur, (latein.) Ausbesserung.

Repariren, ausbessern.

Repartiren, 1) vertheilen; 2) eintheilen.

Repartition, (latein.) 1) die verhältnißmäßige Vertheilung, Vertheilung pro rata; 2) Eintheilung.

Repondiren, 1) gleich gutsagen, gutstehen; daher 2) bürgen, verbürgen; 3) haften überhaupt.

Reponiren, gleich reserviren.

Repressalien, nennt man die von der Regierung eines Staates gegen einen andern ausgeübte Wiedervergeltung der zum Nachtheil des einen ergriffenen Maßregeln oder sonstigen widerrechtlichen Handlungen. Belastung durch hohe Zölle, Erhöhung der Hafengelder und sonstigen Schifffahrtsgebühren, Embargo und Caperei gehören dazu.

Requiriren, (latein.) in Anspruch nehmen; 2) herbeirufen; 3) zu Hilfe rufen; daher 4) ersuchen; 5) verlangen; 6) fordern; 7) bestellen, kommen lassen.

Requisition, (latein.) 1) das Erfordern, Verlangen; 2) Anliegen, Ansuchen; 3) Bestellung; 4) Herbeirufung, Beanspruchung von Hilfe, besonders Hilfe der Behörden.

Rescontiren, s. scontriren.

Reserviren, (latein.) 1) aufbewahren, bewahren; 2) gleich reponiren, zurückstellen, zurücklegen; 3) mitunter gleich vorräthig halten; 4) vorbehalten; 5) bedingen, ausbedingen.

Respectable, (franz.) 1) eigentlich achtungswerth; 2) beachtungswerth; daher 3) ansehnlich, bedeutend; der Ausdruck wird von Handlungsfirmen gebraucht und hat 4) oft auch die Bedeutung von reell und solide zusammen.

Respectiren, (latein.) 1) früher gleichbedeutend mit honoriren; 2) achten, beachten.

Respecttage, auch Discretionstage, Respittage, Nachtage genannt; (franz. jours de faveur, engl. days of grace) sind die nach der Usance der verschiedenen Handelsplätze genau bestimmten Tage, bei deren Ablauf erst von dem Inhaber eines Wechsels Protest erhoben werden kann, wenn bis dahin keine Zahlung erfolgt. Sie werden vom Tage nach dem Verfall an gerechnet, mitunter auch wohl der Verfalltag mit eingeschlossen und der letzte Respecttag ist dann jedenfalls Zahltag. Selbst wenn bei der Präsentation am Verfalltage keine Einlösung erfolgt, muß der Protest bis zu deren Ablauf aufgehoben werden, wogegen es jedoch wiederum nach den meisten Wechselordnungen gestattet ist, den Wechsel noch innerhalb der Respecttage zu präsentiren. Sichtwechsel, Meßwechsel, präcise Wechsel, Platztratten, Wechsel, deren Zahlung durch ein Urtheil vorgeschrieben ist, und nicht acceptirte Wechsel genießen keiner Respecttage, eben so wenig eigene Wechsel. An Orten, wo der Gebrauch keine Respecttage gestattet, oder sie durch's Gesetz als geltend bezeichnet werden, können dieselben auch nicht verlangt werden. Ueberhaupt kann nur augenblickliche Verlegenheit Gebrauch davon zu machen gebieten, indem derselbe jedenfalls dem Credit des Bezogenen schadet. Ihre Dauer richtet sich gewöhnlich nach der Art der Wechsel und besteht gewöhnlich in einer Frist von 3 Tagen, die unter Umständen bis zu 14 Tagen und mehr steigt.

Respiro, 1) die Bestimmung der Zahlungsfrist; 2) die Zahlungsfrist selbst; 3) gleich Aufschub, Frist; daher 4) gleich Credit. Auf Respiro kaufen, ist gleichbedeutend mit auf Credit kaufen.

Respondentia, nennt man einen Vertrag, wodurch unter denselben Umständen, wie beim Großaventurie-Contract, Geld auf die Ladung eines Schiffes gegen hohe Zinsen aufgenommen wird. Es bezeichnet der Ausdruck somit nur den Aventur-Contract für den Fall, daß der Versender nicht auch Eigenthümer des Schiffs ist, oder auf dieses keine Gelder aufnehmen will; indessen scheint man in der Bedeutung beider Ausdrücke keinen besondern Unterschied zu machen und den einen für den andern zu gebrauchen, oft sogar Bodmerei und

Respondentia zu verwechseln, obwohl mit Unrecht, indem der Schiffscapitain nach den Gesetzen nicht befugt ist, einen Bodmerei-Contract auf die Ladung allein einzugehen, vielmehr erst Schiff und Fracht eingesetzt haben muß.

Rest, 1) das, was von einem Größern oder Ganzen nach Fortnahme einzelner Bestandtheile übrig bleibt; daher 2) gleich Ueberbleibsel, Ueberrest; 3) Rückstand; 4) Ueberschuß; 5) das Letztvorhandene, je nachdem es von Geld oder Waaren gebraucht wird. Der Ausdruck kommt am häufigsten im Schnittwaarenhandel vor.

Restanten, 1) eigentlich solche Schuldner, die erst einen Theil ihrer Schuld abgetragen haben, mit einem andern Theile aber noch im Rückstande sind; 2) alle sich beim Rechnungsabschluß ergebenden Schuldner; 3) oft gleich Debitorne überhaupt.

Restituiren, (latein.) 1) eigentlich wiederherstellen; daher 2) ersetzen, erstatten, jedoch in beider Hinsicht nur von Erstattung der Sachen gebraucht, wodurch es sich von remboursiren unterscheidet, welches vorzugsweise von der Erstattung von Geldern gebräuchlich ist; 3) die frühern Verhältnisse wieder eintreten lassen, die frühern Umstände zurückführen. In dieser Beziehung wird es in der Gerichtssprache gebraucht; 4) von Personen auch gleich recipiren.

Restitution, 1) die Wiederherstellung; 2) Wiedererstattung; daher 3) Ersatz; 4) gleich Rehabilitation; 5) restitutio in integrum, im Gerichtsverfahren bei Contumacial-Erkenntnissen die Wiedereinsetzung des Verurtheilten in die ihm vor Abfassung des Erkenntnisses zustehenden Gerechtsame. Sie kann nur auf Grund bescheinigter Unmöglichkeit, den versäumten Termin abhalten zu können, ertheilt worden.

Retardat, gleich Verzug, Aufenthalt, Zurückhaltung.

Retardats-Zinsen, gleich Verzugszinsen.

Retour, (franz.) zurück.

Retourbrief, ein Brief, welcher an den Adressaten nicht abgegeben werden konnte, oder von ihm nicht angenommen wurde und deshalb an den Aussteller zurück geht.

Retouren, 1) gleich Retourfracht, Rückfracht; 2) gleich Gegenrimessen, Gegenwechsel; daher 3) gleich Deckung.

Retourfracht, gleich Zurückladung, Rückfracht.

Retourniren, 1) zurückschicken, zurücksenden; 2) von Personen zurückkehren; 3) mit Protest zurückschicken.

Retourrechnung, nennt man die Rechnung, welche der

Inhaber eines protestirten Wechsels aufstellt, um von seinem Cedenten oder einem der Giranten die Wiedererstattung der Wechselsumme und der gehabten Unkosten zu erlangen. In ihr kommt nicht bloß die Valuta und die Protestkosten, sondern auch das Porto für die Hin- und Zurücksendung, und eine auf Usance beruhende Provision, so wie die durch den Verkauf des Rückwechsels am Platze entstandenen Mäklergebühren in Ansatz. Eben so können Verzugszinsen vom Verfalltage an berechnet werden und der Vormann muß auch die Differenz vergüten, wenn am Verfalltage der Cours des Wechsels am Wohnorte des Inhabers gestiegen ist.

Retourschiffe, (franz. vaisseau de retour) heißen die von weiten Reisen zurückkehrenden Schiffe.

Retourspesen, heißen die durch den Wechselprotest bei nicht honorirten Wechseln aufgelaufenen Unkosten, welche in der Retourrechnung angesetzt werden.

Retour-Waaren, 1) Waaren, die vom Adressaten oder Commissionair an den Versender zurückgeschickt werden; 2) Güter, die für Andere an Zahlungsstatt zurückgeführt, oder 3) durch Einkauf an dem Bestimmungsorte der Hinfracht für den Versender erworben und ihm, gleichviel ob durch dieselbe Gelegenheit oder nicht, übermacht werden.

Retour-Wechsel, gleich Rückwechsel.

Rettgebühren, gleich Rettungsgebühren; also Bergelohn; doch wird es nicht nur, wie dieses, vorzugsweise von den Waaren, sondern auch von Schiffsrettung gebraucht.

Reukauf, auch **Reugeld, Wandelpön,** 1) Entschädigungssumme, welche man zahlt, um ein geschlossenes Geschäft wieder rückgängig zu machen; also 2) Abstandsgeld; 3) Conventionalstrafe.

Revaliren, selten, aber gleichbedeutend mit Regreß ergreifen.

Revers, 1) Gegenschein, Gegenbescheinigung; 2) Gegenverschreibung; 3) überhaupt die Uebernahme einer Gegenverpflichtung; mitunter auch 4) gleich Schein, Bescheinigung; 5) Empfangschein, Recepisse; 6) auf Münzen die Rück- oder Kehrseite; 7) eben so auch bei Wechseln die Seite, welche die Indossamente enthält.

Revidiren, 1) untersuchen überhaupt; daher 2) gleich visitiren; besonders 3) von Rechnungen und Büchern deren Richtigkeit untersuchen; also 4) durchsehen; 5) nachsehen.

Revision (latein.), 1) Durchsicht; 2) Nachsuchung; 3) Untersuchung; 4) Durchsuchung, Visitation.

Rhede (franz. rade; italien. rada; engl. road) nennt man den in einiger Entfernung von der Küste liegenden, zum Ankern der Schiffe bestimmten Platz im Meere, welcher vor Stürmen gesichert ist und guten Ankergrund hat. Auf die Rhede legen, heißt von Schiffen, sie aus dem Hafen führen, um mit günstigem Winde, den man abwarten will, abzusegeln. Eine beschlossene Rhede ist die, welche unter den Kanonen einer Festung liegt.

Rheder (engl. owners of ships) gleich Schiffseigenthümer, Schiffseigener, Schiffsherr, jedoch nur bei Eigenthümern von Seeschiffen gebraucht.

Ricambio auch *Rivalso* (italien.), gleich Rückwechsel.

Ricambio-Rechnung, gleich Retour-Rechnung.

Rimesse, auch *Remesse* (franz. remise; engl. remittance), 1) Benennung jeder Zahlung, die in Baar oder in Wechseln übermacht wird; 2) jeder zu irgend einem andern Zwecke eingesendete Betrag; besonders 3) der an Zahlungsstatt oder zur Sicherheit der Deckung übermachte Wechselbetrag; also Gegenwechsel; 4) Deckung, Anschaffung überhaupt; 5) der zum Incasso eingesendete Wechsel; 6) auch wohl gleichbedeutend mit Rückwechsel. Oft pflegt man auch wohl Geld- und Wechsel-Rimesse zu unterscheiden.

Rimesseralla (italien.), veraltet für Appoint von geringerem Betrage.

Risico (italien.; franz. risque, engl. risk), 1) überhaupt jede Gefahr, welche bei Unternehmung einer Sache möglicherweise eintreten kann; daher 2) Wagniß; 3) Schaden, Verlust.

Riskiren, aufs Spiel setzen, wagen.

Ristorniren, auch Ritorniren und Storniren (ital.) 1) eine geschlossene Versicherung durch Uebereinkunft mit dem Versicherer und gegen eine in diesem Falle zu leistende Entschädigung wieder aufheben; 2) in der Buchführung fehlerhaft eingetragene Posten redressiren, zurückschreiben.

Ristorno (italien.) auch *Ritorno*, 1) die Aufhebung eines Versicherungs-Contracts; 2) die dafür an den Versicherer zu leistende Entschädigung, welche in der Regel $\frac{1}{2}\frac{0}{0}$ beträgt; 3) die Zurückschreibung eines fehlerhaft eingetragenen Postens durch Ausgleichung mit einem Gegenposten.

Ristrello (italien.) gleich conto corrent.

Ritratte }
Rivalso } (ital.), gleich Rückwechsel, Erholung.

Rivaliren, veraltet für sich erholen.

Rivalisiren, eigentlich wetteifern; daher 2) aber ungewöhnlich, von Geschäften und von Preisen gleich concurriren.

Rohe Bilanz heißt die monatliche Bilanz, im Gegensatze der jährlichen oder sogenannten Schlußbilanz.

Rohe Waaren, gleichbedeutend mit Naturalien, Naturproducte.

Roßtäuscher, veraltet für Roßhändler, Pferdehändler.

Rothe Zahlen, nennt man im Conto-corrent diejenigen Zinsproducte, welche von Posten berechnet sind, die erst nach dem Tage des Rechnungsabschlusses verfallen und deshalb sowohl im Soll als Haben durch rothe Zahlen ausgezeichnet und gegenseitig bilancirt werden.

Rouliren (franz. rouler), 1) gleich circuliren, cursiren; 2) mitunter auch gleich rentiren. Es wird nur von baarem Gelde gebraucht, wogegen circuliren und cursiren auch von Papieren.

Route (franz.), gleich Tour, Reiseroute, der Weg, welcher dem Handlungsreisenden von seinem Principal auf seinen Geschäftsreisen vorgeschrieben ist.

Rubriciren, 1) in die zustehende Rubrik eintragen; 2) in Rubriken ordnen, also abtheilen; 3) durch eine Aufschrift oder Ueberschrift kenntlich machen, bezeichnen; 4) ordnen.

Rubrik (latein.), 1) die Abtheilung überhaupt; daher 2) gleich Abschnitt in Büchern und Rechnungen; 3) gleich Colonne; 4) Ueberschrift, Aufschrift eines Gegenstandes.

Rückbürge nennt man den, der für die Zuverlässigkeit eines sich Verbürgenden gutsteht.

Rückfracht, gleich Retourfracht.

Rückrechnung, gleich Retourrechnung.

Rückwechsel, auch Ricambio, Retourwechsel, Ritratte, Risalvo genannt, heißt derjenige Wechsel, welcher bei protestirten Wechseln vom Inhaber auf den Vordermann als Regreß gezogen wird. Er lautet auf die unter Retourrechnung angegebene Summe und wird zu dem Cours berechnet, zu welchem jetzt Wechsel auf den Wohnplatz des Bezogenen am Wohnplatze des Inhabers zu haben sind, wobei der Bezogene den höhern Cours tragen muß, während der niedrigere, nach den meisten Gesetzen, dem Trassanten zu Gute kommt, da er jedenfalls Rückzahlung des Werths verlangen kann, den er selbst beim Kaufe gegeben hat.

Rückzoll (engl. draw-back) heißt 1) die Vergütigung eines Theiles der auf Waaren und Fabrikate vom Staate gelegten Zölle, bei der Ausführung derselben nach fremden Ländern. In dieser Hinsicht findet er bei solchen Waaren statt, die im Lande producirt, aber höher besteuert werden, als im Auslande, um ihnen dadurch den Absatz nach auswärts möglich zu machen; er bildet also eine Art Ausfuhrprämie; 2) die Wiedererstattung der bei der Einfuhr fremder Waaren entrichteten Zölle, wenn dieselben nicht im Lande bleiben, sondern ganz oder theilweise wieder ins Ausland zurückgeführt werden.

Rummelkauf, gleichbedeutend mit Kauf in Bausch und Bogen.

S.

S., als Abkürzung: Seite; St. Stück, Sterling; Sgr. Silbergroschen; Sch. Schilling.

Sachverständiger, 1) eigentlich derjenige, welcher von einem Gegenstande gründliche Kenntnisse besitzt, um vorkommende Fälle richtig beurtheilen zu können; mitunter auch 2) in der Bedeutung von Schiedsmann, Schiedsrichter und Obmann gebraucht.

Sacken, 1) in Säcke bringen; 2) von verpackten auf einander gehäuften Waaren sich senken, sinken, an Umfang verlieren.

Salair (franz.), Besoldung, Gehalt, vorzüglich das Gehalt des Contorpersonales.

Salariren, 1) den Gehalt einer Person bestimmen; 2) den Gehalt entrichten, auszahlen; 3) besolden.

Saldiren (franz. salder), 1) die Rechnung abschließen, schließen; 2) das Guthaben bestimmen; 3) Schuld und Gegenschuld berechnen; 4) mitunter auch gleich die Summe ziehen, summiren; 5) gleich balanciren.

Saldo (italien.), 1) eigentlich der Abschluß einer Rechnung; daher 2) der Unterschied zwischen Debet und Credit, der sich durch die Bilanz ergiebt; 3) der Rest; 4) die Ausgleichungssumme; 5) das Guthaben; 6) der Ueberschuß. Er wird, wenn er sich im Debet findrt, dem Credit zugerechnet und umgekehrt, worauf beide Summen gleich sein müssen.

Saldo vortragen, den Ueberschuß eines Conto ins Debet oder Credit anf das neue oder auf einer andern Seite befindliche Conto eintragen; transportiren.

Salvo errore et omissione (latein.; franz. sauf erreur et omission, engl. errors excepted) abgekürzt s. e. e. o.; gleich Irrthum vorbehalten, was man jetzt gewöhnlicher gebraucht.

Schatzkammerscheine, in England eine Art Staatspapiere, gleichsam schwebende Schuld, die von dem Parlamente ausgegeben werden, welches zur Deckung und Einlösung derselben einen bestimmten Theil der Staatseinkünfte einsetzt. Die Vorschüsse auf solche Scheine werden dem Staate von der Bank gemacht. Sie sind dem Cours nicht unterworfen.

Scheidemünze nennt man die in den verschiedenen Ländern geprägten Münzsorten von geringerem Werth, welche bestimmt sind zur Erleichterung des Verkehrs im Kleinen zu dienen.

Schein, 1) eigentlich jede schriftliche Bestätigung einer Sache; daher 2) gleich Bescheinigung; 3) Empfangschein; 4) Handschein; 5) Revers; 6) Quittung.

Scheingeschäft, Scheinkauf, ist der Kauf, wo der Preis der Waare gar nicht, oder nur zu einem, zum Werthe verhältnißmäßig sehr geringen Theile bezahlt wird, also Preis und Werth zu einander im auffallenden, offenbaren Mißverhältnisse stehen. Zum Nachtheil der Gläubiger eingegangen ist er ungiltig, sonst aber wird er als Schenkung betrachtet.

Scheitern, von Schiffen durch Auflaufen auf Klippen und durch die Wuth der Elemente zerstört, zertrümmert werden; oft auch gleich stranden.

Schema (griech.), 1) Muster: 2) Formular.

Schiedsrichter, nennt man die, von zwei in Streitigkeiten begriffenen Parteien, zur Entscheidung derselben, selbst gewählte Person, deren Ausspruche man sich unterwirft. Dieses Verfahren dient zur Vermeidung der weitläuftigen gerichtlichen Förmlichkeiten, kommt in den Handelsverhältnissen häufig vor und wird bei Abschließung von Verträgen gewöhnlich ausdrücklich vorbedungen.

Schiff (franz. navire; engl. ship), 1) eigentlich jedes zum Wassertransport dienende Fahrzeug; jedoch 2) vorzugsweise Benennung der zum Seetransport bestimmten Fahrzeuge, Kauffahrer, zum Unterschiede von den zur Güterversendung auf Flüßen benutzten, welche Kähne (franz. bateau) heißen. Der Kaufmann macht gewöhnlich keinen Unterschied wegen der Lastigkeit des Schiffs und ihm dienen die Benennungen Brigg, Fregatte u. dgl. nur zur Bezeichnung des Baues. Der eigentliche Seemann jedoch versteht unter Schiff nur dreimastige Fahrzeuge; ihm sind nur diese Schiffe, und Fregatten, Schoner, Briggs u. dgl., streng genommen, von dem Begriffe ausgeschlossen.

Schiffbruch, gleichbedeutend mit Strandung.

Schiffer (franz. batelier; engl. shipper), 1) der Besitzer eines Flußschiffes; 2) mitunter auch der Führer desselben.

Schifffracht oder **Schiffsfracht**, 1) gleich Ladung eines Schiffes; 2) (franz. fret; engl. freight) der für die Verschiffung an den Schiffer zu entrichtende Betrag.

Schiffscapitain, Benennung des Führers eines Seeschiffes, gleichviel ob er Besitzer, Rheder, desselben ist oder nicht.

Schiffsclarirer (engl. custom-house brokers) eine Art Schiffsmakler, welche sich damit beschäftigen, die Zollabgaben für die Schiffe zu entrichten und den Clarirungsschein zu besorgen. Sie heißen auch Zollmäkler und finden sich in den Plätzen der Ostsee und in England.

Schiffsgeleite gleich Convoy.

Schiffsgeräthe, nennt man Alles, was zur Ausrüstung eines Schiffes, um es in segelfertigen Zustand zu setzen, an Segeln und Tauwerk gehört.

Schiffsmakler sind diejenigen Makler, deren ausschließliches Geschäft in dem Ein- und Verkauf von Schiffen, der Verschiffung von Ladungen, dem Abschluß der Frachtcontracte darüber und der Feststellung der Bedingungen mit dem Capitain wegen Salair und Auslagen besteht. Sie besorgen häufig auch zugleich die Assecuranzgeschäfte und führen an Seeplätzen auch den Namen Seemäkler.

Schiffsmannschaft, die zur Ausrüstung und Bedienung eines Schiffes erforderlichen Seeleute oder Matrosen.

Schiffspapiere nennt man sämmtliche, auf dem Schiffe, zur Legitimation der Nationalität, des Besitzers von Schiff und Ladung, der Reise u. dgl. erforderlichen Documente. Es gehören dazu der Schiffspaß, die Musterrolle, die Certepartie, der Gesundheitspaß, die Connossemente und das Schiffstagebuch u. a.

Schiffspaß gleich Seebrief.

Schiffspfund, nennt man ein Handelsgewicht, dessen man sich zur Verwiegung der Schiffsgüter bedient. Es wird gewöhnlich zu 20 Liespfund à 14, 15 oder 20 Pfd. gerechnet, ist also an den verschiedenen Handelsplätzen von verschiedener Schwere.

Schiffsportion ist die der Schiffsmannschaft während der Reise täglich zukommende Beköstigung.

Schiffswechsel gleich Bodmereibrief.

Schiffswerft gleich Werft.

Schlagschatz, 1) eigentlich der Werth, um welchen vom Staate eine Münze höher ausgegeben wird, als ihr innerer Gehalt beträgt, um dadurch die Kosten der Prägung zu decken; also 2) gleich Prägungsunkosten, Prägungskosten.

Schleichen, gleich schmuggeln.

Schleichhandel, gleich Schmuggelei.

Schleudern, von Waaren 1) sie unter dem laufenden Preise veräußern; 2) sie zu und unter dem Einkaufspreise absetzen; 3) überhaupt zu ungewöhnlich niedrigen Preisen verkaufen.

Schleuderer, wer bloß in der Absicht sich Geld zu machen, seine Waaren zu dem Preise verkauft, den er selbst dafür entrichtet hat, oder noch unter demselben.

Schließen, von Büchern und Rechnungen gleich abschließen; 2) von Geschäften sie eingehen; 3) sie zu Ende führen, beendigen; 4) sich ausgleichen.

Schluß, 1) Beendigung; 2) Abschluß; 3) Ende; 4) Abmachung; 5) Aufhörung. Es wird sowohl von Handlungen als von der Zeit gebraucht.

Schlußbilanz, nennt man, im Gegensatze der rohen Bilanz, diejenige, welche am Jahresschluß regelmäßig über alle in der Handlung vorgekommenen Geschäfte gezogen wird, und wonach sich der durch dieselben erzielte allgemeine Gewinn herausstellt.

Schlußzettel nennt man die von Mäklern über den Abschluß eines Geschäfts ausgefertigte schriftliche Erklärung. Wenn sie mit der Unterschrift der Parteien versehen sind, dienen sie auch als gerichtlicher Beweis für die Abschließung des Geschäfts.

Schmuggelei, auch **Schmuggelhandel**, Schleichhandel, nennt man 1) die heimliche Einbringung solcher Waaren, deren Einbringung durch die Landesgesetze verboten ist; 2) die heimliche Ausfuhr verbotener Waaren; 3) die Einbringung, Einschwärzung, mit Zollabgaben belegter Waaren, unter Umgehung der gesetzlichen Steuergefälle; 3) die Ausfuhr besteuerter Waaren, ohne Entrichtung des Steuerbetrages; 5) die Ein- und Ausfuhr von Waaren den gesetzlichen Bestimmungen zuwider und auf ungesetzlichen Wegen überhaupt; also 6) gleich Steuerumgehung, Defraudation.

Schmuggeln, 1) gleich verbotene Waaren ein- oder ausführen; 2) die Steuergefälle, Zollabgaben von ein- oder ausgeführten Waaren umgehen; 3) synonym mit contrebandiren, einschwärzen, paschen, partiren, schleichen; oft auch wohl mit defraudiren.

Schmuggelwaare, 1) eingeschlichene Waare, Contrebande; 2) verbotene Waare.

Schmuggler, 1) wer verbotene Waaren durch Andere ins Land einführen läßt; 2) derjenige, welcher dergleichen Waaren als Frachtführer einbringt; 3) wer, in der Absicht die Zölle zu umgehen, mit Zollabgaben belegte Waaren auf heimlichen oder verbotenen Wegen ins Land führt; daher 4) gleich Contrebandeur, Pascher, Schleicher.

Schnittwaaren, heißen diejenigen Waaren, welche nach der Elle verkauft und wobei einzelne Theile vom Ganzen durch einen Schnitt getrennt werden, wie Zeuge und Tuch; also Ausschnittwaaren; Ellenwaaren.

Schnittwaarenhandlung, 1) die Handlung, welche mit Ellenwaaren Geschäfte treibt; gewöhnlich schließt man Tuch davon aus und begreift nur Detailhandel darunter; 2) mitunter auch gleich Modewaarenhandlung.

Schützen, von Wechseln 1) gleich honoriren; 2) acceptiren; 3) sonst decken.

Schuldschein, 1) jede Urkunde, durch welche man sich zur Wiederzahlung eines als Darlehen erhaltenen Betrages verpflichtet. Derselbe muß den Darleiher, den Empfänger, das Empfangene, die Bedingungen, unter welchen es gegeben wurde, so wie die Frist der Zurückzahlung und die Bestimmung, ob mit oder ohne Zinsen enthalten; 2) gleich Obligation, Staatsschuldschein.

Schwimmende Güter, 1) eigentlich solche Waaren, welche vom Versender bereits abgesendet, aber noch nicht an den Empfänger gekommen sind, sondern noch durch Schiffsgelegenheit erwartet werden; 2) überhaupt noch unterweges seiende, noch nicht angelangte Güter.

Schwindelgeschäfte, 1) gleich Scheingeschäfte; 2) Unternehmungen, bei denen der Hoffnung auf Gewinn nicht wohl berechnete Umstände zum Grunde liegen, sondern der Erfolg dem bloßen Spiel des Zufalls überlassen ist; also 3) gewagte, riskirte oder hazardirte Unternehmungen überhaupt.

Scontiren und ***Sconto***, gleich discontiren und Disconto.

Scontriren, auch **riscontriren**, 1) durch gegenseitige Abmachung und Ausgleichung Schuld und Gegenschuld tilgen; daher wenn dieses unter Zweien geschieht, 2) gleich compensiren; 3) delegiren.

Scontro oder ***Riscontro*** (italien.), 1) eigentlich Gegeneinanderhaltung, Vergleichung; daher 2) Ausgleichung; 3) gegenseitige Abrechnung; 4) Compensation; 5) Delegation. Von beiden letzten Ausdrücken unterscheidet sich das Scontro dadurch, daß es nicht wie die Compensation auf zwei Betheiligte beschränkt ist und daß es nicht, wie die Delegation, in der Regel eine gänzliche Ueberweisung der betreffenden Summen bedingt, sondern daß es, wie die Compensation, nur auf eine sich gegenseitig ausgleichende Quote derselben geht. Ein Scontro ist das in England und an verschiedenen größern Handelsplätzen unter dem Namen A u s g l e i c h u n g, A b r e c h n u n g (clearing) bei Wechselgeschäften unter den Bankiers übliche Verfahren, wonach sie täglich zur bestimmten Zeit die Tratten, welche sie gegenseitig auf einander besitzen, von einander abrechnen und nur die Differenz derselben in Baar bezahlen, wodurch nicht nur die Zahlung selbst sehr erleichtert, sondern auch eine mindere Baarzahlung nöthig wird. Eben so findet die Ausgleichung bei Meßzahlungen statt. Insofern für die Scontrirung eine bestimmte Zeit festgestellt ist, hat der Ausdruck auch 6) die Bedeutung Scontrotage, Scontrozeit; ferner 7) gleich Scontrobuch, das über die durch Scontro abgemachten Geschäfte geführte Buch, welches je nach seiner Bestimmung verschiedene Nebenbezeichnungen, wie Meßscontro u. dgl. hat.

Scripturen (latein.), 1) Schriften, Schreibereien überhaupt; daher 2) Bezeichnung von allen einzelnen in der

Handlung üblichen Schreibereien, es mögen Facturen, Frachtbriefe u. dgl. sein.

Scripturiren, ungewöhnlich für eintragen, buchen.

Secunda-Wechsel s. Wechsel und Primawechsel.

Seebrief, Seepaß (engl. sea-brief, sea-letter) ist der vom Staate dem Schiffscapitain ertheilte Erlaubnißschein zur unternommenen Reise und enthält außer dem Namen und Wohnort des Schiffsführers und der Rheder die Beschreibung, den Tonnengehalt, die Bestimmung des Schiffs, die Beschaffenheit der Ladung und andere nach dem Platzgebrauche erforderliche Angaben. Dieser Paß ist für die Sicherheit des Schiffes durchaus nothwendig.

Securität (latein.) 1) Sicherheit; 2) Deckung; 3) Bürgschaft; 4) Pfand.

Seefund, gleichbedeutend mit Strandgut.

Seehaltend (engl. seaworthy) nennt man den Zustand eines Schiffes, welches in jeder Hinsicht fähig ist, die Gefahren einer Seereise auszuhalten, weshalb in allen Contracten, die über eine Reise geschlossen werden, ausdrücklich bestimmt ist, daß das Schiff in diesem Zustande (en bon état pour prendre charge) sich befinde, also nicht allein dicht von Boden, fest und stark, sondern auch mit allen Geräthen gut versehen (tight, staunch, and strong and every way fitted for the voyage) und gehörig bemannt sei. Selbst wenn alle diese Bedingungen erfüllt sind, so wird ein Schiff, welchem die gehörigen Schiffspapiere fehlen, nicht als seehaltend betrachtet. Der Ausdruck segelfertig, welcher bei Flußschiffen gebraucht wird, hat dieselbe Bedeutung.

Seeleute, gleichbedeutend mit Matrosen.

Seemäkler (franz. courtier maritime) gleich Schiffsmäkler.

Seeräuber s. Corsar und Pirat.

Seerecht (franz. us et coutumes de la mer; engl. maritime law) nennt man den Inbegriff aller Gesetze, welche sich auf Häfen, Schiffahrt, Seeleute und Rheder beziehen.

Seeschaden, Seegefahr (engl. dangers of the sea), ist 1) jeder Unfall zur See, welcher den ganzen oder theilweisen Verlust der Ladung oder Beschädigung des Schiffes oder der Waaren zur Folge hat; 2) der durch dergleichen Unfälle entstandene Schaden selbst; also 3) gleichbedeutend mit Havarie.

Seewurf, gleichbedeutend mit Nothwurf.

Segelfertig s. seehaltend.

Segno (italien.) gleich Signatur.

Seinbrief, gleichbedeutend mit Admiralitäts-Police.

Senior (latein.) der Aeltere.

Sensal (italien.) gleich Mäkler, Courtier, besonders aber Benennung der Wechselmäkler.

Sensarie, Mäklergebühr, Courtage.

Sensation (latein.), 1) das Aufsehen, das ein Ereigniß macht; 2) der Eindruck, den es hervorbringt.

Separation (latein.), 1) Trennung, Absonderung überhaupt; besonders die Trennung einer bisher in Gemeinschaft (Compagnie) betriebenen Handlung; daher 3) gleich Auflösung der Firma.

Separatrechnung, 1) das über besondere, mit dem Hauptgeschäfte nicht in Verbindung stehende Geschäfte geführte Neben-Conto; 2) jede einer Gesammtfactur über die einzelnen Posten derselben beigefügte Rechnung derer, welche die betreffenden Waaren geliefert haben; 3) überhaupt jede in einer Rechnung angedeutete specificirte Beilage.

Separiren (latein.), 1) absondern, trennen; 2) auflösen, aufheben; 3) (sich) ausscheiden, austreten; 4) sich ausgleichen.

Sequester, 1) gleich Sequestration; 2) gleich Arrest; 3) gleich Administration.

Sequestration (latein.), 1) die gerichtliche Beschlagnahme eines Gegenstandes in Streitigkeiten über das Recht des Besitzes, bis zur Entscheidung der Sache; 2) die darüber angeordnete Verwaltung, also gleich Administration. Streng genommen sind zwar beide Begriffe von einander unterschieden; sie werden jedoch gewöhnlich mit einander verwechselt.

Sequestriren, 1) mit gerichtlichem Beschlag belegen; 2) administriren.

Serviren, 1) ungewöhnlich für conditioniren; 2) mitunter gleich reserviren, zurücklegen, aufbewahren.

Setzschiffer, derjenige Schiffer, welcher nicht sein eigenes, sondern ein fremdes Fahrzeug führt.

Sicherheit, 1) gleich Deckung; 2) Bürgschaft; 3) Pfand.

Sicherheitsprotest ist der Protest, welcher bei noch

nicht fälligen Wechseln dann erhoben wird, wenn der Inhaber erfährt, daß der Acceptant oder der Aussteller eines girirten eigenen Wechsels fallirt, oder ein Falliment bevorstehe. Auch bei nicht acceptirten Wechseln muß in diesem Falle, nach den Gesetzen mehrerer Länder, der Protest erhoben werden, welcher dann die Wirkung hat, von den Vordermännern Sicherheit auf Verfall fordern zu können.

Sichern, gleich Sicherung gewähren, decken.

Sicht franz. vue, italien. vista, engl. sight), 1) ist der Moment, in welchem man eines Gegenstandes ansichtig wird, ihn vor Augen hat; daher 2) gleich Vorzeigung, Präsentation; 3) Ansicht, Anblick. Bei Wechseln namentlich zeigt es an, daß sie in dem Moment bezahlt werden sollen, wo sie dem Bezogenen vorgewiesen werden, sobald sie nemlich die ausdrückliche Bemerkung bei oder auf Sicht a vista, à vue, at sight) enthalten. Lauten sie nach Sicht, so kann man in der Regel annehmen, daß Zahlung erst am folgenden Tage geleistet zu werden braucht, wenn nicht die Zahl der Tage, welche nach Sicht bis zur Zahlung noch verfließen können, besonders bestimmt ist. Sie bedürfen keiner Acceptation und es muß im Falle der Nichtzahlung sofort protestirt werden. Man unterscheidet kurze und lange Sicht, je nach der Zwischenzeit zwischen der Präsentation und der Zahlung.

Sichtwechsel, Benennung aller auf oder nach Sicht lautenden Wechselbriefe.

Signatur (latein.), 1) eigentlich dasjenige Zeichen, wodurch jede Handlung die von ihr ausgehende Correspondenz und die von ihr versendeten Waaren kenntlich macht, um sie von den aus andern Handlungen bezogenen zu unterscheiden; daher 2) Handlungszeichen, Handlungsmerkmal, Erkennungszeichen, Marke bei Waaren; 3) gleich Handlungsunterschrift, Firma bei Papieren und Briefen. Indessen ist der Ausdruck Signatur hauptsächlich bei Waaren gebraucht und bedeutet das von der Handlung selbst gewählte Zeichen, welches, nebst der Nummer der Colli, auf dieselben aufgetragen wird und die Stelle der Firma vertritt.

Signiren, 1) von Waaren, sie mit der Signatur versehen, bezeichnen, 2) von Briefen, sie mit der Firma der Handlung unterzeichnen; daher 3) gleich unterschreiben; 4) überhaupt etwas durch ein Zeichen bemerklich machen; 5) mitunter gleich markiren.

Simuliren, gleichbedeutend mit fingiren.

Socié, gleich Associé, Compagnon.

Societät, 1) gleich Association; 2) gleich Societätshandlung, das von mehrern unter gemeinschaftlicher Firma und gemeinschaftlichem Gewinn und Verlust begründete Handlungsetablissement selbst; 3) oft gleich Firma.

Solawechsel, 1) gleich eigener, trockener Wechsel, ein Wechsel, welchen der Aussteller selbst zu zahlen hat; 2) gleich alleiniges Exemplar einer Tratte.

Solidarisch, heißt die Verpflichtung, welche eintritt, wenn bei gemeinschaftlich unternommenen Geschäften Einer für Alle und Alle für Einen deren Vollziehung versprechen und dafür haften. Solche solidarische Haft tritt immer bei Verpflichtungen der Handelsfirma für die Inhaber der Handlung ein, sonst aber nur, wenn man dieselbe ausdrücklich übernommen hat.

Solidarität, die gemeinschaftliche Verpflichtung Mehrerer für die Erfüllung eingegangener Verbindlichkeiten der Art zu haften, daß die Leistung nach Belieben von jedem Einzelnen oder von Allen gefordert werden kann.

Solide (latein.), 1) eigentlich fest, festbegründet; besonders 2) von Handlungshäusern gebraucht, um anzudeuten, daß dieselben sich nicht nur durch Reellität allgemeines Zutrauen erworben haben, sondern auch, daß sie im Besitze der nöthigen Mittel sind, daß man mit ihnen ohne Bedenken in Geschäftsverbindung treten kann; daher 3) zuverlässig, rechtlich; 4) von Waaren fest, dicht, dauerhaft.

Solidität, der auf reelle Handlungsweise und auf hinreichenden Fonds begründete Zustand einer Handlung.

Soll s. *Debet.*

Solvent (latein.) zahlungsfähig.

Solvenz (latein.) die Zahlungsfähigkeit.

Sopra Tara (italien.) s. Uebertara.

Sortenzettel gleich Bordereau.

Sortiment (franz.) gleich Assortement.

Sortimentshandlung, im Buchhandel die Handlung, deren Geschäft ausschließlich im Debit fremder Verlagsartikel besteht.

Sortiren, gleich assortiren.

Sortirung, 1) die Handlung des Sortirens; 2) mitunter auch die Sorte selbst.

Special-Vollmacht, heißt diejenige, welche zur Wahrnehmung der Gerechtsame Anderer für einen, in derselben genau zu bestimmenden, Fall ertheilt wird. Nur soweit der Bevollmächtigte in den vorgeschriebenen Grenzen handelt, ist der Vollmachtertheiler für dessen Handlungen verantwortlich.

Speciell, 1) einzeln; 2) bestimmt; 3) genau.

Specification (latein.), 1) überhaupt jedes specielle Verzeichniß einzelner Gegenstände; daher 2) gleich Declaration.

Specificiren, einen Gegenstand in seinen einzelnen Bestandtheilen genau beschreiben; 3) oft gleich declariren.

Speculant, 1) jeder, der sich in weitläuftige, besonders aber 2) in gewagte Speculationen einläßt.

Speculation, 1) überhaupt das Berechnen der Handelsunternehmungen nach den verschiedenen Conjuncturen, die sich für die einzelnen Artikel herausstellen; daher 2) das Unternehmen eines Handelsgeschäftes in der Hoffnung, durch das künftige Steigen der Preise daraus Gewinn zu ziehen; 3) das so unternommene Geschäft selbst; 4) jeder Waarenankauf. Gewagte Speculationen sind solche, bei denen die Wahrscheinlichkeit des günstigen Erfolges zweifelhaft bleibt, oder vom Zufall, nicht von der Berechnung abhängt.

Speculiren, 1) Handelsentwürfe machen; 2) die aus Handelsunternehmungen hervorgehenden Vortheile berechnen; 3) Geschäfte auf Wahrscheinlichkeit des Gewinns abschließen; 4) Ankäufe machen überhaupt.

Spediren, 1) gleich abfertigen, expediren überhaupt; besonders aber 2) fremde, nicht eigene Waaren für Rechnung Anderer weiter befördern.

Spediteur (franz.), 1) derjenige, welcher eigene Waaren an Andere abschickt, also 2) gleich Versender; gewöhnlicher aber 3) derjenige Kaufmann, welcher bei deshalb an ihn adressirten Waaren die Weiterbeförderung an den Empfänger besorgt; also 3) gleich Güterversender.

Spedition, 1) gleich Expedition; 2) besonders von Waaren gleich Versendung, Verschickung; 3) Weiterbeförderung; 4) die dafür von dem Spediteur berechneten Gebühren; also gleich Speditionskosten.

Speditionsbuch, bei Speditionshandlungen das über die Spedition von fremden Waaren geführte Buch.

Speditionsconto, im Hauptbuche die über die Spedition aufgethane Rechnung.

Speditionsgut, 1) die zur Weiterbeförderung auf dem

Lager befindlichen Güter; 2) besonders aber die zu gleichem Zwecke von andern Häusern und von auswärts übersendeten Waaren.

Speditionshandlung, das Handlungshaus, welches sich ausschließlich oder vorzugsweise mit der Spedition von Gütern beschäftigt oder Transithandel betreibt.

Speicher, 1) gleich Niederlage, jedoch in dieser Bedeutung nur in den Handelsplätzen an der Ostsee gewöhnlich und anderwärts 2) nur mitunter noch als Kornboden (engl. corn loft) vorkommend.

Spesen (engl. charges; franz. fraix), 1) eigentlich im Speditionsgeschäfte die Unkosten, Auslagen und Gebühren, welche der Spediteur für seine Bemühung dem Empfänger der Waaren zu berechnen hat; sie werden in der Regel sogleich vom Frachtführer an den Absender berichtigt, diesem aber vom Empfänger vergütigt und finden sich auf dem Frachtbriefe oft auch unter der Rubrik Nachnahme aufgeführt; 2) Auslagen und Kosten überhaupt, ohne Rücksicht auf Speditionshandel. Daher gehören sowohl Maklergebühr, Provision, Delcredere, als Lagermiethe, Briefporto, Wagegeld, Fracht u. dgl. zu den Spesen, sie mögen aus einem Geschäfte herrühren, aus welchem sie wollen; 3) oft auch gleich Accidenzien, Nebenverdienste überhaupt.

Spesennota oder **Spesenrechnung**, die über die zu entrichtenden Spesen, im Speditionshandel besonders, im Commissionshandel aber mit der Ein- oder Verkaufsrechnung zugleich, aufgestellte Berechnung der Spesen.

Spezereien (engl. spices, franz. epiceries), 1) im Allgemeinen alle diejenigen vegetabilischen Producte, welche sich durch Geruch oder Geschmack besonders auszeichnen; daher 2) Gewürzwaaren überhaupt; oft auch 3) gleich Colonialwaaren.

Spezereihandlung, diejenige Handlung, die als Hauptgeschäft Verkehr mit Spezereien treibt.

Sporco (italien.), gleichbedeutend mit Brutto.

Sporteln, im Kaufmännischen selten in der Bedeutung von Spesen gebraucht.

Sportpreis, derjenige Preis einer Waare, welcher so niedrig ist, daß er mit dem reellen Werthe derselben nicht im Verhältniß steht, also gleich Schleuderpreis.

Sputen (sich), 1) gleich beschleunigen, beeilen; 2) überhaupt etwas schnell verrichten, oder 3) etwas Begonnenes schnell zu Ende führen.

Staatsactien, 1) eigentlich Gegensatz von solchen Actien, die nur zum Behufe von Privatunternehmungen zusammengebracht wurden, und bei denen der Staat selbst als Unternehmer eines Geschäfts auftritt; gewöhnlich aber 2) gleichbedeutend mit Staatspapiere, Staatsobligationen überhaupt.

Staatsactionair, jeder Inhaber von Staatspapieren, also gleichbedeutend mit Staatsgläubiger.

Staatspapiere, nennt man überhaupt die Schuldverschreibungen, welche der Staat, über die von ihm gemachten Anlehen, seinen Gläubigern ausstellt und welche in der Regel verzinset werden. Bei solchen Anlehen einigt sich der Staat mit einem oder mehrern Bankierhäusern über die Summe, die zu gewährende Sicherheit, den Zinsfuß u. dgl., stellt über den Betrag mehrere von einander unabhängige Partial-Obligationen aus, die in der Regel auf den Inhaber lauten, der durch den Besitz also Gläubiger des Staats wird, und überläßt diese Obligationen an die Darleiher zu einem, den Nennwerth oft weit zurücklassenden Preise. Diese bezahlen dem Staate den bedungenen Betrag, betrachten die Obligationen als Waare und suchen sie mit den möglichsten Vortheilen wieder an Andere unterzubringen. So kommen sie in den allgemeinen Verkehr und werden Gegenstand oft sehr ausgebreiteter Geschäfte, welche unter der Benennung Handel mit Staatspapieren bekannt sind und in verschiedenen Formen vorkommen.

Staatsschulden, auch **Nationalschulden** sind die von Seiten des Staates, bei besonderen Veranlassungen und zu bestimmten Zwecken, eröffneten Anleihen, über welche entweder Staatsschuldscheine ausgestellt werden oder wobei den Gläubigern für ihr Capital ein Conto im Staatsschuldenbuch eröffnet und dasselbe auf Renten reducirt wird. Dieselben werden entweder aus dem allgemeinen Einkommen des Staats nach und nach getilgt, oder aber es werden gewisse Einkünfte von Hause aus, sowohl zur Deckung des Capitals und der Zinsen, als zur allmäligen Abtragung Beider, angewiesen. Seltener werden gewisse Einkünfte völlig verpfändet und die Darlehen bloß als ein von den Gläubigern auf einige Zeit geleisteter Vorschuß betrachtet, in welchem Falle sie **anticipirte**, so wie im ersteren **fundirte** oder **consolidirte** genannt werden.

Staatsschuldscheine, auch Staatsobligationen, alle Staatspapiere überhaupt, unter welchem besonderen Namen sie immerhin vorkommen mögen. Der Ausdruck Staatsschuldscheine ist im bürgerlichen Leben, der Staatspapiere aber im kaufmännischen Verkehr gebräuchlicher.

Stand, 1) Ort oder Platz, auf welchem etwas steht; besonders 2) auf Märkten der Ort, an welchem die Verkäufer ihre Waaren zum Verkauf ausstehen haben; oft auch 3) gleich Zustand und 4) Vermögenszustand.

Standgeld, gleich Marktgeld, die für den Standplatz auf Märkten entrichtete Abgabe.

Stanti, (italien.) veraltet für sogleich, sofort, an demselben Tage.

Stapel, (engl. stack) 1) jede Unterlage oder jedes Gerüste, auf welchem ein anderer Gegenstand ruht; 2) das Gerüst oder die Unterlage, auf welcher Schiffe erbaut werden, also das Fundament, auf welchem der Kiel oder Boden des Schiffes ruht; 3) der Platz selbst, wo Schiffe gebaut oder ausgebessert werden, also gleichbedeutend mit Werft; 4) gleich Stapelplatz. Der Ausdruck vom Stapel lassen bedeutet, ein Schiff von seinen Unterlagen ablaufen und von dem Orte, wo es erbaut wurde, in das Meer gehen lassen.

Stapeln, (engl. pile up) 1) eigentlich auf den Stapel bringen; daher 2) gleich aufstapeln, aufhäufen; 3) anhäufen; 4) in die Niederlage bringen.

Stapelplatz, 1) (franz. entrepot, engl. staple-place) derjenige Handelsort oder Platz, welchem von Seiten des Staates die Begünstigung zu Theil geworden ist, daß alle daselbst ankommenden Waaren erst einige Zeit zum Verkaufe lagern können oder müssen, bevor sie weiter geführt werden. In dieser Bedeutung bilden die mit dieser Gerechtigkeit versehenen Freihäfen Stapelplätze für die Länder, zu denen sie gehören; häufiger versteht man 2) einen Handelsplatz (engl. empory) darunter, an welchem überhaupt Waaren aller Art in großer Menge, zum Verkehr damit, vorhanden oder niedergelegt sind, und von wo sie deshalb hauptsächlich bezogen werden.

Stapelrecht oder Stapelgerechtigkeit, ist 1) Benennung der Befugniß eines Ortes, besonders eines Hafenortes, zu verlangen, daß alle in ihm ankommenden Schiffe ihre Ladungen erst eine bestimmte Zeit dem Verkaufe aussetzen müssen, ehe sie weiter geführt werden; 2) die Vergünstigung für ankommende Schiffe, ihre Ladungen daselbst, unter besonderen Erleichterungen für die nothwendig werdende Versteuerung, in öffentlichen Niederlagen zum Verkauf lagern zu können; 3) die Befugniß einer Stadt, alle zu Schiffe bei ihr ankommenden Waaren nur auf ihren eigenen Schiffen weiter zu senden, im Falle sie nicht schon auf solchen herbeigeführt worden sind. Diese letzte Art der Stapelgerechtigkeit ist, weil sie den freien Verkehr in vieler Hinsicht störte und hemmte, in der neueren Zeit aufgehoben.

Stapelwaare, heißen 1) diejenigen Handelsartikel, welche zum Behufe des Verkaufs an Stapelplätzen niedergelegt sind, 2) überhaupt alle in größeren Massen vorhandenen, in den Niederlagen zurückgehaltenen, aber zum Verkauf bestimmten Waaren.

Statuiren, 1) erlauben, gestatten; 2) verstatten, gelten lassen.

Status, (latein.) 1) der Stand, Zustand, die Beschaffenheit einer Sache überhaupt; besonders 2) der Zustand einer Handlung, welcher sich durch die Bilanz ihres Besitzthums und ihrer Ausstände herausstellt. Der Ausdruck bezeichnet am häufigsten die bei eintretendem Fallimente dem Gerichte eingereichte Uebersicht des Vermögenszustandes einer Handlung, und kommt meist nur in der Gerichtssprache vor, indem der Kaufmann sich statt seiner der Bezeichnung Inventar oder Bilanz bedient.

Statuten, nennt man diejenigen Gesetze, welche einem Vereine oder einer Corporation zur ausschließlichen Regel für die Handlungsweise bei den in ihren Wirkungskreis gehörenden Geschäften und Verpflichtungen dienen.

Statutenrecht, ist der Inbegriff der Rechte, welche jedes Mitglied eines Vereines, zufolge der in den Statuten enthaltenen Bestimmungen erworben, so wie der Verpflichtungen, welche er durch Eingehung derselben übernommen hat.

Stauen, (engl. stow) bei Schiffladungen die Güter im Schiffsraume so ordnen, daß sie nicht nur fest und möglichst raumersparend liegen, sondern auch dem Verderben und der Zerstörung am Wenigsten ausgesetzt sind. Bei Landfracht und der Aufbewahrung in Niederlagen bedient man sich in diesem Falle des Ausdrucks B a n s e n.

Stauer, (engl. stower) Benennung der mit dem Ordnen der Fracht im Schiffsraume vorzugsweise beschäftigten Arbeiter.

Stauerlohn, die an den Stauer für seine Arbeit bezahlte Vergütigung an Gelde.

Stehender Preis, gleich feststehender, festbleibender, unveränderlicher, fixer Preis.

Steigen, vom Preise 1) in die Höhe gehen, erhöht werden; daher 2) gleich theurer werden.

Still, von Waaren 1) nicht begehrt, ohne Nachfrage, nicht gesucht; 2) nicht vorhanden, nicht am Markte oder Platze; vom Verkehr 3) unbedeutend, unbeträchtlich; 4) stokkend, unterbrochen.

Stiller Gesellschafter, nennt man 1) denjenigen Theilhaber an einer Handlung, dessen Namen in der Firma nicht genannt wird; 2) überhaupt jeden Compagnon, welcher nicht bei der Verwaltung des Geschäfts selbst betheiligt ist, sondern nur pro rata seines Einschlusses verhältnißmäßigen Antheil am Gewinn oder Verluste desselben hat; 3) oft gleich Associé en Commandite.

Stipulation, (latein.) 1) eigentlich die mündliche Vereinbarung über die Bedingungen, welche dem Abschlusse eines Geschäftes zum Grunde liegen sollen; daher 2) der auf gegenseitige mündliche Uebereinkunft abgeschlossene Contract selbst; 3) überhaupt jedes mündliche Uebereinkommen, Verabredung.

Stipuliren, 1) verabreden; 2) festsetzen; 3) übereinkommen; 4) einen mündlichen Vertrag schließen.

Stockbörse, (engl. stock-exchange) Benennung der Börse in London, insofern sie zum Verkehr mit Staatspapieren ausschließlich bestimmt ist.

Stocken, vom Verkehr 1) darniederliegen; 2) unterbrochen sein; 3) Gegensatz von lebhaft sein, also ziemlich gleichbedeutend mit lau, matt, flau sein; vom Geldverkehr, besonders 4) Gegensatz von circuliren, also nicht in Umlauf sein, in fester Hand sich befinden.

Stockmäkler, (engl. stock-broker) in England diejenigen Geldmäkler, deren man sich ausschließlich zur Vermittelung bei Negotiationen in Staatspapieren bedient.

Stocks, engl.) 1) in England Benennung der Staatspapiere überhaupt; 2) vorzugsweise Benennung einer besonderen Gattung derselben.

Storno, s. Ristorno.

Strand, (engl. strand, franz. plage, bord, italien. costa, lido) heißt 1) das Meeresufer; 2) jede im Meere selbst sich vorfindende Untiefe oder Sandbank; 3) s. Bord.

Stranden, nennt man in der Schifffahrt das Auflaufen eines Schiffes auf eine Sandbank, Felsen, das Ufer oder den Strand. Indessen ist im rechtlichen Sinne nicht jedes derartige Auflaufen als Strandung (s. d.) zu betrachten.

Strandgut, (engl. strandened goods) heißen 1) die von gestrandeten Schiffen ans Land getriebenen Güter; 2) oft auch die aus geborgenen Schiffen geretteten, mitunter auch 3) die durch die Seereise und Seeunfälle beschädigten Güter (domadged goods) überhaupt; 4) gleich Wrack und Seefund.

Strandung, 1) die Handlung, vermittelst welcher ein Schiff auf den Strand geleitet wird; 2) gleich Stranden, das Auflaufen, Auftreiben des Schiffes selbst auf den Strand. Im rechtlichen Sinne ist nicht jede Berührung des Schiffes mit einem in der See befindlichen festen Körper oder jedes Auflaufen desselben auf Sandbänke oder ans Ufer unter Strandung zu verstehen, sobald das Schiff ohne langen Aufenthalt, also ohne besonderen Schaden genommen zu haben, die Reise fortsetzen kann. Nur wenn es durch die Macht der Elemente auf den Grund läuft und stehen bleibt oder festsitzt, ist das Schiff eigentlich gestrandet und das bloße Leckwerden, etwa durch Hinfahren über einen Anker, nicht darunter begriffen. Der Ausdruck wird übrigens oft gleichbedeutend mit Scheiterung genommen. Das vorsätzliche oder absichtliche Führen auf den Strand wird nach den Gesetzen manches Landes mit dem Tode bestraft.

Strandrecht, auch **Grundrecht,** 1) das vormals den Anwohnern des Strandes zugestandene Recht, alle vom Meer ans Land geworfene Güter, Strandgüter, der gescheiterten Schiffe, so wie die Schiffstrümmer als herrenloses Gut an sich zu halten. Dieselben fielen theils den Gemeinden, theils dem Landesherrn zu und es gab Zeiten, wo man zum Himmel um Segnung des Strandes in dieser Hinsicht flehte. Dieses wirklich barbarische Recht, welches sich oft auch auf die aus dem Schiffbruch geretteten Personen ausdehnte, ist jetzt bei allen civilisirten Völkern abgeschafft und jeder verpflichtet, gegen Bergelohn (s. d.) gestrandete Güter zu retten; 2) die über jene Befugniß vorhandenen Gesetze.

Strandreiter, 1) Benennung der obrigkeitlich angestellten Personen, welchen die Bewachung des Strandes, um die Einschmuggelung verbotener Waaren zu verhüten, obliegt; 2) diejenigen, welche zu dem Zwecke den Strand von Zeit zu Zeit besuchen, um die an denselben ausgeworfenen Güter zu bergen und in Gefahr Hilfe zu bringen, also Strandwache. Beide Zwecke sind mitunter in einer Person vereinigt.

Strandrichter, s. Dispacheur.

Strandvogt, 1) der Aufsichtsbeamte der Strandreiter; oft 2) gleich Strandreiter. Er muß nach jedem Sturme seinen Bezirk inspiciren.

Strazza, s. Cladde.

Streichen, 1) gleich abstreichen; 2) ausstreichen; 3) von Forderungen erlassen, quittiren, abgemacht sein lassen; 4) in der Schifffahrt die Segel herablassen, niederlassen.

Stückgut, (franz. charge à cueillette, engl. piece-good) 1) bei ganzen Schiffsladungen die Frachtstücke insgesammt, welche der Schiffsführer von jedem Einzelnen der Befrachter übernommen hat; 2) überhaupt bei Gütern, jede Quantität, welche zusammen in ein Ganzes, gleichviel ob in Fässern, Kisten oder Ballen, verpackt ist; 3) im ostindischen Handel besonders die in Ballen kommenden seidenen Zeuge; also 4) überhaupt Güter, die nach der Stückanzahl übernommen werden; Collis.

Stürzen, 1) Stürzgüter ins Schiff laden; 2) Waaren aus einem Gefäße in ein anderes schütten, um dessen Tara zu verwiegen; daher 3) gleich ausschütten, ausleeren.

Stürzgut, im Gegensatze von Stückgut, solche Waaren, welche nicht verpackt, sondern bei der Versendung im Schiffsraume aufgeschüttet werden. Es gehören alle Getreidearten, Leinsamen und andere Früchte hierzu.

Subhastation, (latein.) gleichbedeutend mit Licitation, Auction, indessen in diesem Sinne nur von dem öffentlichen, nothwendigen oder freiwilligen, gerichtlichen Verkaufe von Grundstücken und Immobilien überhaupt an den Meistbietenden gebraucht.

Subhastiren, Immobilien zum öffentlichen, gerichtlichen Verkauf an den Bestbietenden stellen.

Submission, (latein.) das öffentliche Ausbieten von Arbeiten oder Lieferungen an den Mindestnehmenden, besonders wenn es von Behörden ausgeht.

Subscribent, (latein.) 1) jeder, welcher durch seine Unterschrift verspricht, an einem ins Werk zu richtenden oder bereits bestehenden Unternehmen einen gewissen Antheil zu nehmen; 2) mitunter gleich Abonnent.

Subscribiren, 1) unterschreiben, unterzeichnen überhaupt; 2) gleich zeichnen, sich durch Unterzeichnung verbindlich machen; 3) oft gleich abonniren.

Subscription, (latein.) 1) die Handlung, vermittelst welcher man sich durch Unterschrift verpflichtet; 2) oft die Unterschrift selbst.

Subsidien, 1) Hilfsgelder; 2) Hilfsmittel; 3) Hilfsquellen, Ressourcen. Es ist hauptsächlich Benennung derjenigen Gelder, welche ein Staat dem andern als Beitrag zur Führung eines Krieges leistet.

Subsistenz, (latein.) 1) Lebensunterhalt; daher 2) Erwerb; 3) gleich Subsistenzmittel, also Einnahme, Einkommen.

Substitut, (latein.) 1) Vertreter, Stellvertreter; 2) oft auch gleich Gehilfe.

Successiv, (latein.) 1) auf einander folgend; daher 2) nach und nach; 3) allmälig.

Summarisch, 1) dem Hauptinhalte nach, ohne besondere Rücksicht auf Nebenumstände; daher 2) kurzgefaßt; 3) abgekürzt, kurz. Ein derartiges gerichtliches Verfahren findet namentlich in allen nach Wechselrecht anzustellenden Prozessen statt.

Supercargo, 1) gleich Cargadeur; 2) besonders der Aufseher der Waaren, welche auf einem Kauffahrer verladen sind, namentlich im ostindischen Handel.

Supertara, s. Uebertara.

Supliciren, bei Behörden um Verstattung eines Rechtes, einer Befugniß oder Sache schriftlich einkommen.

Supporto-Rechnung, ist diejenige Zinsberechnung, welche oft besonders dem Conto corrent beigefügt ist.

Surrogat, nennt man die geringere Waare, welche zum Ersatze einer bessern verwendet wird, also Ersatzmittel.

T.

Ta als Abkürzung gleich Tara; T[ia] gleich Tertia; T[te] gleich Tratte; Tab. gleich Tabelle; Thlr. gleich Thaler.

Tabuletkrämer, veralteter Ausdruck füt Hausirer, besonders mit unächten Schmucksachen und andern derartigen Kleinigkeiten.

Takelwerk, auch Takelage und Tauwerk (franz. cordage, engl. rigging) ist der Inbegriff aller Arten von Tauen, verschieden sowohl an Länge als an Stärke, welche zur Ausrüstung eines Schiffes und zu dessen Leitung während der Fahrt erforderlich sind.

Tara, (italien., franz. u. engl. tare) 1) das Gewicht der Verpackung einer Waare, dieselbe bestehe in Fässern, Kisten oder gewöhnlicher Emballage; 2) der wegen desselben vom Gesammtgewicht, dem Bruttogewicht, der Waaren gemachte Abzug, um das Gewicht der Waare selbst, das Nettogewicht und deren Werth zu bestimmen; 3) oft gleich Tararechnung, die Berechnungsart, vermittelst welcher man die Tara einer Quantität Waaren nach gewissen gegebenen Verhältnissen bestimmt. Um bei der Verzollung die Weitläuftigkeit des allgemeinen Verwiegens der Verpackung zu ersparen, wird dieselbe entweder nach einer Durchschnittstara (s. d.) angesetzt, oder es bestehen gesetzliche Bestimmungen, wieviel Gewicht als Tara bei verschiedenen Waaren und verschiedener Verpackung vergütigt wird; wenigstens ist letzteres in den meisten Haupthandelsplätzen der Fall, doch in der Regel die in solchen Fällen von der Steuerbehörde verwilligte Tara geringer als die, welche die Usance des Handelsplatzes gestattet.

Tarif, 1) eigentlich jedes Verzeichniß der bestimmten öffentlichen Abgaben, welche in vorkommenden Fällen von den gleichfalls namentlich angeführten Gegenständen erhoben werden sollen; besonders 2) die verschiedenen Zollansätze für die zu versteuernden ausländischen Producte und Waaren, Zolltarif; 3) gleich Steueransätze für inländische Fabrikate; 4) überhaupt jede im Voraus festgestellte Bestimmung, besonders insofern sie Ausgaben betrifft, welche man nicht überschreiten will; 5) oft gleich Taxe.

Tariren, (engl. tare) 1) die Tara durch Verwiegung der Verpackung einer Waare festsetzen; 2) die Tara vom Bruttogewicht abziehen, also das Netto bestimmen; 3) die Tara berechnen überhaupt.

Tarirte Waaren, im Ausschnitthandel solche Waaren, welche Flecke oder sonstige Fehler haben, und daher eine Verminderung ihres Werthes erleiden.

Tauschhandel, s. Baratto.

Taxation, (latein.) 1) eigentlich Bestimmung des Werthes einer Sache durch Sachverständige und mit Rücksicht auf deren allgemeinere oder beschränktere Brauchbarkeit; daher 2) Abschätzung, Veranschlagung überhaupt, auch insofern diese schriftlich geschieht; mitunter 3) gleich Taxe.

Taxator, (latein.) diejenige Person, welche mit der Abschätzung einer Sache beauftragt ist. Bei Kaufmannsgütern ist es in der Regel das Geschäft der Mäkler; für sonstige Gegenstände verrichten es besondere dazu angestellte und vereidigte Personen.

Taxe, 1) der abgeschätzte Werth oder Preis eines Gegenstandes; 2) das Document, welches über die Festsetzung dieses Werthes oder Preises vorhanden ist; 3) mitunter gleich Tarif.

Taxfracht, nennt man die von der Behörde festgestellte Taxe, nach welcher entweder in streitigen Fällen die Frachtvergütigung entschieden wird, oder gegen deren Erlegung die Frachtführer verpflichtet sind, die Beförderung der Waaren zu übernehmen.

Taxiren, 1) den Werth einer Sache bestimmen; daher 2) abschätzen; 3) oft auch den Preis eines Gegenstandes ansetzen.

Termin, (latein.) 1) überhaupt die Zeit, zu welcher etwas gethan werden, oder bis zu welcher es geschehen sein soll; daher 2) gleich Frist, Zeitfrist; 3) Zeitpunkt, Zeit; 4) gleichbedeutend mit Ziel bei Zahlungen; mitunter 5) auch wohl gleich Bedingung gebraucht; besonders aber 6) der Tag, an welchem vorgeladene Parteien vor Behörden, namentlich vor Gericht, erscheinen sollen; der Gerichtstag.

Terminzahlung, heißt 1) die Zahlung einer Summe, welche binnen einer bestimmten Frist auf einmal erfolgen soll; also gleich Zielzahlung; 2) die Zahlung eines Betrages in mehrern Theilen und in bestimmten Fristen; also Abschlagszahlung.

Tertia, (latein.) auch Tertiawechsel, heißt das mitunter vorkommende dritte Exemplar eines Wechsels, welches unter denselben Umständen und zu denselben Zwecken, namentlich um dem etwaigen Verluste vorzubeugen, wie die Secunda ausgestellt wird. Vergl. übrigens Wechsel.

Thalfahrt, gleich Fahrt stromabwärts, entgegensetzt der Bergfahrt oder Fahrt gegen den Strom.

Thalschiffe, Benennung derjenigen Stromfahrzeuge, welche weil sie zu schwach gebaut sind, und dem Strome, bei der Fahrt stroman, nicht den gehörigen Widerstand entgegensetzen können, nur zur leichtern Fahrt stromabwärts verwendet und dann meistens auseinander geschlagen und als gewöhnliches Holz verkauft werden. Sie kommen hauptsächlich im polnischen und russischen Getreidehandel vor, und führen den Namen Prahme.

Tief, das, 1) gleich die Tiefe, der Grund; daher 2) gleich Fahrwasser; 3) an mehrern Orten die aus dem Flusse durch die Stadt führenden Gräben oder Canäle, welche namentlich zur Erleichterung der Verladungen und Löschungen bei den Niederlagen gezogen worden sind. In Hamburg und andern Städten heißen sie Flethe.

Tilgen, 1) von Schulden gleich vertilgen; daher 2) berichtigen, bezahlen; 3) überhaupt vernichten, amortiren.

Tirailliren, (franz.) ist Benennung des Verfahrens, welches man, um Geldverlegenheit möglichst zu verbergen, oder um sich Geld zu verschaffen, anwendet und das darin besteht, daß man gegenseitig langsichtige Wechsel trassirt und acceptirt. Der Ausdruck ist also gleichbedeutend mit Wechselreiterei, Acceptationsgeschäfte treiben.

Todte Capitalien oder Fonds, sind solche Gelder, welche längere Zeit hindurch oder immer, ohne irgend einen Nutzen zu gewähren, im Besitze einer Person verbleiben, gleichviel ob deren Nichtbenutzung für immer durch besondere Bestimmungen geboten ist, oder nur von der ermangelnden Gelegenheit sie fruchtbringend zu machen abhängt.

Todte Conten, 1) gleich berichtigte, abgemachte Conten; 2) s. Impersonal-Conti.

Todte Schuld, 1) abgemachte, berichtigte Forderung; 2) verjährte Schuld; 3) (engl. dead weight) in England eine Art Zeitrente, in Pensionen und Jahrgeldern bestehend, welche die Bank von England für den Staat zu zahlen übernommen hat.

***Tonnage*,** (franz.) 1) s. Tonnengehalt, Lastigkeit; 2) gleich Tonnengeld, eine Abgabe, welche von den Schiffen nach ihrem Tonnengehalte erhoben wird; 3) oft gleich Bankengeld.

Tonne, (franz. tonneau, engl. tun) 1) eigentlich jedes größere Faß; besonders aber 2) Gewichtsbenennung einer Last von 2000 Pfd., welche bei Bestimmung der Lastigkeit von Schiffen, vorzüglich Seeschiffen, in Anwendung kommt; sie wird oft auch Schiffstonne genannt; 3) als Bestimmung einer Geldsumme (Tonne Geldes) ein Betrag von 100 Mille der Einheiten der höchsten im Lande gangbaren Münzsorte. In letzterer Hinsicht ist daher die Summe nothwendig verschieden; denn wenn z. B. England 100,000

Pfund Sterlinge auf die Tonne Goldes rechnet, so rechnet Preußen eben so viel Thaler, und Baiern gleichviel Gulden darauf.

Tonnengehalt, gleichbedeutend mit **Lastigkeit.**

Tonnengeld, s. Tonnage.

Tontine, 1) eine Leibrentenanstalt, bei welcher zwar das eingezahlte Capital des Betheiligten nach dessen Tode der Gesellschaft anheim fällt, die bezogene Rente aber auf die überlebenden Mitinteressenten, pro rata ihres Einschusses übergeht; 2) die von der Anstalt ausgezahlte Rente selbst.

Tourniren, (franz.) 1) gleich retourniren, zurückkehren; 2) veraltet in der Bedeutung sich zu etwas wenden, zu etwas ausschlagen, etwas erzwecken.

Total, (franz.) 1) Gegensatz von partiell, also ganz, gänzlich; daher 2) vollständig, durchaus, durchweg; 3) gleich radical.

Tractat, nennt man 1) das Uebereinkommen des einen Staats mit dem andern über gewisse Verhältnisse, welche in dieser oder jener Beziehung für bestimmte Zeit zwischen beiden obwalten sollen. Je nach dem Gegenstande, den die Uebereinkunft betrifft, erhält dieselbe nähere Bezeichnung durch einen Beisatz, z. B. Handelstractat, Friedenstractat, Schifffahrtstractat; 2) oft auch gleich Vertrag, Uebereinkommen und 3) Unterhandlungen überhaupt; obwohl in dieser Hinsicht von Privatverhältnissen nur selten gebraucht; 4) dasjenige, was über diese Uebereinkunft schriftlich aufgenommen worden ist, die Vertragsurkunde.

Trächtigkeit, von Schiffen gleich Tonnengehalt, Lastigkeit, Raum.

Träge, vom Verkehr 1) ohne Kauflust; 2) gleich flau. Ein träger Markt ist solcher, an welchem zwar Vorräthe genug zum Verkauf ausgeboten werden, aber wegen eingetretener oder bevorstehender Crisis, oder wegen sonstiger Bedenken, keine, oder nur wenige Abnehmer zu gedrückten Preisen finden.

Träger, 1) der Arbeiter, welcher mit dem Vertragen, gewöhnlicher aber mit dem Verladen von Gütern beschäftigt ist; wird er ausschließlich von einem Handlungshause zu diesem Zwecke gehalten, so heißt er an mehrern Orten Eigenträger; 2) veraltet für Inhaber, Besitzer und in dieser Bedeutung nur noch in Zusammensetzungen, wie Procuraträger, gleich Procurist und Wechselträger, gleich Wechselinhaber mitunter vorkommend.

Transaction, (latein.) ungewöhnlich für Vergleich, Uebereinkunft, Ausgleichung.

Transgresso, (italien.) 1) die Ueberschreitung der Ordre von Seiten des Committenten oder des Limitum von Seiten des Commissionairs; 2) überhaupt jede weitere Ausdehnung eines Auftrages; 3) das überschrittene Quantum selbst, sei es an Maaß, Gewicht oder Geld.

Transigiren, 1) sich vergleichen; 2) eine Sache ausgleichen, besonders im Wege der Güte und des Uebereinkommens.

Transitiren, von Waaren 1) sie durch ein Land durchführen; 2) gleich durchpassiren, durchgeführt werden, durchgehen.

Transito, (italien.) auch Transit, 1) eigentlich der Durchgang, die Durchführung; 2) die Durchführung von Waaren durch ein Land, besonders solcher, welche, wenn sie in demselben bleiben würden, eine bestimmte Zollabgabe entrichten müßten, die bei der bloßen Durchfuhr nur in sehr vermindertem Maße erhoben wird.

Transitogüter, 1) solche Waaren, welche zwar aus dem Auslande bezogen worden sind, aber nicht im Inlande bleiben, sondern wieder an das Ausland abgesetzt werden; 2) mitunter gleich Speditionsgüter; 3) überhaupt Güter, welche bloß durch ein Land durchgeführt werden; durchgehende Waaren, Transitowaaren.

Transitohandel oder Transithandel, ist 1) der Handel, welcher mit aus dem Auslande bezogenen Waaren der Art betrieben wird, daß sie nicht im Inlande zum Verkauf kommen, sondern an ausländische Consumenten, gewöhnlich in der dem Eingange entgegengesetzten Richtung, verführt werden; also gleich Zwischenhandel, vermittelnder Handel; 2) mitunter auch wohl in der Bedeutung von Speditionshandel.

Transitozoll, ist die, bei der Durchführung von Waaren durch ein Land, von denselben erhobene Abgabe.

Transport, (latein.) 1) die Versendung, Fortschaffung, Beförderung der Waaren von einem Orte zum andern; 2) der Inbegriff der so versendeten oder empfangenen Waaren selbst, also gleich Partie, Menge, Masse von Waaren; 3) in der Buchhaltung die Uebertragung eines oder mehrerer Posten aus einem Handelsbuche in das andere; 4) die Uebertragung einer Gesammtsumme von einem Folium auf das andere und 5) von einem Conto auf das andere, also gleich Abschreibung.

Transportiren, 1) vom Befrachter, Waaren versenden; 2) vom Frachtführer, sie fortführen, verführen, überführen; 3) (franz. remuer) in der Buchhaltung eine Summe, einen Posten u. dgl. von einem Folium oder Conto auf das andere übertragen; daher 4) mitunter gleich vortragen.

Trassant oder Trassent, (engl. drawer) der Aussteller, Zieher eines Wechsels.

Trassat, (engl. drawn) derjenige, welcher einen auf ihn gezogenen Wechsel honoriren soll; der Bezogene, Honorat.

Trassiren, (franz. trasser, engl. draw) einen Wechsel auf Jemanden ausstellen, ziehen, oder abgehen.

Tratta (italien.) oder Tratte, (engl. draft oder draught) heißt jeder Wechsel, worin der Aussteller (Trassant) einem Dritten, nicht am Orte der Ausstellung wohnenden, (Trassaten) den Auftrag giebt, für ihn an den darin benannten Wechselnehmer (Remittenten) oder dessen Ordre eine bestimmte Summe zu einer gleichfalls festgesetzten Zeit, zu zahlen. Sie ist demnach der eigentliche Wechsel, unterscheidet sich aber der Form nach nur dadurch vom Sola- oder trockenen Wechsel, daß in diesem Aussteller und Zahlender in einer Person vereinigt sind, und daß dieser, wenn er nicht domicilirt ist, am Orte des Ausstellers zahlbar wird. Die Tratten zerfallen in solche für fremde und für eigene Rechnung. Im erstern Falle wird der, in dessen Auftrage oder für dessen Rechnung sie gezogen werden, der nach Wechselrecht eigentlich Verhaftete, sobald der Bezogene sich damit durch Accept zufrieden erklärt hat. Jedoch muß auf der Tratte dabei jedesmal angegeben sein, für wessen Rechnung der Wechsel honorirt werden soll, was mit den Worten „Werth auf Rechnun'g oder für Rechnung N. N.", geschieht, wobei jedoch nur die Anfangsbuchstaben des Namens oder der Firma angegeben werden, indem das Weitere und Ausführliche über das Verhältniß dem Avis vorbehalten bleibt. Vergl. Wechsel.

Trattarella, (italien.) selten, eine auf eine kleine, unbedeutende Summe lautende Tratte.

Tratten von der Hand, sind solche Tratten, welche der Verkäufer selbst an die Ordre des Käufers auf einen Dritten ausstellt, die also noch keine Giranten enthalten; daher gleichbedeutend mit gezogener und Handwechsel.

Treiben, in der Schifffahrt 1) wegen Windstille nicht fortkommen können, weil die Segel nicht zu verwenden sind, und man die Bewegung des Schiffes allein der Strömung überlassen muß; 2) bei Sturm oder in der Nacht ohne den Gebrauch der Segel schiffen; vom Preise einer Sache 3) ihn steigern, in die Höhe treiben.

Triage, (franz., engl. threash) 1) das Ausgesuchte; 2) Ausgestoßene, Schlechte einer Waare; daher 3) gleich Ausschuß, Brack. Der Ausdruck wird hauptsächlich vom Kaffee gebraucht.

Triple, (franz.) dreifach; tripliren, verdreifachen, dreifach machen.

Triplicat, (latein.) jedes dritte Exemplar einer Schrift, als Abschrift des Originals, jedoch mit Originalunterschrift.

Trockene Waare, heißen alle aus festen Körpern bestehenden Handelsartikel, im Gegensatze der Flüssigkeiten, oder nassen Waare.

Trockener Wechsel, gleichbedeutend mit eigener Wechsel, Solawechsel. Er ist eigentlich eine auf den Aussteller selbst lautende Schuldverschreibung in Wechselform und daher dem Wechselrechte in jeder Beziehung unterworfen. Alle Formen, welche für den Wechsel im Allgemeinen vorgeschrieben sind, gelten auch für ihn und er kann, wenn er auf Ordre lautet, gleich der Tratte anderweitig veräußert werden.

Trödel, 1) (engl. frippery) 1) alte, bereits gebrauchte Geräthe und Kleidungsstücke und sonstige Sachen allerlei Art; 2) schlechte, geringe, unbedeutende Sachen überhaupt; daher 3) oft gleich unnütze Kleinigkeiten, Tändelei, Tändelwaare; 4) der Ort, wo dieselbe zum Verkaufe aussteht; also 5) gleich Trödelmarkt, Trödelbude; 6) gleich Trödelhandel, der Verkauf derartiger Gegenstände selbst.

Trödler, (engl. tally-man) 1) derjenige, welcher mit Trödel, Trödelwaare, handelt. In England versteht man jedoch darunter einen Händler, welcher seinen Kunden gewisse, meist neue, aber auch alte Artikel, gegen Abschlagszahlungen überläßt; 2) mitunter auch wohl gleichbedeutend mit Hausirer gebraucht.

Troquiren, (franz. troquer) gleich barattiren.

Troy-Gewicht, dasjenige Gewicht in England, welches zum Verwiegen des Goldes, Silbers, der Edelsteine und als

Apothekergewicht dient, und welches von dem daselbst gangbaren Handelsgewichte, dem avoirdupois, verschieden ist.

Tücher, oft gleichbedeutend mit Wollenmanufactur-Waaren.

Tutel, (latein.) gleich Curatel, Vormundschaft.

U.

U. als Abkürzung gleich Uso; a. U. gleich à Uso; Us. gleich Usance.

Ueberbieten, 1) einen höheren Preis für eine Sache bieten, als von einem Andern geboten worden ist; daher 2) durch ein höheres Gebot den Preis steigern; oft auch 3) ein Nachgebot abgeben.

Ueberfällig, heißen Wechsel, deren Verfalltag schon verstrichen ist. Sie können nur dann noch honorirt werden, wenn am Zahlungsorte Respecttage verstattet sind, und sie vor Ablauf derselben zur Zahlung präsentirt werden.

Ueberfracht, heißt derjenige Theil der Fracht, welcher sich bei Ablieferung gewogener oder gemessener Güter über das im Frachtbriefe angegebene Quantum herausstellt; also gleich Mehrfracht, plus an Fracht, Ueberlast, Uebergewicht. Sie kommt am häufigsten bei solchen Waaren vor, wo laut Frachtbrief dem Frachtführer verstattet ist, Gewicht statt Maaß oder umgekehrt, bei untadelhafter Beschaffenheit der Waare zu liefern, und hat ihren Grund entweder in der Verschiedenheit des Gemäßes oder Gewichtes am Orte der Verladung und der Löschung oder in andern Ursachen, welche das Volumen der einen oder der andern vergrößern. Bei einwandfreier Lieferung wird dem Frachtführer die ausbedungene Fracht in der Regel auch dafür entrichtet.

Ueberladen, 1) eigentlich mehr laden, als die Tragbarkeit des Fahrzeuges verstattet; besonders 2) aus einem Fahrzeuge auf das andere verladen; daher 3) zuweilen gleichbedeutend mit lichten.

Ueberlassen, 1) gleich ablassen; 2) verkaufen.

Ueberliefern, 1) gleich übermachen; 2) übergeben, übereignen; doch setzt es in der Regel eine Uebergabe zu eigenen Händen voraus.

Ueberliegetage, (franz. demurage, engl. demurrage) nennt man die Zeit, welche der Schiffer zum Behufe der Verladung oder der Löschung länger wartet, als er zu warten laut Connoſſement verpflichtet iſt, und wofür er eine beſonders feſtgeſetzte oder durch die Uſance des Platzes beſtimmte Vergütigung erhält.

Uebermachen, 1) zuſenden, überſenden, zuſchicken; 2) gleich remittiren.

Uebernehmer, 1) bei Wechſeln gleich Remittent; 2) gleich Entrepreneur.

Ueberſchießen, 1) überrechnen, überzählen, flüchtig durchrechnen oder zählen. Es wird beſonders von Geldern gebraucht, die man, um ihren ungefähren Betrag, oder von Zahlungen, die man, um ihre Richtigkeit feſtzuſtellen, oberflächlich und in größern Würfen durchzählt.

Ueberſchuß, 1) gleich Saldo; 2) Nutzen, Gewinn.

Ueberſegeln, 1) ſchneller ſegeln als ein anderes Schiff; daher 2) an einem andern Schiffe vorbeiſegeln; 3) an demſelben im Vorbeiſegeln anrennen und es beſchädigen.

Uebertara, nennt man die, außer der gewöhnlichen, in vielen Fällen noch beſonders vergütete Tara; alſo ziemlich gleichbedeutend mit Gutgewicht.

Ueblich, im kaufmänniſchen Sprachgebrauch dasjenige, was der Uſance eines Ortes angemeſſen oder durch ſie feſtgeſtellt iſt. Der Ausdruck wird hauptſächlich von Zinſen gebraucht und zwar in der doppelten Bedeutung von kaufmänniſchen und landesüblichen Zinſen.

Ufergeld, eine Abgabe, welche von Schiffen für die Juſtandhaltung des Landungsplatzes am Ufer erhoben wird.

Ultimatum, (latein.) 1) die letzte Erklärung, Enderklärung; 2) der letzte Vorſchlag.

Ultimo, (latein.) wörtlich: am letzten, nemlich Monatstage.

Umgang, von Waaren und im Verkehr überhaupt gleich Abſatz, Umſatz.

Umgehend, mit nächſter Gelegenheit; beſonders von der Poſt diejenige, welche nach Empfang eines Schreibens zuerſt wieder von dem Orte des Verſenders am Platze des Empfängers eintrifft.

Umgeld, Benennung aller Ausgaben des Schiffers für die Fracht, außer den Zöllen.

Umſatz, 1) gleich Abſatz; 2) Verkauf; 3) Verwechſelung, Einwechſelung, Austauſchung.

Umſchlag, 1) gleichbedeutend mit Emballage; 2) an

einigen Orten, früher wenigstens, in der Bedeutung von Messe gebraucht.

Umschreiben, gleichbedeutend mit abschreiben.

Umschreibetage, (engl. transfer days) nennt man diejenige in der Woche regelmäßig angesetzten Tage an welchen allein die Abschreibung von Conten der Bankinteressenten und deren Uebertragung auf Andere stattfindet.

Umsetzen, 1) von Waaren absetzen, verkaufen; 2) vertauschen, austauschen; 3) von Geldern eine Münzsorte gegen die andere, Geld gegen Papier oder umgekehrt austauschen; daher 3) verwechseln, einwechseln.

Unbewegliche Güter, gleich Immobilien, Liegenschaften.

Uncurrente Waaren, Benennung solcher Waaren, welche für längere oder kürzere Zeit keine, oder verhältnißmäßig geringe Nachfrage haben; daher ungangbare Artikel.

Ungeschmeichelte Proben, nennt man die Proben, welche man nicht von der besten Sorte, oder bei größern Quantitäten, die bereits verpackt sind, aus den besten Collis ausgesucht hat, die daher so sind, daß man darauf rechnen kann, die Waare werde im Durchschnitt ihnen gleich sein.

Unkosten, (franz. depense, engl. expense) 1) alle diejenigen Ausgaben, welche der Kaufmann zur Erhaltung des Geschäfts nothwendig machen muß, und die nicht direct durch die Käufer der Waaren erstattet werden, sondern aus dem allgemeinen Ueberschusse des Geschäfts bestritten werden müssen; 2) oft gleich Spesen; 3) Ausgaben überhaupt.

Unkosten-Conto, im Hauptbuche diejenige Rechnung, welche über die in der Handlung gehabten Unkosten geführt wird, zu welchen Salair, Miethe, Porto, Arbeitslohn u. dgl. gehören.

Unsicher, von ausstehenden Forderungen gleich ungesichert, also solche, für die man keine Deckung, Sicherheit hat, in der Regel aber nur solche, deren Berichtigung zweifelhaft bleibt und von denen anzunehmen ist, daß sie nicht eingehen.

Unterbringen, 1) gleich placiren; 2) absetzen, verkaufen; 3) von Geld gleich anlegen; daher 4) auf Zinsen austhun; 5) Gewinn bringend machen.

Unterhändler, selten in der Bedeutung von Mäkler vorkommend.

Unterhandeln, 1) mit Jemanden über die Zustandebringung eines Geschäfts mündlich oder schriftlich sich besprechen; 2) oft gleich negociiren.

Unterpfand, s. Pfand.

Unterwasser, heißt dasjenige Wasser, welches mit der Flut in die Mündungen der Flüsse tritt und sie auf eine Strecke anschwellt, im Gegensatze des mit dem Flusse selbst kommenden, oder Oberwassers.

Untiefe, (engl. shallow) 1) die erhabene Stelle des Grundes in der See oder in Flüssen, über welche das Wasser noch wegspült; daher 2) gleich seichte Stelle; 3) Sandbank; 4) verborgener Felsen.

Urkunde, s. Document.

Ursprungsattest, (franz. certificat d'origine, engl. certificat of origin) nennt man das obrigkeitliche Zeugniß, welches bei Waarenversendungen ertheilt wird, damit sich der Führer ausweisen kann, daß die Waaren nicht in einem Lande erzeugt sind, aus welchem die Einfuhr derselben verboten ist, oder um ihnen die stipulirten ermäßigten Einfuhrabgaben zu sichern.

Usance, (franz., auch coutume, engl. usage, usual practice) eigentlich Gebrauch, Herkommen, Gewohnheit, sofern sich dieselben auf Hande und Handelsverhältnisse beziehen. Sie erstrecken sich auf fast alle Vorkommnisse im Verkehr, z. B. über die bestimmte Vergütigung der Tara, des Rabatts, der Bestimmung der Respecttage und Präsentation bei Wechseln u. dgl., und sind an den verschiedenen Handelsplätzen nicht übereinstimmend. Sie gelten nicht nur bei Abschließung von Geschäften als Norm und entscheiden in zweifelhaften Fällen, sondern haben auch großen Einfluß auf die für Handelsverhältnisse vorhandenen gesetzlichen Bestimmungen, denen sie, wo dieselben nicht ausreichen, ergänzend und, wo sie Zweifel übrig lassen, berichtigend zur Seite stehen. Sie gehören demnach gewissermaßen zu den nicht niedergeschriebenen Handelsgesetzen und Handelsrechten und üben namentlich Einfluß aufs Wechselrecht.

Uso, (italien., franz. usage, engl. usance) eigentlich dasselbe was Usance; indessen macht der Kaufmann den Unterschied zwischen beiden, daß er Uso nur auf die im Wechselverkehr übliche Gewohnheit der Handelsplätze in Betreff der Verfallzeit der Tratten bezieht, welche nicht früher eintreten darf, als es dieser gestattet. Derselbe ist eine Sicht, auf welche die Tratten auf die verschiedenen Handelsplätze gestellt werden, die sich zum Theil nach der Entfernung richtet, in welcher der Ort der Ausstellung von dem der Zahlung liegt. Man hat in dieser Hinsicht oft auch doppelt (duble usance) und halben Uso. In London ist z. B. der Uso für Wechsel aus Deutschland, Holland und Frankreich 1 Monat, aus Spanien, Portugal 2 Monat und aus Italien 3 Monate nach Dato, in Amsterdam für Wechsel aus Deutschland 1 bis 2 Monate, aus Spanien, Frankreich, England und Rußland 2 Monate, und aus Portugal und Italien 3 Monate nach Dato.

Uso-Wechsel, sind diejenige Wechsel, deren Verfallzeit nach dem bestehenden Uso des Platzes sich bestimmt, und die ausdrücklich auf diese Frist ausgestellt werden. Ist keine Frist angegeben, so wird angenommen, daß sie nach Uso gezahlt werden sollen.

Utensilien, nennt man die zum Betriebe eines Geschäfts nöthigen Geräthschaften; also gleichbedeutend mit Inventarium.

V.

Vacant, 1) erledigt; daher 2) ledig; 3) unbesetzt.

Valeur, (franz.) 1) der Gehalt und der Werth einer Münze oder einer andern Sache; 2) die Währung; 3) gleich Valuta.

Validiren, veraltet in der Bedeutung 1) als Werth gelten, als Valuta gelten; 2) genehmigen, billigen, gut heißen.

Valuta, (italien., franz. valeur, engl. value) 1) gleich Valeur, Währung; 2) überhaupt der Werth einer Sache; besonders 3) der für einen Wechsel bezahlte Werth in Baar oder in Waaren, welchen der Aussteller vom Remittenten, der Girant vom Giraten erhalten hat. Der Empfang dieses Werthes muß sowohl von Seiten des Trassanten als des Giranten, bei Solawechseln unbedingt, im Wechsel oder Giro bescheinigt werden, was indessen bei Tratten nicht nöthig ist, aber zur Vervollständigung der Form beibehalten wird und auch dazu dient, um künftigen Streitigkeiten möglichst vorzubeugen. Die Bescheinigung geschieht in der Regel durch die Worte: „Werth in Rechnung, Werth baar erhalten, Werth in mir selbst, den Werth in Waaren, Werth von N. N., Werth in Banco u. dgl. — Die Valuta zerfällt in feste, und veränderliche. Erstere ist der gleichbleibende Geld- oder Wechselpreis eines

Handelsortes, letztere aber der steigende und fallende Cours desselben.

Valvation, (latein.) im Münzwesen die Bestimmung des Gehalts und demnach des Werthes einer Münzsorte.

Valviren, von Münzen 1) ihren Feingehalt bestimmen; 2) ihren Werth festsetzen; 3) ihre Geltung im Verhältniß gegen andere Münzsorten ermitteln.

Varietät, 1) eigentlich Abwechselung; daher 2) Verschiedenheit; 3) Unterschied; 4) selten gleich Sorte, und 5) Qualität.

Variiren, (latein.) 1) abwechseln; daher 2) verändern; 3) von Waaren nicht gleiche Qualität haben, von einander verschieden sein; 4) vom Preise unbeständig, veränderlich sein, abwechselnd steigen und fallen.

Veraccisen, 1) die Accise für Waaren entrichten; oft auch 2) gleich versteuern.

Veraccordiren, gleich accordiren, in Accord geben.

Verarrestiren, mit Arrest belegen.

Verauctioniren, 1) in öffentlicher Auction verkaufen; 2) daselbst verkaufen lassen; 3) aufs Meistgebot verkaufen.

Verbotener Hafen, (italien. porto morto) Benennung desjenigen Hafens, in welchen Schiffe wegen der im Orte herrschenden epidemischen Krankheit nicht einlaufen dürfen.

Verbotene Waaren, s. Contrebande.

Verderbliche Waaren, alle Waaren, welche entweder durch den Einfluß der Witterung, oder auch ohne diesen schon im Verlaufe der Zeit ihre ursprüngliche Qualität verlieren, also schlechter, unbrauchbarer werden.

Verehren, ungebräuchlich für honoriren.

Verfall, 1) gleich Verfalltag, Verfallzeit, die Zeit, zu welcher ein Wechsel bezahlt oder protestirt werden muß. Vor Verfall kann die Zahlung nur unter Bedingungen (s. anticipiren) geleistet werden, und nach Verfall nur angenommen werden, wenn der Acceptant sich zum Ersatze der Protestkosten und sonstigen verursachten Ausgaben, so wie der Verzugszinsen, versteht, welche vom Verfalltage an berechnet werden. Ueberhaupt kann, bis zur Verjährung des Wechsels unter diesen Bedingungen, nicht nur Zahlung angenommen, sondern auch verlangt werden; 2) vom Geschäft gleich Abnahme, Herunterkommen, Sinken, Untergang.

Verfallen, von Wechseln 1) gleich fällig, zahlbar sein; 2) mitunter auch nicht mehr giltig sein, insofern nemlich die Verfallzeit bereits verstrichen ist; von Sachen 3) anheimfallen; daher 4) zugehören, angehören; 5) von Schiffen, den vorgesetzten Cours nicht halten können.

Verfallzeit, Verfalltag (engl. time of payment) ist der Tag, an welchem Wechsel vom Inhaber zur Zahlung präsentirt und, wenn keine Respecttage stattfinden, auch bezahlt, honorirt werden müssen. Die Verfallzeit ist im Wechsel ausdrücklich bestimmt, entweder nach Dato, nach Sicht, oder nach Uso; nur bei Wechseln a piacere hängt die Verfallzeit vom Willen des Inhabers ab, tritt dann aber ein, sobald derselbe einmal zur Zahlung präsentirt wird.

Verjährung (franz. praescription, engl. prescription), heißt ein Rechtszustand, welcher dadurch hervorgerufen wird, daß der Inhaber eines Rechtes von demselben binnen einer, durch die Gesetze festgestellten Frist, keinen Gebrauch gemacht hat. Er besteht in dem Verluste dieses Rechtes und kommt im Kaufmännischen vorzüglich insofern in Betracht, als er sich auf die Befugniß erstreckt, Ausstände einklagen oder Ansprüche geltend machen zu können, die jedoch, zum Vortheil des Schuldners oder des Inhabers der Sache, verloren geht, wenn die gerichtliche Geltendmachung nicht innerhalb der gehörigen Frist (der Verjährungsfrist) erfolgt. Diese Frist richtet sich nach der Beschaffenheit des Gegenstandes oder der Art und Größe der Forderung und ist dabei in verschiedenen Ländern höchst verschieden.

Verjähren, 1) eigentlich durch die Zeit seine Rechte, seine Ansprüche verlieren; mitunter 2) für veralten überhaupt.

Verklärung, 1) der schriftliche Bericht, welchen ein Schiffer über erlittenen Seeschaden einreichen muß, und welcher von ihm und der Schiffsmannschaft eidlich erhärtet wird; 2) die auf Grund dessen von der Obrigkeit ertheilte Bescheinigung dieses Schadens.

Verladen, 1) in Ladung geben; daher 2) versenden, spediren; 3) in Ladung nehmen, einladen, aufladen.

Verladungsschein s. Connossement und Frachtbrief.

Verlag, 1) im Buchhandel der Druck und Verkauf einer Schrift auf Kosten und Gefahr des Buchhändlers; 2) gleich Verlagsartikel, die auf diese Weise in den Handel kommende Schrift selbst; 3) mitunter gleich Unkosten, Ausgaben, Spesen.

Verlagshandlung, diejenige Buchhandlung, welche Werke für eigene Rechnung drucken läßt und verkauft; daher Gegensatz von Sortimentshandlung.

Verlangzettel, ein Zettel, wodurch Buchhandlungen einander Bestellungen auf den gegenseitigen Verlag ertheilen.

Verlegen, im Buchhandel gleich in Verlag nehmen, herausgeben, für eigene Rechnung drucken lassen und verkaufen.

Verleger, derjenige, welcher ein Buch auf seine Kosten zum Druck befördert und in den Handel bringt. Oft geschieht es vom Verfasser, der dann als Selbstverleger erscheint. Der Verleger eines Buches muß jedesmal auf dem Titel genannt sein, indem er der Censur überhaupt und bei anonymen Schriften, erforderlichen Falls, für den Namen des Verfassers haften muß.

Verschleiß, veraltet für Absatz, Verkauf, Debit.

Verschleißen, veraltet für Waaren absetzen, verkaufen.

Verschneiden, im Weingeschäft den Wein mit andern Sorten versetzen, vermischen.

Versichern s. assecuriren.

Versicherer s. Assecurateur.

Versilbern, 1) Waaren zu Gelde machen, sie verkaufen; 2) Effecten in Baar umsetzen.

Versteigerung s. Auction, Licitation, Subhastation.

Verzugszinsen, sind die Zinsen, welche der Kaufmann zu fordern berechtigt ist, wenn eine Zahlung in dem festgesetzten Termin nicht erfolgt. Sie werden von diesem Termine bis zum Zahlungstage berechnet und betragen in der Regel 5%.

Verte (latein.) wörtlich: wende, kehre um, nemlich das Blatt; man bemerkt damit, daß man die Fortsetzung eines Conto u. dgl. auf der umstehenden Seite zu suchen habe, daß dasselbe also auf der vorliegenden noch nicht abgeschlossen sei.

Vice versa (latein.) gegenseitig.

Vidimation (latein.), 1) die schriftliche Bescheinigung, besonders von Behörden, daß eine Abschrift dem Originale gleichlautend sei, oder daß eine Unterschrift wirklich von dem vollzogen worden ist, dessen Namen sie trägt; 2) mitunter gleich Attestation.

Vidimiren, 1) schriftlich bezeugen; 2) attestiren; 3) beglaubigen.

Vindication (latein.), die Zurückforderung.

Vindiciren, zurück verlangen, zurückfordern. Waaren, welche bei eintretendem Fallimente noch nicht bezahlt und noch vorhanden sind, kann der Verkäufer in natura aus der Masse zurück verlangen.

Visiren, 1) gleich aichen von Gefäßen, deren Inhalt vermittelst des Visirstabes gemessen und festgestellt wird; 2) die erfolgte Vorzeigung eines Documents schriftlich bescheinigen.

Visitator (latein.), oft gleichbedeutend mit Controleur, Revisor.

Visitiren, 1) eigentlich nachsuchen, durchsuchen, untersuchen; daher 2) gleich revidiren; 3) oft gleich controliren.

Vista (italien.; franz. vue, engl. sight) gleich Sicht.

Vollmacht, 1) Benennung der schriftlichen Urkunde, durch welche ein Dritter ermächtigt wird, im Namen des Ausstellers etwas zu thun oder abzumachen, was so betrachtet werden soll, als wäre es durch ihn selbst geschehen. Der Aussteller der Vollmacht heißt Vollmachtgeber, Machtgeber, der, welchem sie ertheilt wird, Bevollmächtigter, und sie ist, wenn sie sich nur auf ein bestimmtes Geschäft oder auf einzelne Handlungen erstreckt, Specialvollmacht, wird aber zur Generalvollmacht, wenn der Machtgeber den Bevollmächtigten beauftragt, alle Geschäfte in seinem Namen zu ordnen und abzumachen, was häufig bei Angelegenheiten geschieht, welche in größerer Entfernung vom Domicil des Ausstellers ausgeglichen werden müssen. Der Inhalt muß den Namen des Bevollmächtigten, die genaue Bezeichnung des Geschäfts und die Erklärung des Ausstellers, die Handlungen des Bevollmächtigten zu genehmigen, so wie die bestimmten Grenzen und Bedingungen, unter welchen er sich für diese Genehmigung verbindlich macht, enthalten, wenn Letzteres nicht durch unbeschränkte Vollmacht unnöthig wird. So lange sich der Bevollmächtigte innerhalb der Grenzen der Vollmacht hält, haftet der Aussteller für die Folgen seiner Handlungen, kann aber, bei einer Ueberschreitung derselben, seinen Regreß nur an den Bevollmächtigten nehmen. In der Regel muß die Vollmacht gerichtlich ausgestellt sein. Als Vollmacht gilt im kaufmännischen Verkehr jeder schriftlich ertheilte Auftrag (Ordre, Commission, Autorisation, Accreditiv) für die darin namhaft gemachte Handlung.

Volumen (latein.), 1) Schwere, Gewicht; 2) Umfang; 3) im Buchhandel gleich Band oder Theil eines Werkes.

Voluminös, 1) schwer, gewichtig; 2) umfangreich, dick, groß.

Vordermann, auf Wechseln der letzte der dem Inhaber vorhergehenden Giranten.

Vorderleute, sämmtliche, dem jedesmaligen Inhaber voranstehende Giranten.

Vorschießen, gleich avanciren, also 1) leihen, borgen, doch nur von Geld gebraucht; 2) im Voraus bezahlen.

Vortragen, 1) saldiren; 2) transportiren.

W.

W., auf Courszetteln Abkürzung für Wechsel; W. W., gleich Wiener Währung; Wgld. gleich Wechselgeld; W. Z. gleich Wechselzahlung.

Waare, Benennung aller derjenigen Natur- und Kunstproducte, welche Gegenstand des kaufmännischen Verkehrs sind.

Waaren-Conto, im Hauptbuche dasjenige Conto, auf welchem alle, sowohl eingekauften als verkauften Waaren eingetragen werden, wobei deren Betrag bezeichnet wird.

Währung, 1) der Feingehalt der Münzen überhaupt; daher 2) der Werth, die Geltung derselben; 3) das im Lande festgesetzte Verhältniß des Werthes der kleinern zu den gröbern Münzsorten; 4) oft gleich die gangbare Münze eines Landes, die Landesmünze.

Wahnfracht gleich Fautfracht.

Wechsel, 1) gleich Verwechselung; 2) Auswechselung, Austausch; besonders aber 3) (franz. billet oder lettre de change, engl. bill of exchange) diejenige schriftliche Urkunde, wodurch Jemand sich nach Wechselrecht verpflichtet, eine gewisse Summe, zu einer bestimmten Zeit, entweder selbst zu bezahlen oder durch einen, nicht am Domicil des Ausstellers befindlichen Dritten zahlen zu lassen. Im ersteren Falle heißt diese Urkunde eigener, trockener Wechsel, im letztern Tratte, gezogener. Sie sind also überhaupt Schuldverschreibungen, welche, bei gehöriger Richtigkeit, unbedingte Zahlung oder deren schnellste Beitreibung auf rechtlichem Wege zusichern. Der Inhalt derselben ist besonders strengen Vorschriften unterworfen, welche genau beobachtet werden müssen, denn Formverletzungen nehmen ihnen die eben genannten Rechte, obschon sie das ihnen zum Grunde liegende Verhältniß nicht aufheben. Jeder Wechsel zerfällt in Ueberschrift, Inhalt und Unterschrift. Die Ueberschrift enthält in einer Reihe die Bestimmung von Prima, Secunda oder Sola, Ort und Datum der Ausstellung, die Wechselsumme in Ziffern ausgedrückt und Bestimmung der Münzsorte. Der Inhalt begreift die Zahlungszeit, den Zahlungsauftrag, die ausdrückliche Anführung, daß die Urkunde ein Wechsel sei, und zwar ob Prima, Secunda oder Sola-Wechsel, die Firma des Wechselnehmers (Remittenten), die Bestimmung, ob an dessen Ordre Zahlung geleistet werden kann, die zu zahlende Summe mit Buchstaben ausgedrückt, das Bekenntniß der empfangenen Valuta und worin diese bestehe, die Angabe, auf wessen Rechnung der Bezogene die geleistete Zahlung zu bringen habe und ob über das weitere Verhältniß Avis erfolgt sei oder nicht. Die Unterschrift enthält die eigenhändige Unterzeichnung des Ausstellers, gewöhnlich auch die Wiederholung des Wechselbetrages in Worten und die Adresse (Firma) des Bezogenen. Dieses Alles befindet sich auf der Haupt- oder Vorderseite, welche später noch das Accept und vorkommenden Falls die Nothadresse, Domicilirung und Prolongation aufnimmt. Die Rückseite (Indossamentseite) enthält die Giros und die Quittung.

Wechselagent gleich Wechselmäkler.

Wechselarbitrage s. Arbitrage.

Wechselbrief gleich Wechsel.

Wechselbürge s. Aval. Ueberhaupt kommt Wechselbürgschaft, vorzüglich bei Tratten, nur ausnahmsweise vor, da die Giranten schon hinreichende Sicherheit gewähren. Nur bei trockenen Wechseln tritt sie mitunter ein, wo die Mitunterschrift einer Firma, meist mit dem Zusatze per aval, schon zu diesem Zwecke genügt. Nur in Ländern, deren Gesetzgebung dem Wechselinhaber kein Vorzugsrecht im Concurse zugesteht, pflegt man die Forderung noch hypothekarisch zu sichern, was indessen in andern Ländern verboten ist, oder die Wechselforderung zur bloßen hypothekarischen Verschreibung herabdrückt.

Wechsel-Conto, im Hauptbuche die Rechnung, auf welche alle Wechselgeschäfte eingetragen werden.

Wechsel-Copie s. Copie. Abschriften von Wechseln dienen zu demselben Zwecke wie doppelte Exemplare. Man sendet nemlich das Original zur Acceptation, ohne daß es jedoch vom Inhaber girirt worden ist, nimmt eine in allen Einzelnheiten getreue Copie davon, die man aber ausdrücklich als solche bezeichnen muß und bemerkt auf derselben zugleich, in wessen Händen sich das Original befindet. Sind bereits Indossamente vorhanden, so werden auch diese wortgetreu copirt und am Schlusse derselben bemerkt, daß bis hieher die Copie reiche. Dadurch wird die Abschrift selbst girirfähig und alle nach dieser Bemerkung folgenden Giros gelten als Originale. Bei Zahlung muß jedoch das acceptirte Original mit ausgeliefert werden.

Wechsel-Copirbuch, das Buch, worin man eine Abschrift aller ausgestellten und empfangenen Wechsel einträgt.

Wechsel-Dublicate, Benennung aller zweiten und dritten Exemplare eines ausgestellten Wechsels; also gleich Secunda-, Tertia-Wechsel.

Wechselfähigkeit ist die Befugniß, durch Ausstellung eines Wechsels, die darin bezeichneten Verpflichtungen nach Wechselrecht eingehen zu dürfen, also das Recht, Wechsel zu ziehen, zu acceptiren und zu indossiren. Diese Befugniß erstreckt sich, nach den meisten Gesetzen, nur auf Kaufleute und zwar nur auf solche, welche einer kaufmännischen Corporation angehören, doch sind in verschiedenen Ländern auch verschiedene andere Personen wechselfähig, namentlich sind es Kaufmannsfrauen, welche ein selbstständiges Geschäft betreiben, überall, ferner nach preuß. Bestimmungen Fabrikinhaber, Apotheker, Juden, jedoch letztere wohl nur, wenn sie kaufmännische Geschäfte treiben, Besitzer adeliger oder mit eigener Gerichtsbarkeit versehener Güter, Schiffscapitaine und solche Personen, welche auf eigene Rechnung Schifffahrt treiben. Officiere müssen in Oesterreich und Preußen die Wechselfähigkeit erst nachsuchen und nachweisen; in andern Ländern besitzen sie dieselbe jedoch unbedingt.

Wechselgeld gleich Wechselzahlung.

Wechselgläubiger, diejenigen Gläubiger einer Handlung, welche über den Betrag ihrer Forderungen von dem Handlungshause ausgestellte Wechsel in Händen haben. Im Concurse haben sie das Prioritätsrecht vor den Buchgläubigern, gehören also zu den privilegirten Gläubigern der Masse.

Wechselhandlung, jede Handlung, welche in Staatspapieren, Wechseln und Geld überhaupt Geschäfte macht, daher gleich Bankierhaus.

Wechselklage nennt man die von Wechselgläubigern wegen nicht erfolgter Wechselzahlung nachgesuchte richterliche Hilfe. Diese Klage kann gleich nach Ablauf der Verfallzeit angestellt werden, doch muß ihr sofort der Wechsel im Original, die Proteste und sonstigen Documente beigelegt und die Wechselfähigkeit des Beklagten, wenn sie nicht notorisch ist, nachgewiesen werden, worauf binnen spätestens 2 Tagen ein Termin anberaumt wird, in welchem, wo möglich, die Sache sogleich zur Entscheidung kommt. Das Erkenntniß erhält, in Preußen wenigstens, in 10 Tagen Rechtskraft; das Appellationserkenntniß erfolgt gleichfalls möglichst schnell und die Execution aus einem rechtskräftigen Erkenntnisse kann sofort durch Personalarrest vollstreckt werden. Ist sie ins Mobiliar vollstreckt, so werden die abgepfändeten Sachen binnen 24 Stunden verkauft.

Wechselmäkler gleich Sensal.

Wechseln, 1) gleich verwechseln, einwechseln; daher 2) eine Münzsorte in eine andere umsetzen; 3) Papiere gegen Geld und umgekehrt austauschen.

Wechselnehmer s. Remittent.

Wechselordnung gleich Wechselrecht.

Wechselpari s. Pari.

Wechselrechnung, gleich Berechnung des Cours der Wechsel und Effecten.

Wechselrecht, auch Wechselordnung, ist 1) der Inbegriff aller Gesetze, Vorschriften und Usancen, welche die Form der Wechsel und das Wechselgeschäft überhaupt betreffen und schriftlich abgefaßt sind; 2) die Vorschriften über das Verfahren im Wechselprozesse selbst.

Wechselreiterei s. tirailliren.

Wechselzahlung, 1) gleich Wechselgeld, diejenige Währung oder Münzsorte, welche bei Wechselzahlungen in den verschiedenen Handelsplätzen gesetzlich oder durch Usance eingeführt ist; 2) gleich Zahlung nach Wechselrecht.

Wechsler, 1) eigentlich derjenige, dessen Geschäft nur in der Umwechselung einer Geldsorte in die andere besteht; doch jetzt 2) gewöhnlich gleichbedeutend mit Bankier, welcher Bezeichnung man sich häufiger bedient.

Weichen, vom Preise: herabgehen, niedriger werden, sinken, fallen.

Werfen, gleich über Bord werfen, ins Meer werfen; s. Seewurf.

Werft, 1) der Platz am Hafen, welcher zur Erbauung neuer und zur Ausbesserung alter Schiffe bestimmt ist, also gleich Docks; 2) der zur Ausladung von Gütern am Hafen bestimmte Ort, also gleich Kai, Licent. In letzterer Bedeutung wird der Ausdruck namentlich in England gebraucht.

Werftgeld, die für die Benutzung des öffentlichen Werftes bezahlte Abgabe.

Winkelmäkler nennt man diejenigen Personen, welche, ohne von der Obrigkeit des Ortes dazu bestätigt und vereidigt zu sein, Mäklergeschäfte betreiben.

Wrack, 1) Schiffe oder Theile derselben, so wie Güter, welche in einem herrenlosen Zustande auf dem Meere treiben und von den Wellen ans Ufer geführt werden. Gewöhnlich versteht man jedoch bloß die Schiffstrümmer darunter und nennt die ans Land gespülten Güter Strandgut, gleichviel ob sie von einem gestrandeten Schiffe herrühren, oder in Folge eines Seewurfes angespült werden; 2) mitunter gleichbedeutend mit Brack, Ausschuß.

Wrackgut, Benennung der von gescheiterten Schiffen geretteten und geborgenen Güter.

Wucher, 1) eigentlich jede Benutzung einer Sache zum Vortheile des Besitzers; besonders aber 2) die Benutzung derselben zu einem größeren Vortheile, als gesetzlich verstattet ist. Er findet namentlich bei Ausleihung von Capitalien statt, wenn höhere als landesübliche Zinsen gefordert werden, doch machen die kaufmännischen Zinsen (s. d.) hiervon eine gesetzliche Ausnahme; ferner wenn für ein dargeliehenes Capital eine größere Summe, als erhalten worden ist, verschrieben wird u. dgl.

Wucherzinsen, Zinsen, welche höher als die gesetzlichen, landesüblichen oder kaufmännischen sind.

Z.

Zählende Güter, 1) gleich zählbare Güter; 2) Waaren, welche, ohne Gewichts- oder Maaßbestimmung, blos nach ihrer Anzahl verkauft werden.

Zahlbar, 1) von Forderungen gleich fällig; 2) von Wechseln gleich verfallen.

Zahlung, 1) die Erfüllung der Verbindlichkeit eines Schuldners durch Uebereignung der schuldigen Summe in Geld zu Händen des Gläubigers; 2) die entrichtete Summe selbst. Nur an den Gläubiger oder den von ihm mit dem Empfange beauftragten Dritten kann giltige Zahlung geleistet werden.

Zahltag, 1) bei Wechseln überhaupt der Tag, an welchem dieselben verfallen, fällig, zahlbar sind; 2) bei Meßwechseln (s. dgl.) ein bestimmter Tag in der Zahlwoche, an welchem dieselben entweder honorirt oder protestirt werden müssen.

Zahlwoche, auf Messen die Woche, in welcher alle Zahlungen berichtigt werden. In Leipzig und Frankfurt a. O. ist es die letzte Meßwoche.

Zeichen, 1) gleichbedeutend mit Signatur; 2) gleich Billet, Marke.

Zeichnen, 1) gleich unterzeichnen, seinen Namen unter eine Schrift setzen, unterschreiben; 2) subscribiren; 3) mitunter auch in der Bedeutung von signiren gebraucht.

Zeichnung, 1) gewöhnlich in der Bedeutung von Subscription; seltener 2) in der von Unterschrift überhaupt vorkommend.

Zeiger, ungewöhnlich für Vorzeiger, Präsentant.

Zeinbrief s. S e i n b r i e f.

Zeithafen, derjenige Hafen, in welchem, wegen des Wasferstandes, Schiffe nur zu bestimmten Zeiten, z. B. nur während der Fluth, einlaufen können.

Zeitkauf, gleichbedeutend mit Kauf auf Lieferung (s. d.).

Zeitrenten s. Annuitäten.

Zettel, oft in der Bedeutung von Bankzettel, Bankschein, auch wohl von anderem Papiergelde gebraucht.

Zettelbank s. Bank.

Zeuge, Benennung aller gewebten, besonders Wollenwaaren.

Ziehen gleich trassiren.

Ziel, bei Verkäufen diejenige Zeit, innerhalb welcher der in der Factur angegebene Werth der Waaren berichtigt werden muß; also gleich Frist, Zahlungsfrist. Dieselbe wird beim Abschlusse des Geschäfts jedesmal bedungen.

Zinsen, 1) s. Interessen; 2) oft, der Sache nach, gleich Leibrenten.

Zinsfuß, die an einem Orte übliche oder gesetzlich bestimmte Vergütigung, welche für dargeliehene Capitalien an den Darleiher gegeben wird.

Zoll (franz. droit, engl. custom) die von der Regierung auf ein-, aus- oder durchgehende Waaren gelegte Abgabe, besonders insofern sie von Waaren erhoben wird, welche nicht im Lande erzeugt sind. Im gewöhnlichen Sprachgebrauche wird es oft mit Steuer verwechselt.

Zollschein, die über die Entrichtung des Zolles von der Behörde ausgestellte Quittung.

Zolltarif s. Tarif.

Zubehörungen s. Pertinenzien.

Zugabe, 1) gleich Gutgewicht; 2) mitunter gleich Rabatt und Procente.

Zugang, 1) gleich Vermehrung, Zuwachs, Zunahme überhaupt; daher 2) neuer Einkauf, neue Vorräthe sowohl an Geld als an Waaren; also 3) Zufluß, Zuschuß; 4) Zufuhr; 5) mitunter gleich Einnahme.

Zunft s. Innung und Gilde.

Zuschlag, in öffentlicher Versteigerung die Bestätigung, daß Jemanden, für den gebotenen Preis, die ausgebotene Waare überlassen sei.

Zuschreiben, 1) auf ein bereits eröffnetes Conto eintragen; 2) gutschreiben, besonders 3) in Geschäften mit der Bank einen Betrag von dem Conto eines Andern auf das seinige übertragen.

Zwischenhafen gleichbedeutend mit Nothhafen.

Zwischenhandel gleich Transitohandel.

Gedruckt bei C. Feister.

FSC
www.fsc.org
MIX
Papier | Fördert
gute Waldnutzung
FSC® C083411

Kolibri 360 GmbH
Ferdinand-Jühlke-Straße 7
99095 Erfurt, Deutschland
produktsicherheit@kolibri360.de